十五～十六世紀的回回文與
中國伊斯蘭教文化研究

駱愛麗 著

文 史 哲 學 集 成
文史哲出版社印行

國家圖書館出版品預行編目資料

十五～十六世紀的回回文與中國伊斯蘭教
文化研究 / 駱愛麗著. -- 初版. -- 臺北市：
文史哲, 民 97.5
　　頁： 公分. (文史哲學集成；548)
參考書目：面
ISBN 978-957-790-3 (平裝)

1. 回回文 2. 宗教-伊斯蘭教-文化
3. 評論

258　　　　　　　　　　　　　　97009255

文 史 哲 學 集 成　　548

十五～十六世紀的回回文與中國伊斯蘭教文化研究

著　　者：駱　　　愛　　　麗
出 版 者：文　史　哲　出　版　社
http://www.lapen.com.tw
登記證字號：行政院新聞局版臺業字五三三七號
發 行 人：彭　　　正　　　雄
發 行 所：文　史　哲　出　版　社
印 刷 者：文　史　哲　出　版　社
臺北市羅斯福路一段七十二巷四號
郵政劃撥帳號：一六一八〇一七五
電話 886-2-23511028 · 傳真 886-2-23965656

實價新臺幣三八〇元

中華民國九十七年（2008）五月初版

序　言

　　伊斯蘭教與中國發生聯繫，約可溯至八世紀中葉，而十三世紀大量的回回穆斯林被成吉思汗從內陸亞洲帶入中國，從此世界性的伊斯蘭教正式進入漢地，開啓近七百年的歷程。最早期的穆斯林生活、宗教面貌等史載零星，然而元代、明末至今的這兩個階段的中國境內伊斯蘭教信仰者的歷史性發展輪廓大抵清晰，學界對其宗教性與世俗性相關的各個課題多所研究且成果豐碩。

　　元代的伊斯蘭教傳播，以及回回人在文治、武功的成就，學術早已關注。回回天文學、回回醫學，以及回回語言的教學等皆爲中國穆斯林文化的特色。至於十六世紀中葉明代中期，胡登洲（1522-1597）發展出具有伊斯蘭教宗教色彩的經堂教育，於清真寺院內講授穆斯林本民族的語言 ── 阿拉伯文與波斯文所著的十三本經學書籍，希冀突破「經文匱乏，學人寥落」的窘境。然而原本屬於域外文化的伊斯蘭教，在與中國文化長期深層的接觸之下，融進了漢文化，而穆斯林也習以口操漢語，因此伊斯蘭教著名學者與經師王岱輿（約1570-1660）接著開啓了回儒的「漢文譯著」活動，運用儒家與佛、道學說來詮釋伊斯蘭教，漢文與其思想漸漸滲入伊斯蘭教。

　　筆者搜尋到兩項文物，一是明成祖五年（1407）的《噶瑪巴為明太祖薦福圖》宗教畫卷，二是明正德時期（1506-1521）的礬紅回回文瓷器，並藉此研究回回人的母語波斯語的功能性，以及明初仕宦的回回人的背景與其伊斯蘭教信仰的狀況。筆者認為不管是回回文題記或是瓷器器表的回回文款識的書體、思維與表述，皆極少見到漢文化的影響，兩者勾勒出少為學界所知的明代初期中國伊斯蘭文化的特性，或許這就是入仕明廷的第一代或是第二代穆斯林的本質與原貌。

　　本文所探討的是十五-十六世紀的回回文與中國伊斯蘭教文化之間的關係，此課題觸及中國伊斯蘭文化史、明代陶瓷史、明代與西藏宗教發展史，以及域外文字研究和中外文化交流史等，範疇極廣，故僅能算是初步基礎研究。書中內容疏漏、不足與錯誤在所難免，敬請批評指正。

十五~十六世紀的回回文與
中國伊斯蘭教文化研究

目　　錄

第一章　緒　論

第一節　研究範圍與方法

　　既往的明代中國穆斯林文化以書面文獻爲主要依據，佐以墓誌、碑銘。主要課題集中於回回天文、星曆圖籍、回回藥方、回回館雜字、漢文伊斯蘭教著述、經堂教育，以及各地回回人社群等。雖有學者從事於回回文物的研究，然而極爲薄弱。

　　明成祖永樂五年（1407）繪製的《噶瑪巴爲明太祖薦福圖》畫卷（以下稱《薦福圖》），與明武宗正德年間（1506-1521）燒製的礬紅回回文瓷器，是十五-十六世紀明朝回回人所遺留下來極爲重要的文物，不僅在中國現存回回文相關文獻、文物中，極具歷史價值，也體現了中國穆斯林的高度宗教與文化成就。前者是回回人通譯用回回文（波斯文）書寫有關（藏傳）佛教薦揚法會儀軌之事，後者則是朝廷回回人用波斯文、阿拉伯文，以及「小經」文字（用阿拉伯文和波斯文的字母拼讀漢語，亦稱爲「小兒錦」）[1]在瓷器器表與器底書寫非漢

---

1 李興華等（1998），《中國伊斯蘭教史》（北京：中國社會科學出版社），頁 522-523。

文款識，抒發自身對於伊斯蘭教的信念、情感與思維的記錄。
這兩類文物 ——《薦福圖》與礬紅回回文瓷器與其相關問題，
從未經過系統性研究。本文即是針對此兩項文物所做出的初
步研究。

　　本研究的主要創新之處在於史料（文物）運用與視角新
穎。首次提出回回文物是確定中國伊斯蘭歷史、文化的重要
歷史材料，並以此爲據，深入討論、考訂與提出見解；在方
法論上，具有某種原創意義上的開拓性。其次，發現藏學、
蒙古學等譯文的《噶瑪巴爲明太祖薦福圖》宗教畫卷中五體
合璧之一的回回文 —— 波斯文的重要意義，並對此做初步研
究；亦從漢地佛教與域外材料中找出與《薦福圖》畫卷相關
史料。此外，全面收集、分門別類正德朝礬紅回回文瓷器，
並初步解讀出所有器表的回回文款識與回回文紀年落款文
字，修正了部分前人誤譯，並且探索上述兩類回回文的可能
作者與其背景。此項研究進一步釐清明朝初期伊斯蘭教在宗
教與文化的發展歷程與內容，以及中西文化交流史的演變。

　　本文是以《薦福圖》、礬紅器爲中心，探討明代回回文
與伊斯蘭教文化。綜觀明朝伊斯蘭歷史的發展與研究概況，
甚少見到與筆者所撰《薦福圖》回回文題記與礬紅瓷器回回
文款識相關者。於此，這兩項回回文的初步研究，正可填補
十五-十六世紀，近一百年明朝初期回回歷史發展未見明朗的
缺憾。筆者認爲《薦福圖》宗教畫卷中的回回文題記代表明
朝回回人母語波斯文的最高成就，而瓷器的回回文款識闡釋
伊斯蘭教教義與穆斯林文化。而此兩者可以算是進入中國漢
地的穆斯林未受漢化影響之下，最具伊斯蘭本質「原始風貌」

的創作與抒發，1521 年正德朝結束之後，未見任何遺緒。

　　本書正文主要分為四個部份，首先是伊斯蘭與中國穆斯林概述。其次是《噶瑪巴為明太祖薦福圖》初步研究，論述永樂朝的《薦福圖》宗教畫卷，分析畫卷背景、內容、題記、史料，以及研究成果，進而勾勒永樂皇帝邀約大寶法王哈立麻至漢地從事齋祭法會的歷史事件，逐步詳細列出雙方往返交往的各個階段的歷史文獻與細部；此外，轉寫畫卷回回文（波斯文）題記，並加以注釋解析，說明回回文的特色，最後論述回回文可能的書寫作者。第三是礬紅回回文瓷器初步研究，論述正德朝的官窯礬紅回回文瓷器，說明瓷器製作工藝的工序與特色、正德窯業的發展等，進而分析並解讀個別礬紅器回回文款識的內容與出處，以及對於非漢文紀年落款的探討，最後是評價正德朝礬紅回回文官窯瓷器與本文的結語。附錄有二，分別是術語表、波斯文/阿拉伯文的字母表與轉寫符號，以及參考書目。

第二節　伊斯蘭教發展進程概述

　　穆罕默德（570-632）於七世紀的麥加創建伊斯蘭教，在其去世後，經歷四大哈里發時期（632-661，麥加、麥地那為中心）、倭馬亞王朝（661-750，大馬士革為中心），以及阿拔斯王朝（750-1258，巴格達為中心）。伊斯蘭教在向東、向西極至發展後，擴張為一個遼闊的伊斯蘭世界。

　　伊斯蘭文明（或者可以說是阿拉伯-伊斯蘭文明）的發展

至1256年之際 —— 正當蒙古宗王旭烈兀（Hulegu，1217-1265）入侵巴格達，並於1256年在波斯建立伊利汗國（Ilkhanids，1256-1353）之後，伊斯蘭世界或可更明確地以今日伊拉克爲界，劃分爲東伊斯蘭地區（穆斯林世界東部）與西伊斯蘭地區（穆斯林世界西部），兩者雖皆從屬伊斯蘭文明，並受其宗教之廣泛與深刻影響，但卻各自發展歷史，各有地區性朝代更迭、宗教派別、民族與語言更替，而最終形成伊斯蘭文明的兩大亞文明區 —— 泛阿拉伯-伊斯蘭文明（pan Arabic-Islamic）與泛波斯-伊斯蘭文明（pan Persian-Islamic）。簡言之，伊斯蘭發展歷程是以伊斯蘭宗教與文化爲母體，猶如主幹，之後再分長出阿拉伯與波斯兩大支幹，支幹又再伸展出各個朝代的枝枒，並各自開花結果，而整個大樹的生長代表著地域擴張、承載深厚文化之整體伊斯蘭文明的進程。於此伊斯蘭教經典《古蘭經》與阿拉伯語始終貫穿其中，成爲各個地區性伊斯蘭果實的共同性與普遍性。

　　八世紀中葉之前的伊斯蘭文明以阿拉伯文化爲主，上承拜占廷、羅馬與希臘文明，勢力及至非洲時，則加入了埃及原有的基督教科普特（Coptic）、北非柏柏人（Barbar）等當地既有的地域性文化，除了承續地中海四周環岸的發展之外，伊斯蘭並直接進入西西里島與伊比利半島發展。而阿拔斯王朝受到東側波斯古文明極大的影響。「波斯化」顯現於朝政各個方面，大量的典章制度取自波斯，而顯赫的大臣職務與其助手書記，以及絕大多數的大臣與書記，一般都由才學淵博的波斯人擔任，他們在各方面禮儀規章皆模仿祖先，

包括面貌與服飾等。[2]例如阿拔斯王朝的第一任大臣艾布·賽勒麥·赫拉勒（Abu Salamah al-Khallal）就是一個波斯釋奴。[3]這些阿拉伯化的波斯人不僅學識淵博、文采洋溢、口才狡辯，還兼管政治、軍事與財政，又由於遍訪民情，所以知曉社會、地理、語言等，可以說是伊斯蘭宗教與世俗的統治者哈里發（khalifah）的代理人，當然他們必須口說阿拔斯王朝的語言阿拉伯語。此外，這批波斯人還同時傳播波斯文化，因此此時學習文學的阿拉伯人都必須理解波斯的文化傳承，並且要學習波斯語。

一、東伊斯蘭地區承續波斯文化的巨大影響

阿拉伯人由於從遊牧出身，所以阿拉伯語中許多詞彙無法應付新的生活型態，因此他們除了擴大阿拉伯語詞彙的涵義之外，就是儘量地吸收外來詞彙，而波斯語就成為重要來源之一。許多波斯文書籍都翻譯成阿拉伯文，而有些精通阿拉伯文與波斯文的人，身受波斯文化的感染，因此雖然是用阿拉伯語寫作，但是多具波斯思想，例如波斯王族代理人與阿拔斯大臣的法德勒·本·賽赫勒。波斯人、波斯思想、文化與學術對於伊斯蘭教文化的雕琢處處見著痕跡，可以說阿拔斯時代，已經阿拉伯化的波斯人與接受了波斯文化的阿拉伯人，讓整個世界充滿了學術、格言、詩歌和散文，作品中

---

2 埃及·艾哈邁德·愛敏著、納忠審校（2001），《阿拉伯-伊斯蘭文化史》第二冊（北京：商務印書館），頁155。
3 埃及·艾哈邁德·愛敏著、納忠審校（2001），《阿拉伯-伊斯蘭文化史》第二冊，頁152。

波斯的成分是相當明顯的。[4]

　　然而最重要的是「大多數執掌伊斯蘭教大旗者為波斯人，無論在法律學方面，還是在思想科學方面，基本如此，很少例外。儘管有些人屬於阿拉伯譜系，但從他所用的語言、所受的教育及師承方面來說都是波斯的。」[5]此外，絕大多數伊斯蘭教法學學者、教義學大師，以及《古蘭經》經注學家都是波斯人，且有能力保存和記錄資料。[6]是故波斯人在伊斯蘭教文明與宗教體系的形成過程中，貢獻卓絕且影響巨大。總言之，阿拔斯王朝的官僚體系中「除了伊斯蘭教和阿拉伯語之外，其它諸如傳統、習俗、國務、軍隊以及文化事務等均沿襲原伊朗的那一套。」[7]

　　阿拉伯語是阿拔斯王朝官方使用的書面語，一切文書往來皆須使用。但是對於波斯的子民而言，雖然已接受伊斯蘭教，但是「從未停止使用波斯語。他們一直致力於保存波斯語、繼續沿用波斯習俗、重溫非阿拉伯王朝時代列王傳記的情景」，[8]而許多波斯家族，例如伯爾麥克家族（al-Barmaki），就利用本身的財富，盡力傳播、鼓舞波斯文化。[9]直至十世紀

4　埃及‧艾哈邁德‧愛敏著、納忠審校（2001），《阿拉伯-伊斯蘭文化史》第二冊，頁167-168。
5　埃及‧艾哈邁德‧愛敏著、納忠審校（2001），《阿拉伯-伊斯蘭文化史》第二冊，頁176。
6　埃及‧艾哈邁德‧愛敏著、納忠審校（2001），《阿拉伯-伊斯蘭文化史》第二冊，頁176。
7　伊朗‧阿寶斯‧艾克巴爾‧奧希梯揚尼著、葉奕良譯（1997），《伊朗通史》上冊（北京：經濟日報出版社），頁117。
8　伊朗‧阿寶斯‧艾克巴爾‧奧希梯揚尼著、葉奕良譯（1997），《伊朗通史》上冊，頁117。
9　埃及‧艾哈邁德‧愛敏著、納忠審校（2001），《阿拉伯-伊斯蘭文化史》第二冊，頁178。

（即回曆四世紀），波斯語才逐漸成為東伊斯蘭地區的文學用語，並持續至今，其中雖有突厥語散文著作，但仍少見。[10] 此地區至十二世紀時，人們已不復研讀阿拉伯文書籍的興趣了。[11]

二、波斯語的功能性 ― 內陸亞洲的國際交際語

依據西方學者的研究，波斯語為印歐語系（Indo-European）的印度伊朗語族（Indo-Iranian）的伊朗語支西邊語言（Western Groups of the Iranian Languages）之一的波斯語。波斯語大致分為古代波斯語（Old Persian，為古波斯帝國阿契美尼德王朝 Achaemenids 的官方語言，西元前六世紀～西元前四世紀）、中古波斯語（Middle Persian，為撒珊王朝 Sassanids 的官方語言，西元三-七世紀），以及新波斯語（New Persian，伊朗人稱作 Farsi），此語言與本論述相關，它的興起與撒珊朝的隕落以及阿拉伯的建立有關連。七-九世紀是新波斯語（New Persian）的口語階段，之後又可分為早期古典波斯語（Early Classical Persian，九-十二世紀）、古典波斯語（Classical Persian，十三-十五世紀）、後古典波斯語（Post-Classical Persian，十五-十九世紀），以及現代波斯語（Modern Persian，十九世紀之後）。[12]

---

10 俄國‧巴托爾德著、張錫彤、張廣達譯（2007），《蒙古人入侵時期的突厥斯坦》上冊（上海：上海古籍出版社），頁 2。
11 俄國‧巴托爾德著、張錫彤、張廣達譯（2007），《蒙古人入侵時期的突厥斯坦》上冊，頁 17。
12 Bearman, P.J. & Bosworth, C. E.（Eds.）（2004）.*The Encyclopaedia of Islam*（New Edition., Vol.XII Supplement）. Leiden: Brill, pp. 426-431.

　　新波斯語最初原本是伊朗西南法爾斯（Fars、Pars）省的口語，接著向東流行於伊朗東北與中亞，於此處形成最早的新波斯語的書面語，之後再由東部反向向西回傳，取代了阿拉伯語，十世紀末成爲西伊朗的書面語，並爲文化、行政與日常用語；毫無疑問地，新波斯語深受阿拉伯語的影響，其中最主要者就是採用阿拉伯文的字母拼讀新波斯語，另再加上四個新字母，以補不足。新波斯語隨著伊斯蘭教的傳播至安納托利亞、阿富汗、印度次大陸，以及中亞地區，波斯文明與佔優勢主導地位的古典波斯語亦隨之輻射，[13]影響著後來在東伊斯蘭歷史上扮演重要角色的伊斯蘭突厥王朝與十三世紀進入中亞的蒙古諸汗國。當十三世紀蒙古人進入中亞之際，整個波斯和中亞已經完成伊斯蘭化的進程；此處的都市人口、商賈、文學領域等都是以操波斯語爲主，意味著深受波斯文明的感染，而此情況就是元、明之際那些被蒙古人帶入中國的少數民族，或是明朝主動入華入仕的中亞穆斯林的故土背景情況。

三、中國伊斯蘭教的發展與回族母語 — 波斯語的形成

　　中國回族形成的歷史可分爲兩個層次來講。唐宋時代循著商貿之路泛海入華的穆斯林大食人與波斯人「番商」，主要定居於我國東南沿海的廣州、泉州、杭州、揚州與開封一帶，宋代廣州外國人集居區稱爲「番坊」。[14]此爲回回人的

---

13 古典波斯語具有許多的方言與衍生出的語言，亦爲今日的現代波斯語、塔吉克語（Tajiki）、達力語（Dari）的源頭。Ibid., p.427.
14 李興華等（1998），《中國伊斯蘭教史》，頁 68、72。

最初族源。但番商及其後裔爲數很少，他們的存在並未在當時的社會中引起廣泛的注意。可以說如果沒有重要的歷史事件發生，這些人會如同歷史上曾經進入中國的祆教徒、景教徒和九姓胡人一樣，消失在歷史之中。

在回族形成的歷史上具有劃時代意義的事件是成吉思汗及其子孫領導的西征。隨蒙古軍從中亞、西亞入華的大量口操波斯語、阿拉伯語、突厥語等的各種移民團體，計有軍人、官吏、貴族附屬人口、工匠、商賈、宗教人士，以及科技人才和婦兒等，是回回人的主源。他們入居中土後分佈遍至四方，[15]遠離故土。他們與唐宋時代來自伊斯蘭地區的番商行旅後裔混居，歷數百年而形成中國的一個新的民族 ── 回族。

在元初，來源不同的回回人携入各種語言逐漸整合，波斯語逐漸取代各種移民團體各自擁有的母語，而成爲其內部的共同交際語。[16]之後歷經數百年時間，他們的後裔對母語逐漸遠離。又因生活在漢語環境之下，因此開始運用熟知的波斯文、阿拉伯文拼寫漢語；而另一方面大量的波斯語、阿拉伯語（含少量突厥語）持續地遺留在逐漸漢化的中國穆斯林的書面語及口語中，以及宗教用語、經書、碑刻之中，延續至今。是故波斯語已成爲今日中國穆斯林的一種文化因子與特殊標記。

眾所周知，蒙元帝國主要的官方語言是國字（蒙古文）、

---

15 楊志玖（2003），〈回回人的東來和分布上、下〉，《元代回族史稿》（天津：南開大學出版社），頁 79-125。丘樹森主編（1996），《中國回族史》（銀川：寧夏人民出版社），頁 130-144。

16 劉迎勝（2003），〈回族語言 800 年發展史簡要回顧-從波斯語到「回族漢語」〉，《中國文化研究》，4，頁 143-153。

漢文，以及回回字（波斯文），並使用回回文作爲與西域諸
國交往的主要書面語，換言之，十三世紀波斯語成爲在中國
生根的一種外語、一種少數民族（即回回人）的族內共同語
言，也是中國向外交往，特別是伊斯蘭文化圈的國際交際語。
一般認爲明朝承續故元傳統，使用回回文（波斯文）作爲與
西域諸國交往的主要書面語與國際交際語，於是兼通漢——
回兩種語言的回回人受到重視，[17]而且波斯語在國內政治生
活中仍然起著重要作用。今典藏於梵蒂岡古文書、文獻暨檔
案中心（The Vatican School of Paleography, Diplomatics and
Archives Administration）的元定宗貴由（Khan Küyük，
1246-1248）致教皇因諾曾爵四世（Pope Innovent IV）國書
的波斯文本，就是至今所見元朝運用波斯語與域外交往最重
要的書面文獻。[18]英國學者波義勒（J. A. Boyle）曾有專文論
述在中國境內寫成的早期新波斯語文獻，他所提到的文獻多
寫於中國西北。此外，現存宋元時代的波斯文遺跡多爲墓誌、
題銘、牌子銘文等，最著名者爲泉州的伊斯蘭教遺存石刻，[19]
以及揚州碑[20]和杭州碑，[21]是伊斯蘭-波斯文明隨著入華回回

---

17 劉迎勝（2003），〈回族語言 800 年發展史簡要回顧-從波斯語到「回
　　族漢語」〉，《中國文化研究》，4，頁 143-153。
18 法國・伯希和著、馮承鈞譯（1994），《蒙古與教廷》（北京：中華
　　書局），頁 5-32。國書標題爲「Letter by the Great Khan Güyük to Pope
　　Innovent IV」（1246），http://asv.vatican.va/en/doc/1246.htm.英國・道
　　森編、呂浦譯、周良霄注（1983），《出使蒙古記》（北京：中國社
　　會科學出版社），頁 102-103。
19 陳達生主撰（1984），《泉州伊斯蘭教石刻》（銀川：寧夏人民出版
　　社、福建人民出版社）。
20 陳達生（1983），〈江蘇揚州阿拉伯人墓碑四方〉（原刊於《海交史
　　研究》，5。），余振貴、雷曉靜主編（2001），《中國回族金石錄》
　　（銀川：寧夏人民出版社），頁 670-674。

人進入中國（漢地）的直接證據，亦印證了穆斯林在中國的
發展軌跡。

第三節　明代伊斯蘭教文化與
回回文的成就

　　本文研究的《薦福圖》畫卷回回文題記與礬紅回回文瓷
器分屬十五世紀初、十六世紀初的伊斯蘭教相關文物，它們
是波斯文與伊斯蘭宗教的載體，歸屬中國明代伊斯蘭文化的
範疇，應納入明朝伊斯蘭教與穆斯林文化的發展中審視，然
而筆者尚未能在此領域中找到相呼應者，足見此兩項文物是
明代伊斯蘭研究的新材料，值得關注。以下是由七個面向綜
述明代官方與民間伊斯蘭教文化的發展、貢獻與學術研究成
果。

一、民間伊斯蘭教波斯文相關書面文獻

　　明際至清初民間的伊斯蘭教波斯文相關的書面文獻，最
重要者應爲明末經堂教育[22]的教課書「十三本經」中的四本
經書，前三本皆與伊斯蘭教教義、認主學相關，它們分別是
波斯詩人薩迪的波斯文學名著《真境花園》、《米爾薩德》

---

21 郭成美、郭群美（1997），〈杭州伊斯蘭教阿拉伯文波斯文古墓碑考〉，
　《回族研究》，1，頁65-72。
22 中國伊斯蘭經堂教育簡言之就是在清真寺內進行，主講內容爲伊斯蘭
　教經籍。參見李興華等（1998），《中國伊斯蘭教史》，頁507。

（另譯爲《歸真要道》）是阿布杜拉・艾布・伯克爾於 1223
年用波斯文所著的修道養性的哲學書籍，以及賈米的《艾施
阿特・拉姆阿特》（另譯爲《昭元密訣》、《光輝的射線》）
是探討認主學的哲學作品，而唯一一本與波斯語語言相關的
就是康熙年間，爲穆斯林教學所使用的波斯文語法書《亥瓦
伊・米那哈基》（另譯爲《米諾哈志》），作者是山東學派
著名伊斯蘭教經師常志美。[23]此外，由於傳道授業之故需要
解釋伊斯蘭教相關經書，因而將阿拉伯文與波斯文漢譯之，
進而發展出一種改造過的漢語詞，通稱爲「經堂語」。[24]

　　相較於上述民間的波斯文成就而言，《薦福圖》並非從
伊斯蘭故土帶入中國境內的原伊斯蘭教經書，而是中國境內
的回回人用母語波斯語翻譯漢文文書，應屬創作。而瓷器回
回文款識所傳遞出來深刻的伊斯蘭教教義與體認，也未見於
上述流傳於中國的波斯文經書，[25]以及明末伊斯蘭教經師們
「以儒詮經」的漢文譯著。瓷器器表的回回文款識完全看不
到任何漢化的影響，可以作爲伊斯蘭傳入中國可能的「原貌
呈現」代表之一。

---

23 李興華等（1998），《中國伊斯蘭教史》，頁 510-512。
24 李興華等（1998），《中國伊斯蘭教史》，頁 516。
25 波斯・賈米著、阮斌譯（2001），《光輝的射綫 —— 艾施阿特・拉姆
　　阿特》（北京：商務印書館）。筆者曾查詢此書否與瓷器之回回文款
　　識有關，然無所獲。

二、民間口語與書面語

　　波斯語直到今日仍可在中國民間伊斯蘭教的傳承中處處見得到留存下來的遺緒。許多早已存在於已經漢化的穆斯林口語或是書面語中的許多源自波斯語的單詞，而這些單詞的發音與書寫文字也早已被漢字取代，例如真主稱爲「胡大」，而此字源自波斯語「khudā」（「خدا」），漢譯爲「真主、上帝、神、統治者、主人」，又例如「卡非爾」，此字源自波斯語與阿拉伯語的「kāfir」（「كافر」），漢譯爲「異教徒、不信神的、無信仰的、不信主的」等，諸如此類的例子甚多，且都是漢人無法理解的詞句。此外，回回人進而用波斯文、阿拉伯文字母拼寫漢語，且夾雜著一些漢字的「小經」，[26]不過僅流傳於信仰伊斯蘭教的穆斯林教徒之間。以上說明意味著波斯語與阿拉伯語原是元、明之際進入中國的穆斯林移民者的母語，但是在接受漢化的過程中，丟掉絕大部分的母語，僅保留宗教上或是生活上經常使用的母語，而將其加入所學習的漢語之間，此爲今日穆斯林口說的「回族漢語」[27]中保留下來的祖輩語言。

三、民間伊斯蘭教漢文碑刻

　　明朝漢地的波斯文碑刻，目前尚無所悉，而明代伊斯蘭教相關的漢文碑刻內容多爲「創建、重修禮拜寺碑記」，例

---

26 李興華等（1998），《中國伊斯蘭教史》，頁 517、522。
27 劉迎勝（2003），〈回族語言 800 年發展史簡要回顧-從波斯語到「回族漢語」〉，《中國文化研究》，4，頁 143-153。

如明正德元年（1521）河北定州「重修清真禮拜寺記」，以及聖旨敕諭、功德紀念碑記等，例如永樂五年（1407）江蘇蘇州惠敏清真寺「明永樂上諭碑」、永樂十五年（1417）福建泉州靈山聖墓「鄭和行香碑」，或是人物碑記，例如永樂三年（1405）雲南「故馬公墓志銘」等。

於此，筆者對照明代「教義教旨教理教史碑記」四通，即正德十四年（1519）河北大名縣南關小東街「禮拜寺碑記」、嘉靖七年（1528）山東濟南清真南大寺「來復銘」碑、萬曆七年（1579）北京敕賜東四清真寺「聖讚碑」，以及崇禎四年（1631）甘肅武都「重修禮拜寺碑記」之後，得知早在明朝中期，民間伊斯蘭教對於「教義教旨」的詮釋早已漢化，碑記中並未有直接引述伊斯蘭教相關經典或是伊斯蘭教聖人之言，而全是儒家與老莊思維，[28]這樣的表述與幾乎全部明確地出自《古蘭經》、穆聖穆罕默德之言的瓷器器表上的回回文款識差距頗大，或者可以說在十六世紀明代中期之後的民間，已經很少看見未受漢化思維影響的伊斯蘭教。

四、漢 — 波斯語雙語文獻

迄今學界論述較多的明初中國境內書寫的漢 — 波斯語雙語文獻為《回回藥方》、[29]《回回館譯語》與《回回館雜字》。[30]《回回藥方》基本上以漢文寫成，其中某些專有名

---

28 余振貴、雷曉靜主編（2001），《中國回族金石錄》，頁 211-212、212-214、215、220-223。

29 宋峴考釋（2000），《回回藥方考釋》（北京：中華書局）上、下冊。

30 劉迎勝（2002），〈回回館雜字與回回館譯語研究序〉，《元史及民族史研究集刊》，15，頁 208-225。

詞（草藥名、人名與處方名等）之後附加有波斯/阿拉伯文原文與/或直接使用漢字音譯。《回回館雜字》是一部漢 ── 波斯語分類字彙表。《回回館譯語》的多數刊/抄本與《回回館雜字》並無二致，而另一些刊/抄本除含有《雜字》部分外，還包括《回回館來文》，即中亞、西亞諸番與明朝往來時，雙方的外交文書，爲漢 ── 番兩種文字對譯文書，番文均以波斯文寫成，但實際上並非地道的波斯文，因其語法基本上是漢語的，作者的思維也是漢語式的，足見編寫者的母語已轉變爲漢語。

　　相較之下，明朝《薦福圖》回回文與礬紅器的回回文款識的作者的語言能力皆高出上述文獻的作者，就使用的波斯語表述與詞彙而言，實屬創作，並未抄錄自明代官方的雙語詞彙書籍或是民間的伊斯蘭相關的波斯文著作。

五、穆斯林相關漢語文獻

　　明代回回人的貢獻頗豐且成就非凡。其中著名者最早應爲明初的「十大回回保國」、天文學家馬德魯丁、馬沙亦黑、馬哈麻等，以及航海家鄭和與譯員馬歡等，[31]此外，還有衆多的治軍從政的回回，[32]以及僅見翻譯作品遺存，未見原著的回回通譯人才。明代伊斯蘭教在漢地的漢文書面文獻計有洪武十六年的《天文書》（另譯爲《明譯天文書》）、洪武十八年的《回回曆法》、明初《回回藥方》、成化年間（1470-1482）的《七政推步》，以及回回詩人丁鶴年、楊應

31　李興華等（1998），《中國伊斯蘭教史》，頁 356-357。
32　丘樹森主編（1996），《中國回族史》上册，頁 435-445。

奎等人的詩集，馬文升、李贄、海瑞等人的作品。[33]明末，民間則有伊斯蘭教的經堂教育典籍、漢文著作等。這些文獻內容極少涉及《薦福圖》畫卷與回回文瓷器。

六、成祖時期其他四種波斯文文物

與《薦福圖》同屬十五世紀初期成祖永樂時代、且在中國寫成的官方波斯文獻，據筆者所知有四，其一典藏於北京民族文化宮的永樂五年（1407）的《敕諭》橫幅，這是用漢文、波斯文與回鶻式蒙古文寫成，意即在保護伊斯蘭教「今特授爾以敕諭，護持所在。官員軍民，一應人等，毋得慢侮欺凌，敢有故違朕命，慢侮欺凌者，以罪罪之」，[34]此處波斯文應與《敕諭》內容，即伊斯蘭教徒具有絕對的關連性，因為波斯語就是當時穆斯林的語言。其次是鄭和於永樂七年（1409）立於錫蘭山的「三文佈施碑」中的波斯文銘文（原碑為漢文 —— 泰米爾文 —— 波斯文三種文字合璧），[35]此處所使用的波斯語應為地處西亞、南亞所使用的國際交際語之一。其三是明成祖致沙哈魯國王國書的波斯文譯本，[36]此處

---

33 丘樹森主編（1996），《中國回族史》上冊，頁 488-497。
34 陳達生主撰（1984），《泉州伊斯蘭教石刻》，頁 7-8。
35 錫蘭山碑漢文見明·鞏珍著、向達校注（2000），《西洋番國志》（北京：中華書局），頁 50。錫蘭山碑波斯文見劉迎勝（2005），〈明初中國與亞洲中西部地區交往的外交語言問題〉，《傳承文明 —— 走向世界和平發展 —— 紀念鄭和下西洋 600 周年國際學術論壇論文集》（北京：社會科學文獻出版社）。
36 《明史·哈烈傳》中收有此國書漢文原文節錄，而波斯文收於帖木兒帝國史家哈肥子·阿卜魯（Hāfiz-i Abrū）著《歷史精華》（*Zubdat al-Tawārīkh*）。參見邵循正（1985），〈有明初葉與帖木兒帝國之關係〉，《邵循正歷史論文集》（北京：北京大學出版社），頁 86-98、劉迎勝（2002），〈白阿兒忻台及其出使 —— 陳誠初使西域背景研究〉，《中亞學刊》，6，頁 25-43。

所使用的波斯語具有內陸亞洲國際交際語言的功能性之外，帖木兒朝深受泛波斯 — 伊斯蘭文化的影響，故通行波斯文。其四是西藏的一通碑。米爾咱‧馬黑麻‧海答兒在《中亞蒙兀爾史－拉失德史》中曾記載著幾乎與《薦福圖》同一時間的十五世紀初期，立於西藏的一通「波斯文碑」，其內容也是與佛教相關。「宗喀是圖伯特最著名的（地方），[37]該地出產荙术；[38]我在那裡看到另一（有趣的東西），即中國皇帝的一塊碑，上面刻的是漢文，但是一個角上刻著藏文，另一個角上清楚地刻著納斯乞字體[39]的波斯譯文。銘文中說：『皇帝陛下體恤萬民：釋迦牟尼建教傳奧義，距今已三千年……』。我能記住的只有這一些；其餘部分是一些有關於修茸廟宇的詔諭等等。……，可是碑銘的日期沒按希吉勒曆[40]記錄，所以看不懂。但是根據碑銘磨損的程度看來，立碑最多不過一百年。只有真主知道得最清楚。我在宗喀的日期是希吉勒曆 940 年賴比阿勒奧沃爾月（Rabi ul Awal），（公元 1533 年 10 月）」。[41]若將時間回推，那麼此通西藏「波斯文碑」的年代應為十五世紀初期。

　　較前述四者的波斯文而言，《薦福圖》畫卷的二十二篇，共計一千八百多字的波斯文，應可視為十五世紀寫於中國境

---

37 若翻譯無誤則「宗喀」可能指今日青海地區。參見智觀巴‧貢卻乎丹巴繞吉著、吳均等譯（1989），《安多政教史》（甘肅：甘肅民族出版社），頁 4，注 6。

38 姜科植物。

39 「納斯乞字體」（Naskhī）即回回文草寫體，今日稱譽抄體。

40 即伊斯蘭教曆法、回回曆，公元 622 年為此曆的第一年。

41 中亞‧米爾咱‧馬黑麻‧海答兒著、新疆社會科學院民族研究所譯、王治來校注（1986），《中亞蒙兀爾史 — 拉失德史》第二篇（新疆：新疆人民出版社），頁 387。

內內容豐富、書寫清晰、較易辨識,以及最完整的波斯文文獻,此外文獻中還出現大量波斯語音譯的漢語詞彙。《薦福圖》是用穆斯林的母語波斯文譯寫有關於在漢地舉行的藏傳佛教儀禮的記錄。

七、明代伊斯蘭的學術研究

關於明朝穆斯林入華,以及穆斯林人物的相關研究,主要是張鴻翔《明代各民族人士入仕中原考》[42]輯錄大量相關於個別回回入華資料,林松、和龔《回回歷史與伊斯蘭文化》[43]中針對明朝移入漢地穆斯林各個方面的探討,以及白壽彝主編的《回族人物志—明朝》[44]的明代歷史中的回回人物傳記。此外,目前相關於明朝伊斯蘭教歷史與文化的全貌記載,可見於四書,分別是《中國伊斯蘭教史》、[45]《伊斯蘭與中國文化》、[46]《中國回族史》,[47]以及《中國歷代政權與伊斯蘭教》。[48]其中僅《中國歷代政權與伊斯蘭教》[49]與《中國回族史》[50]在論述明朝回回成就時,略述回回文瓷器,後者論

---

42 張鴻翔(1999),《明代各民族人士入仕中原考》(北京:中央民族大學出版社)。

43 林松、和龔(1992),《回回歷史與伊斯蘭文化》(北京:今日中國出版社)。

44 白壽彝主編(1996),《回族人物志 —— 明代》(銀川:寧夏人民出版社)。

45 李興華等(1998),《中國伊斯蘭教史》。

46 楊懷中、余振貴主編(1996),《伊斯蘭與中國文化》(銀川:寧夏人民出版社)。

47 丘樹森主編(1996),《中國回族史》上冊。

48 余振貴(1996),《中國歷代政權與伊斯蘭教》(銀川:寧夏人民出版社)。

49 余振貴(1996),《中國歷代政權與伊斯蘭教》,頁120。

50 丘樹森主編(1996),《中國回族史》上冊,頁475-476。

及一件明朝的外銷瓷器「回回文三彩（紅綠黑）大盤」，而
前者僅略涉正德朝的回回文瓷器。由此可見，中國伊斯蘭教
與回族學界長期缺乏對於伊斯蘭文物 —— 回回文瓷器，以及
回回人入仕明廷的官方通譯角色的關注。

　　長期關注明朝與穆斯林相關專題，且具有系列性發表文
章者，據筆者所知有劉迎勝關於波斯文、《回回館譯語》與
「小經」文字等課題，以及宋峴的《回回藥方考釋》系列，
此外，還有楊曉春《元、明時期漢文伊斯蘭教文獻研究：以
中國穆斯林與漢文化的關係爲旨歸》，[51]至於明代回回人、
天文學，以及明末經堂教育則是衆多學者關注的課題。

---

51 楊曉春（2004），《元、明時期漢文伊斯蘭教文獻研究，以中國穆斯
　　林與漢文化的關係爲旨歸》（南京：南京大學歷史研究所博士論文）。

第二章　《噶瑪巴爲明太祖薦福圖》初步研究

　　宗教畫卷《噶瑪巴爲明太祖薦福圖》是明成祖於永樂五年二月，邀約西藏噶瑪噶舉派第五世活佛噶瑪巴（哈立麻）至京城靈谷寺設立普度大齋，爲其父母太祖、高后舉行十四日薦福法會的文圖紀實。之後哈立麻受封「**萬行具足十方最勝圓覺妙智慧善普應佑國演教如來大寶法王西天大善自在佛領天下釋教**」，爲明朝首封之法王，亦高於另二位法王，而此「**大寶法王**」的崇高封號即被噶瑪噶舉派黑帽系轉世活佛承襲至今。

圖片出處：甲央、王明星主編（2005），《寶藏 —— 中國西藏歷史文物》第三冊(北京：朝華出版社印行)，頁 94-95。

　　《薦福圖》爲記錄明朝與西藏藏傳佛教宗教與文化交流中極具重要性的存世手抄本與繪本文獻，除去畫作本身的歷史性與藝術性價值之外，五體合璧的題記成爲普度齋事情景最完整與最詳實的記錄，並且見證成祖褒崇噶瑪噶舉派五世活佛哈立麻爲「**如來大寶法王**」之史實，爲一史料性極高的宗教文物。

　　本文即以見證永樂朝與西藏交流之傳世《薦福圖》畫卷爲中心，試圖勾勒哈立麻於漢地弘法的事蹟，旁及明廷與西藏宗教、文化關係的發展。首先說明畫卷的背景與內容；其次是相關藏、漢與域外史料，以及研究史的綜述；最後輯錄《薦福圖》事件，以及明廷賚賜、哈立麻歸藏後遣使的相關詔書、敕書等文獻，依時排序爲十個階段，於此展現明成祖與哈立麻長達十三年的交流歷程。

第一節　畫卷背景介紹

　　宗教畫卷《噶瑪巴爲明太祖薦福圖》（又名《普度大齋連環長卷》、《普度明太祖長卷圖》，以下稱《薦福圖》）是記錄明成祖邀約西藏活佛哈立麻於永樂五年（1407）至京城應天府（今南京）靈谷寺，[1]爲其父明太祖與皇后所設置的

1　哈立麻舉行法會的靈谷寺位於今日南京市東部鍾山東側，與明孝陵、中山陵毗鄰。原名開善寺，南朝梁武帝天監十三年（514）創建，原地址在鍾山南麓獨龍阜，唐稱寶公院。明太祖遷寺於鍾山東南麓，賜額靈谷禪寺，太平天國遭重毀。見鮑家聲（2001），《中國佛教百科全書・建築卷・名山名寺卷》（上海：上海古籍出版社），頁258，「靈谷寺」條。

一場「普度大齋薦場法會」[2]的文、圖紀實。

據西藏博物館研究者次旦格列先生所述，《薦福圖》畫卷原本一直藏置於噶舉派的祖寺楚普寺內；[3]1960 年代因徵集文物而入西藏文管會，2000 年西藏博物館成立後，即遷置典藏於此館，目前此畫卷是部份展開作爲長期陳列。2005年爲慶祝西藏地方和平解放五十年，由甲央、王明星主編，北京朝華出版社印行的《寶藏 —— 中國西藏歷史文物》第三冊首次收錄整部畫卷。《薦福圖》以文（五體合璧）圖（四十九幅）並茂的方式記載，由右向左展開的內容描述藏僧哈立麻在靈谷寺舉行「設齋薦福」之際，所發生的各種祥瑞異像的繪本文獻。紙質，長近 50 公尺（4,968 公分），寬近0.7 公尺（66 公分），爲名符其實的大型橫軸長卷宗教畫。

《薦福圖》共計二十二篇日記，可分爲兩個時期：第一個時期是永樂五年（1407）二月初五至二月十八日，共計十四日齋事的每日連續實錄，而十八日最後一日爲齋事圓滿之

---

2 《薦福圖》漢文題記所述「普度天下一切幽靈」、「閱誦大藏經」、「齋天下僧二萬餘眾」等佛事，完全符合佛教經懺法事的內容與意義，其全名爲「法界聖凡水陸普度大齋勝會」，簡稱水陸會、水陸齋、水陸道場、悲濟會等，是設齋供奉以超度水陸眾鬼的法會，盛行始於宋。見任繼愈主編（2002），《中國佛教大辭典 —— 儀軌卷》（南京：江蘇古籍出版社）。

3 楚普寺（藏文音譯 mtshur-phu-dgon-pa，眾多譯寫法：楚布寺、楚浦寺、磋卜寺、楚爾普寺、粗樸寺、粗浦寺）位於西藏拉薩市西北約六十公里的堆龍德慶縣古榮區的楚布溝，爲藏傳佛教噶瑪噶舉派開派祖師噶瑪巴一世杜松欽巴於南宋淳熙十六年（1189）倡建，爲噶瑪噶舉派黑帽系祖寺。見王堯、陳慶英主編（1998），《西藏歷史文化辭典》（杭州：浙江人民出版社），頁 42，「楚布寺」條。此外，據巴臥・祖拉陳哇著、黃顥譯注（1986），〈賢者喜宴〉（一），《西藏民族學報》，2，頁31、47，此寺建於杜松欽巴八十歲之際（1189），且典藏有許多珍貴文物，尤以明代爲最。筆者疑《薦福圖》宗教畫卷列爲其中之一。

日；其次是三月的八個單日的個別實錄，日期爲初三、初四、初五、十三日、十五日、十六日、十七日、十八日，其中初三日是成祖褒崇哈立麻爲「如來大寶法王西天大善自在佛」的日子，而哈立麻於十三日離開京城前往五臺山。

　　《薦福圖》每一日實錄之後接續的畫作則是以圖解的方式描繪前述文字的內容，多爲一文搭配一圖，計有十二日，一文搭配二圖，計有四日，一文搭配三圖，計有二日，一文搭配四、五、六、八圖，則各計一日。畫作幾乎完全呼應文字的內容描述，除去「二月初六日」的第二幅畫的圖像「皆是佛僧」之外，其餘四十八幅畫作基本構圖是以居於畫面中央的三座建築物爲主，即如來大寶法王所居的寶樓（居畫面右側）與舉行法會的壇場（居寶樓左側），後者包括佛塔（居後）與壇殿（置前），此外，還有聯繫塔與殿之間的長廊走道，由於畫作採鳥瞰視點，故長廊僅見黑灰色屋頂瓦片。法會期間每日籠罩於此三座建築物上空各類的雲彩變幻、祥瑞吉兆景致，形成了畫面上各色雲彩與光束，也成爲建築物的四十八種不同背景。畫中分別在寶樓與壇殿的旁側，以漢文和藏文書寫「如來大寶法王西天大善自在佛寶樓」和「如來大寶法王西天大善自在佛建好事壇場」。

　　《薦福圖》漢文首日題記「大明皇帝迎請如來大寶法王大善自在佛哈立麻巴領天下僧眾」，據韓儒林考證「哈立麻」爲「karma」對音，譯自蒙文，因蒙文遵守元音合諧律，故藏文「ka／ga」讀爲蒙語「qa／gha」，而元、明將「qa／gha」

譯爲「合、哈」，[4]故「karma」音譯爲「哈立麻」。「哈立麻巴」的「巴（pa）」字，意爲某處人氏，故此句意譯爲屬於哈立麻派別的人，今多稱爲「噶瑪巴（karma-pa）」。《賢者喜宴》載「噶瑪」之名得自「將能聚集一切諸佛之事業」，黃顥譯注此字源自梵文，意爲「業」或是「作業」，用於佛教則指那種從事善業的人。[5]宗教畫卷《薦福圖》內所載的「哈立麻」[6]是指藏傳佛教噶舉派分枝噶瑪噶舉派的第五世活佛，即噶瑪巴五世「德行協巴」（藏文音譯 de-bzhin gshegs-pa，意譯爲「如來」，本名藏文音譯 chos-dpal bzang-po，漢譯爲卻貝桑波）。此派在藏傳佛教中以活佛轉世、修行密法爲主，上述的楚普寺即爲活佛轉世的發源地。

哈立麻（1384-1415）的父親專修密法，而他本人則於四歲之際，始從噶瑪派紅帽系第二世活佛喀覺旺波學習「那洛六法」、「時輪六加行」等密法。七歲出家，十八歲因爲調停館覺（今昌都地區貢覺縣）的戰事，因而受到當地長官幹即南喀賜予大量財物，之後又至去林、噶瑪、類烏齊、工布等地傳法，二十歲受比丘戒。在弘法途中，得知明成祖詔書已抵達楚普寺，於是趕回祖寺領詔。[7]

哈立麻抵達京城之後，於永樂五年（1407）春受命於成祖，在靈谷寺爲太祖、高后舉行薦福，並設置普度大齋儀式，

---

4 韓儒林（2002），〈明史烏斯藏大寶法王考〉，《穹廬集》（石家庄：河北教育出版社），頁488。
5 巴臥・祖拉陳哇著、黃顥譯注（1986），〈賢者喜宴〉（一），《西藏民族學報》，2，頁28、41（注12）。
6 本文採取明代「哈立麻」的譯名。
7 王森（1997），《西藏佛教發展史略》（北京：中國社會科學出版社），頁120-121。

成祖於「薦福法會」結束後，賜予哈立麻為「如來」（藏譯為「德行協巴」），並封為「萬行具足十方最勝圓覺妙智慧善普應佑國演教如來大寶法王西天大善自在佛領天下釋教」，簡稱「大寶法王」，[8]成為明朝三位法王之首，此後「大寶法王」的崇高封號被噶瑪噶舉派的黑帽系轉世活佛承襲，至今為第十七世。[9]

　　永樂六年（1408）哈立麻辭歸，沿途弘法至楚普寺，他前後兩次在前藏傳法，藏文史料稱「聽法僧俗官民，不計其數」。永樂十三年（1415）三十二歲歿。[10]

　　明朝治藏宗教政策採取「多封眾建、尚用僧徒」。明太祖朱元璋封烏斯藏薩迦派攝帝師喃加巴藏卜為熾盛佛寶國師、封八思巴後人公哥監藏巴藏卜為大國師，以及封噶舉派章陽沙加監藏為灌頂國師。成祖對於具有勢力與威望的藏僧與宗教首領，敕封三大法王、五王，以及數量眾多的西天佛子、灌頂大國師、灌頂國師、禪師、僧官等尊號，[11]並遣使徵召入朝，給予大量賞賜，藏僧亦朝貢不絕於途。其中三大法王則是對於藏傳佛教三大教派領袖的冊封，分別是最早冊封的噶瑪噶舉派哈立麻為「大寶法王」（永樂五年，1407）、

8　清・張廷玉，《明史卷三三一・列傳第二百十九・西域三・烏斯藏大寶法王》（北京：中華書局，第一版，1997），頁2193-2194。王森（1997），《西藏佛教發展史略》，頁121。
9　「蒙古憲宗六年（1256），噶瑪噶舉派的第一位轉世活佛噶瑪巴二世噶瑪拔希奉詔赴和林，憲宗賞賜金邊黑色僧帽一頂和金印一顆，其法嗣傳承被稱為黑帽系」。見王堯、陳慶英主編（1998），《西藏歷史文化辭典》，頁54，「噶瑪噶舉派」條。
10　王森（1997），《西藏佛教發展史略》，頁121。
11　黃奮生編著、吳均校訂（1985），《藏族史略》（北京：民族出版社），頁197。

薩迦派貢噶扎西（昆澤思巴）的「**大乘法王**」（永樂十一年，1413），以及格魯派釋迦也失的「**大慈法王**」（宣德九年，1434）。而明成祖將元世祖忽必烈封授八思巴的「**大寶法王**」名號，賞賜給哈立麻，使其享有崇高地位，榮登三位法王之首，而所屬的噶瑪噶舉派勢力亦為西藏眾派之首。[12]

　　雖有鞏固邊陲、懷柔西番的客觀因素導致藏傳佛教得勢於明廷，但是藏密的密法、修持與宗教儀軌，或對明皇室成員具有一定的吸引。哈立麻之後，明室與噶瑪噶舉派黑帽系活佛往來持續未斷，各朝實錄中大量記載雙方進貢、宴賞、賚賜、冊封等情事，印證往來頻繁，關係密切。明末紅帽系與後藏勢力結合、宗喀巴格魯派黃教興盛、蒙藏勢力結合等，導致黑帽系失勢，清朝與和碩特部固始汗父子擁立黃教，故黑帽系活佛漸居劣勢。[13]

第二節　史料分析

　　就薦揚法會的情況而言，《薦福圖》畫卷與其文圖所承載的訊息應為最關鍵的歷史材料。其它骨幹史料主要為存世的詔書、敕諭、致書、賞單等檔案文獻，以及相關藏文典籍、漢文梵剎典籍與史料，彼此所收錄內容與記載篇幅互異，故可從不同角度瞭解明成祖邀約藏僧哈立麻於永樂五年（1407）

---

12 顧祖成編著（2000），《明清治藏史要》（拉薩：西藏人民出版社），頁 51。
13 王森（1997），《西藏佛教發展史略》，頁 128。

為太祖高皇帝、高皇后薦福的整個前因、過程與後續影響。

一、藏文典籍

《薦福圖》藏文史料主要有巴臥‧祖拉陳哇（dPah-bo sTsug-lagphren-ba，1504-1566）的《賢者喜宴》（mkhas-pahidgah-ston，另譯為《智者喜宴》），書中記錄明成祖對於哈立麻發出的漢地之行邀約「詔書」，此為目前僅見的唯一藏文詔書，又西方藏學家理查德森（H. E. Richardson）認為此書詳載哈立麻之訪、皇帝召見，以及典禮、宴饗等過程，而其中許多《薦福圖》畫卷以外的訊息，疑錄自《楚普寺誌》（rNam-thar Chen-mo at mTshur-phu）。[14]此外，完成於成化十二-十四年（1476-1478）的廓諾‧迅魯伯（1392-1481）《青史》[15]、嘉靖十七年（1538）的班欽‧索南查巴《新紅史》亦有記載。[16]

近代則有 1980 年噶瑪聽列仁波切（Karma Thinley Rinpoche）的《西藏十六位噶瑪巴的歷史》（*The History of the Sixteen Karmapas of Tibet.*）、[17]藏文本《歷輩噶瑪巴傳略》

---

14 Richardson, H. E.（1959）. *The Karma-Pa Sect. A Historical Note*, Part II Appendix A、B, Journal of the Royal Asiatic Society of Great Britain & Ireland, April, p. 15.

15 廓諾‧迅魯伯著、郭和卿譯（1985），《青史》（拉薩：西藏人民出版社，1985），頁 330-332。

16 班欽‧索南查巴著、黃顥譯注（1987），《新紅史》（拉薩：西藏人民出版社），頁 50-51、208-210。

17 英文版本為 Karma Thinley Rinpoche（1980）. *The History of the Sixteen Karmapas of Tibet.* Prajña Press.中文譯本為孫一（噶瑪金薩）所譯之《西藏十六位噶瑪巴的歷史》，具有三個印行版本。第一個版本：孫一譯（1983），〈西藏十六位噶瑪巴的歷史〉，《菩提樹》，第 32 卷第 1 期（第 373 期），頁 30-34、孫一譯（1984），〈西藏十六位噶瑪巴的

（Karma-pa rNam-thar），[18]以及 2002 年噶舉圖殿確林出版委員會《噶瑪巴 —— 神聖的預言》之〈第五世噶瑪巴德新謝巴-Deshin Shekpa，西元 1384-1415〉。[19]

二、漢文梵剎典籍

梵剎典籍記載《薦福圖》相關事件共計四部，其中最重要兩部典籍的第一本是釋德鎧書於嘉靖二十二年（1543 年）的《靈谷禪林志》，[20]收錄與《薦福圖》相關的三件重要文書，他處未見。

之一：出自「卷九雜著（一）詔敕」的永樂五年正月二十九日「明成祖建普度齋敕」（第四封），內容大致為成祖將為父皇、母后舉行法會與普度一切幽靈，並告知欲為祖宗、父母、兄弟、親人報名者，可前來。

之二：出自「卷九雜著（一）詔敕」的「明成祖封大寶

歷史〉，《菩提樹》，第 32 卷第 2-3 期（第 374、375 期），頁 27-31、孫一譯（1984），〈西藏十六位噶瑪巴的歷史〉，《菩提樹》，第 32 卷第 4 期（第 376 期），頁 19-26、孫一譯（1984），〈西藏十六位噶瑪巴的歷史〉，《菩提樹》，第 32 卷第 5 期（第 377 期），頁 37-41。然未印全譯本，僅印至第二世噶瑪巴巴西（1206-1283）。第二個版本：孫一居士譯（1986），《西藏十六位噶瑪巴的歷史》（臺北市：大乘精舍叢書大乘精舍印經會）。第三個版本：藍吉富編輯（1987），《世界佛學名著譯叢》第 96 輯（北縣中和市：華宇）。

18 西藏自治區社會科學院和中央民族學院藏族研究所編著（1986），〈歷輩噶瑪巴傳略〉，《中國西藏地方歷史資料選輯》（藏文）（拉薩：西藏人民出版社）。

19 噶舉圖殿確林出版委員會（The Kagyu Thubten Choling Publications Committee）編著（2002），〈第五世噶瑪巴德新謝巴-Deshin Shekpa，西元 1384-1415〉，《噶瑪巴-神聖的預言》（臺北縣新店市：慧眼雜誌社），頁 22-23。

20 清‧釋德鎧著、清‧謝元福修，《靈谷禪林志》（揚州：江蘇廣陵古籍刻印社，1996）。據清光緒丙戌（光緒十二年、1886）刊本影印。

法王敕」（第六封），內容大致爲襃崇哈立麻爲萬行具足十
方最勝圓覺妙智慈善普應佐國演教如來大寶法王西天大善自
在佛，領天下釋教，並頒印、誥與賞賜等，日期是永樂五年
三月初三日，與《薦福圖》所載日期相同。

　　之三：出於「卷十一雜著（三）書」之「致大寶法王書」
（第七封），未書年月。此外，「卷三・建置」亦載：「**大
寶法王殿，舊在古律堂之東，有台名說法。台明，永樂間成
祖征尚思**[21]**哈立麻於西番，命同灌頂大法師哈思巴囉等，於
靈谷建大齋為高皇帝后資福。後封哈立麻為大寶法王，此殿
所由建也。」**[22]

　　第二本是明南京禮部祠祭司郎中葛寅亮於天啓七年
（1627）所撰專記南京佛寺的《金陵梵刹志》。[23]於「卷三
文」收錄永樂五年四月二十六日的「御製靈谷寺塔影記」（第
八封），內容爲成祖與哈立麻的弟子灌頂通悟弘濟大國師日
瓦領禪伯，往靈谷寺觀塔影祥瑞景致五日（四月十五日至四
月十九日）之所見，並認爲塔影爲哈立麻之靈應。《金陵梵
刹志》收錄的「御製靈谷寺塔影記」（第八封）與《靈谷禪
林志》收錄的「大明皇帝致書如來大寶法王」（第七封）幾
乎相同，唯篇首與文末略異。[24]

---

21 征尙思的「思」字應爲「師」字。
22 清・釋德鎧著、清・謝元福修，《靈谷禪林志》（揚州：江蘇廣陵古
　　籍刻印社，1996）。據清光緒丙戌（光緒十二年、1886）刊本影印。
23 明・葛寅亮，《金陵梵刹志》（江蘇：金山江天寺，據明天啓七年（1627）
　　刻本影印）。
24 據《靈谷禪林志》按語，《靈谷禪林志》成書早於《金陵梵刹志》，
　　是故所載「大明皇帝致書如來大寶法王」必有所本，此外，刪節原文
　　乃明人纂書陋習，故「致書」內容應較「塔影記」來得正確。又筆者
　　認爲成書1596年的《清涼山志》「致書」應亦本《靈谷禪林志》（1543）

上述漢地佛寺志相關的四件文書，從未被西藏史研究者注意過。萬曆二十四年（1596年）的五臺山寺志《清涼山志》[25]卷三「大寶法王」，記載哈立麻居於太監楊昇重修的五臺大顯通寺，另提及成祖與弘濟大國師觀塔影的致書等。佛門子弟釋幻輪於崇禎十一年（1638）輯《釋氏稽古略續集三卷》亦載哈立麻諸事，例如成祖與哈立麻「無拜禮合掌而已」、十四日普度大齋的卿雲等景致，多似《明實錄》。此外，還提及齋戒第二日「**二月初六日，文武等官奉天門早朝奏准，奉聖旨著落禮部知道，新出榜曉諭，該行腳僧道持齋受戒，恁他結壇說法，有人阻，當發口外，爲民欽此。**」[26]

三、漢文史料

漢籍史料以《薦福圖》畫卷本身、永樂詔書、致書，以及《明史》、文集等史冊爲骨幹史料。以《薦福圖》事件爲中心，橫跨成祖與大寶法王哈立麻相關的詔書、致書，目前得知共計二十封，其中十五封爲存世詔書形式，[27]另四封抄錄自漢籍佛教典籍（上述），僅一封錄自藏文史料（上述）。

筆者蒐集到明成祖邀約大寶法王哈立麻舉行薦揚法會往

所載，而非成書較晚的《金陵梵刹志》（1627）。
25 明·釋鎮澄纂，《清涼山志》（揚州：江蘇廣陵古籍刻印社，1993），頁133-134。
26 明·釋幻輪彙編，《釋氏稽古略續集三卷》（清光緒十二年（1886）重刊本）。
27 這十五封詔書疑目前全部典藏於西藏博物館，其中確認狀況者爲五件（即第三封、第十一封、第十五封、第十八封、第二十封），轉引自宋伯胤（1985），〈明朝中央政權致西藏地方諭敕〉，中央民族學院蒙古族研究所《藏學研究文集》編輯組，《藏學研究文集》（北京：民族出版社）。餘者狀況待查。

返十三年間的相關二十封漢、藏文書，內容直接與哈立麻、法會相關之外，另觸及仁孝皇后，以及哈立麻弟子的冊封與賞賜等，說明如下：

（一）第一封爲永樂元年二月十八日詔書，內容爲邀請尙師哈立麻盡速來京舉行薦福儀軌與弘揚教法。出自藏文文獻《賢者喜宴》。

（二）第二封爲永樂五年正月十五日敕書，內容爲感謝新年致頌事致哈立麻書。

（三）第三封爲永樂五年正月十八日敕書，內容爲答謝哈立麻遠來並獻馬。原藏大昭寺，今藏西藏博物館。黃蠟紙本，描金龍紋，「廣運之寶」印，漢、藏文。

（四）第四封爲永樂五年正月二十九日敕書，內容爲詔告建普度齋祭。出自漢文文獻《靈谷禪林志》。

（五）第五封爲永樂五年二月初二日致書，內容爲請於靈谷寺舉辦道場事致哈立麻書。

（六）第六封爲永樂五年三月初三日敕書，內容爲封大寶法王。出自漢文文獻《靈谷禪林志》。

（七）第七封爲永樂五年，內容爲致書如來大寶法王。未書年月且內容幾近第八封。出自漢文文獻《靈谷禪林志》。

（八）第八封應爲永樂五年四月二十六日文書，內容爲御製靈谷寺塔影記。出自漢文文獻《金陵梵刹志》。

（九）第九封爲永樂五年四月二十六日，內容爲答謝遣國師進佛舍利祝賀誕辰事致書大寶法王。

（十）第十封為永樂五年五月十八日敕書。內容為祝如來大寶法王壽辰頌詞。

（十一）第十一封為永樂五年八月十七日，內容為申謝為皇后逝世舉辦五臺道場事致大寶法王書。原藏大昭寺，今藏西藏博物館。黃蠟紙本，描金龍紋，「廣運之寶」印，漢藏文。

（十二）第十二封為永樂五年八月十七日，內容為賞賜孛隆逋瓦桑兒加領真、弘智淨戒大國師等禮單。

（十三）第十三封為永樂五年十月十七日，內容為申謝舉辦仁孝皇后超度道場事致書哈立麻。

（十四）第十四封為永樂五年十一月六日，內容為申謝舉辦仁孝皇后超度道場事致孛隆逋瓦桑兒加領真、弘智淨戒大國師等敕書。

（十五）第十五封為永樂五年十一月二十四日，內容為請於靈谷寺宣揚法教事致大寶法王書。原藏大昭寺，今藏於西藏博物館。黃蠟紙本，漢藏文。

（十六）第十六封為永樂六年正月初一日，內容為致如來大寶法王書及賞單。

（十七）第十七封為永樂六年五月十八日，內容為遣使賜禮事致大寶法王書。

（十八）第十八封為永樂八年二月初一日，內容為致書頒賜哈立麻弟子灌頂弘智淨戒大國師的賜禮細目。原藏大昭寺，今藏於西藏博物館。蠟黃紙本，漢藏文，描金龍紋。

（十九）第十九封爲永樂十一年二月初一日，內容爲遣
　　　　使敕諭灌頂弘智淨戒大國師。

（二十）第二十封爲永樂十一年二月十日，內容爲訴說
　　　　對於佛法的歡喜與體悟、感謝大寶法王的祥瑞
　　　　造福等。原藏於西藏自治區文物管理委員會。
　　　　[28]紙本，漢藏文，「廣運之寶」印，墨書。

《薦福圖》相關主要史料出自《明史》本紀《成祖》、
列傳第二一九《西域三·烏斯藏大寶法王》、列傳第一九二
《侯顯》[29]與《明太宗實錄》、[30]《明會要》卷七《外蕃二·
烏斯藏大寶法王》。[31]此外，文集計有胡廣（1369-1418）《穆
文公文集》卷九、景泰年間（1450-1456）黃瑜《雙槐歲鈔》
卷三〈聖孝瑞應〉，後者書云「五歷寒暑，丙戌十二月乃至。
車駕躬往視之，無拜跪禮，合掌而已。上宴之華蓋殿，……
（筆者略）。尋賜儀仗，與郡王同。……（筆者略）。」[32]文
中所述有關卿雲天花，甘雨甘露等祥瑞之景，如同《薦福圖》
題記所載。何良俊（1506-1573）的《四友齋叢說》[33]卷二十
二〈釋道二〉，內容所載多與黃瑜《雙槐歲鈔》卷三〈聖孝

28　亦見西藏自治區文物管理委員會（1981），〈明朝皇帝賜給西藏楚布
　　寺噶瑪活佛的兩件詔書〉，《文物》，11，頁42-44。
29　清·張廷玉，《明史》（北京：中華書局，第一版，1997）。
30　明·董倫等修，《明實錄》（《太宗實錄》），中央研究院歷史語言
　　研究所影印本（南港：中央研究院歷史語言研究所，1967）。
31　清·龍文彬撰，《明會要》(據清光緒十三年（1887）永懷堂刻本）。
　　與《薦福圖》相關內容僅數十字。
32　明·黃瑜，《雙槐歲鈔》（台北：藝文印書館影印，清道光伍崇曜校
　　刊,1968），頁11-12。此書寫作始於景泰七年（1456）至弘治八年（1495），
　　歷經四十年。
33　明·何良俊，《四友齋叢說》（北京：中華書局，1997），頁200-201。

瑞應〉同。[34]此史料載「永樂……車駕躬往視之,無拜跪禮,合掌而已。」、「……普度大齋科十有四日,上伸誠孝,下反幽爽。」等之外,還另載法會之後成祖鼓舞佛法、作佛曲,遍頒佛經與佛曲等,是故風行草偃,眾人效法,「又聞梵唄空樂自天而降,群臣上表稱賀,學士胡廣等獻聖孝瑞應歌頌。自是上潛心釋典作為佛曲,使宮中歌舞之。永樂十七年,御製佛曲成,併刊佛經以傳。九月十二日欽頒佛經至大報恩寺。……(筆者略)。續頒佛經佛曲至淮安,……(筆者略)。在京文武衙門上表慶賀,上益嘉悅,知皇心之與佛孚也,中官因是益重佛禮僧,建立梵剎,以祈福者,徧南京城內外云。」

　　舉行法會之時,還有一位來自遼東的女真僧人道圓和尚於南京城西邊上江東門親自迎接哈立麻,並參與薦揚法會,他的形象或許成為《薦福圖》畫卷中的各族僧人之一。[35]此事刻在明英宗正統七年(1442)七月初一日立的道圓和尚墓碑「道圓塔銘」碑上,碑名為《遼陽僧綱司致事副都綱兼前廣佑禪寺住持圓公塔銘並序》。敘述廣佑禪寺住持道圓和尚為首一行六人於永樂四年春天出發,「欽取遼東通教遼僧六員赴京預會,公居首選,以其年臘月會天下僧眾三萬人,具於江東門,迎取西天葛哩嘛上師大寶法王,館迎靈谷寺,得聞法要,獲受記,別預會而退,至六年。」[36]此外,當時的

---

34 此史料出自劉孔伏(1988),〈有關明成祖迎待哈立麻的一條新史料〉,《西藏研究》,4,頁119-120。

35 《薦福圖》二月初六日的第二幅畫、二月初十日的第一幅畫、二月十三日的第二幅畫、二月十八日的第一幅畫皆繪有各族僧人。

36 鄒寶庫輯注(1998),《遼陽金石錄》(遼陽:遼陽市檔案館、遼陽市博物館編印),頁19-20。感謝遼陽市博物館孫志奇副館長提供內容。

朝鮮使臣安魯生也同時記錄著來朝的哈立麻「皇帝崇尚佛法，有僧來自西域，年二十餘，尊敬奉戴，名約生佛。聞其言行，無異常人，好吃爛羊，然於夜中放光如燈，此其異常而惑眾者也。」[37]

　　明末相關《薦福圖》的記錄則有嚴從簡成書於萬曆甲戌（1574）的《殊域周咨錄》「吐蕃」條，論及哈立麻來京「建法壇，薦福皇考妣」、「學士胡廣等獻《聖孝瑞應歌頌》」，以及封大寶法王等。[38]顧起元（1565-1628）記載南京故實與諸雜事的《客座贅語》，[39]其中「佛會道場」是漢文史料中唯一提及成祖曾撰《靈谷寺塔影記》，書中所載內容幾與《靈谷寺塔影記》相同，然僅為其內容三分之一。沈德符（1578-1642）《萬曆野獲編》卷二十七「釋道」提及哈立麻數次，例如「番僧賜印」的內容為「永樂間，文皇得美玉，欲刻印以賜大寶法王。黃淮諫曰，中國向來無此奇璞，今特恩賜之，將使番部輕天朝，上遂止。當時文皇之異禮胡髡，蓋不特哈立麻矣。」[40]其他相關的民間文學則有馮夢龍（1574-1646）《笑笑錄》卷三、羅懋登 1597 年撰的《西洋記》。[41]

---

37 吳晗輯（1980），《恭愍王三年甲午（元至正十四年，1354）起—世宗二十年戊午（明正統三年，1438）止》，《朝鮮李朝實錄中的中國史料》第一冊（北京：中華書局），頁 222-223。

38 明·嚴從簡、余思黎點校，《殊域周咨錄》（北京：中華書局，2004），頁 365。此書完成於十六世紀最後二十五年，即萬曆初年。

39 明·顧起元，《客座贅語》（北京：中華書局，1991），頁 37-38。

40 明·沈德符，《萬曆野獲編》（下）卷二七（北京：中華書局，1997），頁 682。

41 轉引自馮漢鏞（1995），〈從察隅沿革再論侯顯迎接哈立麻的路線〉，《中國藏學》，1，頁 98-103。四川大學歷史系編（1990），〈明史烏

清道光年間姚瑩（1785-1853）兩次奉使西藏的日記《康
輶紀行》[42]卷十六亦有記載。而近代最早提及《薦福圖》畫
卷應是清駐藏大臣松筠（1754-1835），於所著《衛藏通志》
中云「謹案：前藏西北山后大寺，住錫噶爾瑪巴瑚圖克圖，
系黑教喇嘛，雲南人也，即明時所謂哈立瑪者。藏手卷一軸，
長二十餘丈，乃繪永樂初哈立瑪誦經靈谷寺圖。」[43]

四、研究成果綜述與相關文物

《薦福圖》的相關研究可分為五類。

第一類：《薦福圖》畫卷的印行，至今有六。《西藏地
方明封八王的有關文物》[44]載局部圖版。1991 年中國歷史博
物館出版的《中國古代史參考圖錄 — 明清時代》，圖版少
且尺寸甚小，極不易識。1992 年紫禁城出版社出版的《西藏
文物精華》僅刊布部份圖卷。2001 年西藏博物館編、中國大
百科全書出版社印行的《西藏博物館》刊布部分畫卷，頁
42-43。2001 年中國重慶出版社印行的《中國西藏文化大圖
集》第一卷，頁 164、173。2005 年甲央、王明星主編，朝華
出版社印行的《寶藏 — 中國西藏歷史文物》第三冊：元朝
時期/明朝時期，頁 94-137 完整收錄整部畫卷。李勤璞的書
評記述「以漢、回、藏、蒙古，以及一種不認識的文字記

思藏大寶法王傳書後〉，《徐中舒先生九十壽辰紀念文集》（成都：
　巴蜀書社）。
42 清·姚瑩，《康輶紀行·東槎紀略》（合肥：黃山書社，1990）。
43 清·松筠，《西藏志·衛藏通志》（拉薩：西藏人民出版社，1982），
　頁 184。
44 轉引自宿白（1996），《藏傳佛教寺院考古》（北京：文物出版社），
　頁 56。

事，……」。[45]

　　第二類：韓儒林〈明史烏斯藏大寶法王考〉與房建昌〈西藏如來大寶法王考〉、[46]宿白《藏傳佛教寺院考古》之〈西藏拉薩地區佛寺調查記-堆龍德慶楚普寺〉[47]之外，關於《薦福圖》手抄本相關歷史性事件的研究主要有五人。最早是宋伯胤〈明朝中央政權致西藏地方誥敕〉。作者於 1959 年在楚普寺親眼目睹《薦福圖》卷軸畫，描述其為「卷長 44.21 米、高 0.66 米、紙質、彩繪，共二十二圖，[48]每圖前均有漢、藏、蒙古、阿拉伯文題詞」，[49]此外，並抄錄十二件明朝皇室對於西藏的誥敕。再者是馮漢鏞的三篇文章，首先是〈明史·烏思藏大寶法王傳書後〉[50]一文中探討漢藏之間的交通路線，並論述萬曆羅懋登的《三寶太監下西洋通俗演義》（西洋記）中的主角金碧峰禪師可能為哈立麻的化身。[51]其次是〈哈立麻來京的影響〉，以及〈從察隅沿革再論侯顯迎接哈立麻的路線〉兩篇文章。[52]

45 李勤璞（2002），《中國藏學》，1，頁 133-136。
46 韓儒林（2002），〈明史烏斯藏大寶法王考〉，《穹廬集》，頁 488。房建昌（1991），〈西藏如來大寶法王考〉，《中央民族學院學報》，5。後者出自劉洪記、孫雨志合編（1999），《中國藏學論文資料索引 1872-1995》（北京：中國藏學出版社）。
47 宿白（1996），《藏傳佛教寺院考古》，頁 42-46。
48 宋伯胤先生並未將不同主題畫面的畫作分開計算，故搭配二十二日文字而繪製之圖共計二十二幅。
49 宋伯胤（1985），〈明朝中央政權致西藏地方誥敕〉，中央民族學院蒙古族研究所《藏學研究文集》編輯組編，《藏學研究文集》。
50 四川大學歷史系編（1990），《徐中舒先生九十壽辰紀念文集》（成都：巴蜀書社）。
51 亦見黃永年（2000），〈西洋記裡金碧峰的本來面目〉，《文史探微》（北京：中華書局）。
52 馮漢鏞（1991），〈哈立麻來京的影響〉，《中國藏學》，1，頁 128-131。馮漢鏞（1995），〈從察隅沿革再論侯顯迎接哈立麻的路線〉，《中

　　第三位是卓嘉運用漢藏史料，詳實敘述哈立麻在西藏成爲噶瑪噶舉第五世活佛的過程，以及被邀至京爲太祖、高后舉行薦福法會與在中原弘敷釋教爲經歷，爲文〈噶瑪派大師——哈立麻德新協巴〉、〈哈立麻得銀協巴與明廷關係綜述〉。[53]第四位是羅文華的〈明大寶法王建普度大齋長卷〉，側重圖中建築物與五體合璧的書寫形式等，文中論及「**每組畫面前面都有依次用漢、察合台文（古維吾爾文）、回鶻文（？）、藏文、回鶻式蒙古文五種文字**」。[54]第五位是運用藏文史料的周潤年，其〈簡述五世噶瑪巴第新謝巴的生平事蹟〉（藏文）、〈歷代噶瑪巴活佛與中央政府的關係〉與〈噶瑪巴德行協巴的晉京活動及其影響〉三篇將新的材料與新的研究視角引至文章中來探討。[55]

　　第三類：《薦福圖》是十五世紀初五體合璧的文獻，題記依序爲漢文（豎式，約二千字）、回回文（即波斯文、橫式、約一千八百字）、畏兀兒文（回鶻文、豎式）、藏文（橫式）、畏兀兒體蒙古文（豎式、約二千字），大量的「番文」遺存成爲六百年前華夷譯語的重要來源之一。目前學界僅見畏兀兒體蒙古文與回回文的論述。蒙古族學者哈斯額爾敦在

國藏學》，1，頁 98-103。

53 卓嘉（1992），〈噶瑪派大師－哈立麻德新協巴〉，《雪域文化》，春季號。卓嘉（1992），〈哈立麻-得銀協巴與明廷關係綜述〉，《西藏研究》，3，頁 26-37。

54 羅文華（1995），〈明大寶法王建普度大齋長卷〉，《中國藏學》，1，頁 89-97。

55 周潤年（1996），〈簡述五世噶瑪巴第新謝巴的生平事蹟〉，中央民族大學藏學研究所編，《藏學研究》第八集（北京：中央民族大學出版社），頁 155-166。周潤年（1997），〈歷代噶瑪巴活佛與中央政府的關係〉，《中國藏學》，1，頁 59-68。周潤年（2004），〈噶瑪巴德行協巴的晉京活動及其影響〉，《西藏研究》，4，頁 80-85。

〈普度明太祖長卷圖及其回鶻蒙古文〉文中,首次於學界略述中外有關《薦福圖》的研究史概況,此外,哈氏於 2004 年起撰述畫卷中畏兀兒體蒙古文的系列文章,刊載於《蒙古語文》、《內蒙古社會科學》(蒙古文版)、《中國蒙古學》等期刊,並與王頂柱、嘎日迪繼續此專題的研究。[56]回回文的探討僅見劉迎勝、駱愛麗〈噶瑪巴爲明太祖薦福圖回回文初探〉一文,[57]此爲至今發現與西藏相關文獻中字數最多的波斯文題記。若要指出上述學者不足之處的話,則是他們多數均將回回文誤認爲察合台文、阿拉伯文或維吾爾文。

第四類:1982 年西藏人民出版社的《明實錄藏族史料》三冊中的第一集(洪武二年四月起至天順八年正月止)以及 1993 年中國藏學出版社的《元以來西藏地方與中央關係檔案史料彙編》,兩者相關《薦福圖》史料輯錄相當完備。此外,展覽目錄如《清宮藏傳佛教文物》、《金色寶藏 —— 西藏歷史文物選萃》,與《雪域藏珍 —— 西藏文物精華》[58]亦旁述及《薦福圖》事件。

第五類:域外最早研究《薦福圖》者應爲西方藏學學者理查德森(H. E. Richardson),他於 1958、1959 年的「*The Karma-Pa Sect: A Historical Note, Part II Appendix A、B*」(漢

---

56 內蒙古社會科學院編(2004),《蒙古學研究年鑒2004年》(呼和浩特市:內蒙古社會科學院),頁294-295。

57 劉迎勝、駱愛麗(2006),〈噶瑪巴爲明太祖薦福圖回回文初探〉,《西北民族研究》,1,頁52-63。

58 北京故宮博物院主編(1992),《清宮藏傳佛教文物》(北京:紫禁城出版社、兩木出版社)。中國歷史博物館、西藏博物館編撰(2001),《金色寶藏-西藏歷史文物選萃》(北京:中國藏學出版社)。上海博物館編(2001),《雪域藏珍-西藏文物精華》(上海:上海書畫出版社)。

譯為〈噶瑪巴教派，一個歷史註記〉與附錄 A、B）中言及
《薦福圖》的相關史料。[59]此附錄內容眾多，例如《薦福圖》
二十二篇藏文的轉寫與英譯文章，計有成祖致哈立麻的致書
（藏文轉寫）、明武宗正德於 1516 年予第八世噶瑪噶舉派法
王（Lama Mi-bskyod-rdo-rje）的一封致書（藏文轉寫與英譯）
等。關於哈立麻晉京、明朝與西藏政教關係探討相關者，則
有 1979 年美國史伯嶺（Elliot Sperling）的「*The 5th Karmapa
some Aspects of the Relationship between Tibet and the early
Ming*」(漢譯為〈五世噶瑪巴以及西藏和明初的關係要略〉)。
[60]

　　日本學者的研究有滋賀高義〈明成祖與西藏 —— 以哈立
麻來朝為中心〉。[61]近年則有乙阪智子〈永樂五年「御製靈
谷寺塔影記」さめって〉、松川節〈チベット自治區博物館
藏五言語合璧「如來大寶法王建普度大齋長卷畫」（1407 年）
のモンゴル語テキストについて〉，漢譯為〈如來大寶法王
建普度大齋長卷圖中的蒙古語原件〉。[62]此外，還有聽列仁

59 Richardson, H. E.（1958）. *The Karma-Pa Sect. A Historical Note*, Journal
　 of the Royal Asiatic Society of Great Britain & Ireland, October,
　 p.147-148. Richardson, H. E.（1959）. *The Karma-Pa Sect. A Historical
　 Note*, Part II AppendixA、B, Journal of the Royal Asiatic Society of Great
　 Britain & Ireland, April, p.1-17.
60 史伯嶺（Elliot Sperling）著、才讓太譯、王青山校（1987），〈五世
　 噶瑪巴以及西藏和明初的關係要略〉（原文為 *The 5th Karmapa some
　 Aspects of the Relationship between Tibet and the early Ming*），《國外藏
　 學研究譯文集第二輯》（拉薩：西藏人民出版社），頁 231-241。
61 滋賀高義（1961），〈明成祖與西藏 —— 以哈立麻來朝為中心〉，《大
　 谷史學》，8。出自貞兼綾子編、鍾美珠譯（1986），《西藏研究文獻
　 目錄 —— 日文、中文篇 1877-1977》（鄭州：中州古籍出版社），頁 26。
62 乙阪智子（1997），〈永樂五年「御製靈谷寺塔影記」さめって〉，
　 《日本西藏學會會報》，41-42，頁 11-21。松川節（2004），〈チベ

波切（Karma Thinley Rinpoche）於 1980 年出版的《西藏十
六位噶瑪巴的歷史》（*The History of the Sixteen Karmapas of
Tibet*）(前述)、2002 年噶舉圖殿確林出版委員會《噶瑪巴
── 神聖的預言》（前述），以及通俗讀本《當中國稱霸海
上》。[63]

　　筆者目前尚未見到有關《薦福圖》四十九幅彩繪圖相關
的佛教繪畫研究。就畫風而言，不似藏傳佛教獨特之傳統宗
教繪畫、工藝的藝術風格與構圖，例如唐卡、壁畫、堆繡、
剪紙，[64]反倒流露出漢式風格，應為漢地明廷御畫家所繪製，
筆者疑此畫家或曾目睹法會祥瑞之景，再者，永樂為了讓後
代子孫得以知曉薦揚法會的場景，於是命令畫家繪製所見之
景，因為在《賢者喜宴》中曾記載：「**明成祖為讓其子孫後
代皆知曉此情此景，下命由藝術家將其所見到的種種祥相瑞
徵圖逐日繪於絲緞之上，皇帝還親自書寫了題記，用藏文、
漢文、蒙古文、維吾爾文和突厥文等五種文字抄寫在畫幅上。**」
[65]此外，畫面起頭處空置長條空白處，是否為「題名」之處，

ット自治區博物館藏五言語合璧『如來大寶法王建普度大齋長卷畫』
（1407 年）のモンゴル語テキストについて〉，《大谷學報》，82：4。
上述資料轉引自哈斯額爾敦（2004），〈普度明太祖長卷圖及其回鶻
蒙古文〉，內蒙古社會科學院編，《蒙古學研究年鑒 2004 年》，頁 294-295。
63 李露曄（Louise Levathes）著、邱仲麟譯（2004），《當中國稱霸海上》
（*When China Ruled the Seas: The Treasure Fleet of the Dragon Throne*,
1405-1433）（桂林：廣西師範大學出版社）。
64 蔡倉・尕藏才旦（2003），《中國藏傳佛教》（北京：宗教文化出版
社），頁 436。格桑木・劉勵中編（1992），《唐卡藝術》（成都：四
川美術出版社），頁 1-11。
65 周潤年（2004），〈噶瑪巴德行協巴的晉京活動及其影響〉，《西藏
研究》，4，頁 82。轉引自巴臥・祖拉陳哇（1986）《賢者喜宴》（北
京：民族出版社）（藏文版），頁 1010。筆者認為文中所言維吾爾文
應為回回文、突厥文應為回鶻文。

以及是否存在「跋」等，皆未明，亦不知畫作背面是否具有類似永樂予哈立麻致書背面書寫裱褙匠、織匠等名字，[66]其他諸如畫卷的紙質狀況、彩料等，皆待議。

《西藏十六位噶瑪巴的歷史》記述「永樂皇帝覺得由他的虔誠心所親見的這些神通事蹟，應該記錄下來留給子孫，於是他雇了高明的畫家，將之繪於大疋的綢緞上，其中有一塊尚存於族普（即楚普寺－筆者）。他並親自為這些事蹟撰文記述。以四種文字寫在圖畫上，就是藏文、中文、蒙古文和土耳其文」。[67]此外，西方藏學家理查德森依據藏文史料所載，述說在葛爾欽（sGar-chen）處尚有另一幅《薦福圖》，不過他本人又認為如此龐大與精心製作的畫卷不可能另有複製品。[68]目前典藏於西藏博物館的《薦福圖》畫卷為紙質，如果藏文史料記錄與漢文譯文皆未有誤的話，那麼目前所見到的這一幅紙質《薦福圖》存世畫卷即非唯一的作品，應該還有絲質質地的畫卷。

事實上，明成祖與哈立麻、眾多藏僧交往的許多相關文物流傳至今。毫無疑問地，《薦福圖》與相關詔書，以及永樂版《藏文大藏經》、[69]永樂朝龍紐白玉印的「如來大寶法

---

66 宋伯胤（1985），〈明朝中央政權致西藏地方誥敕〉，中央民族學院蒙古族研究所《藏學研究文集》編輯組編，《藏學研究文集》，頁86。
67 噶瑪聽列仁波切著、孫一（噶瑪金薩）譯，《西藏十六位噶瑪巴的歷史》，藍吉富編輯（1987），《世界佛學名著譯叢》第96輯（北縣中和市：華宇），頁114。筆者認為文中所言土耳其文或應為回鶻文。
68 Richardson, H. E.（1959）. *The Karma-Pa Sect. A Historical Note*, Part II Appendix A、B, Journal of the Royal Asiatic Society of Great Britain & Ireland, April, p.16.
69 王堯、陳慶英主編（1998），《西藏歷史文化辭典》，頁308，「永樂版藏文大藏經」條。

王之印」是最重要且最直接的相關文物。此外，永樂朝的「鑲翅白螺」、「青花開光蓮花紋執壺」、「甜白釉瓷高足碗」，以及具有「明永樂年施」題款的「鎏金銅文殊菩薩坐像」、「鎏金銅涅盤塔」[70]與銅質「鈴杵」[71]等或許皆印證當時的歷史。

第三節　永樂與哈立麻宗教性質交流實錄

　　《薦福圖》為一重要且罕見之圖文兼具的手抄本文獻，內容除記錄法會祥瑞氣象之外，還涉及明廷與西藏，尤其是與噶瑪噶舉黑帽系密切往來之始。

　　於此匯整並輯錄《薦福圖》事件始末之漢、藏史料，按時排序羅列，分成十個階段陳述，展現此一歷史事件的來攏

---

70 上述文物全部出自西藏博物館編（2001），《西藏博物館》（北京：中國大百科全書出版社）。「如來大寶法王之印」高 9、邊長 12.5（頁32）；「鑲翅白螺」是一海螺鑲銅與銀，高 11、長 36、寬 20.5（頁 106）；「青花開花蓮花紋執壺」高 28、寬 23.8、口徑 6.5、底部直徑 9.6（頁192-193）；「甜白釉瓷高足碗」高 10.4、口徑 15.7、底部直徑 4.3（頁46）；「鎏金銅文殊菩薩坐像」高 22、寬 14.5（頁 86）；「鎏金銅涅盤塔」高 28.5、邊長 13.5（頁 180）。尺寸單位皆為公分，略去未書。

71 編號 131 且具有「明永樂年施」的「銅鈴杵」高 22.5 公分，杵上的黃簽書寫為「達賴喇嘛恭進大利益銅鈴杵」。由此研判，疑此物為達賴從西藏入貢清宮，故原為明成祖所施造物又回至漢地。見故宮博物院主編（1992），《清宮藏傳佛教文物》（北京：紫禁城出版社、兩木出版社），頁 175。

去脈。[72]事件始於永樂帝於登基（1403）之前即已經由姚廣孝聽聞哈立麻，登基之後隨即於永樂元年二月中，遣藏族中官侯顯賫書前往烏斯藏，至永樂四年歲末入境，共計整整四年，哈立麻抵京後至翌年永樂五年三月十三日離京抵五臺山，共計在南京停留三個月。五年十一月之後，哈立麻應從五臺山返抵京城，但詳細日期未明。永樂六年四月辭歸，總計在漢地明廷停留期間共計近一年半。

哈立麻於永樂六年歸藏後至永樂十三年逝世之前，幾乎每年都遣使朝貢，與明廷維持良好關係。《薦福圖》聯繫成祖與哈立麻之事，終了於永樂十一年二月的最後一封致書「今特遣內官侯顯等致所鑄黃金佛像於如來」，[73]整個事件歷經長達十三年，始末皆由侯顯擔當重任。

分析《薦福圖》歷史事件與明成祖給予哈立麻的致書，得知成祖相當禮遇、賞識哈立麻，並多次讚賞與推崇，還賜予眾多豐富的賞賜。此外，成祖因緣際會對於佛法的虔誠、重視、推廣不遺餘力。

一、哈立麻入京（漢地）之前

明成祖尚爲燕王時即已知曉哈立麻與其法術。[74]《明史》記載秋七月壬午朔，大祀天地於南郊，奉太祖配。詔曰「今年以洪武三十五年爲紀，明年爲永樂元年。建文中更改成法，一

---

72 本文僅輯錄與本文論述「薦福圖」相關的第五世大寶法王哈立麻之事蹟，並未輯錄後世承襲「大寶法王」頭銜者。
73 中國藏學研究中心等編（1993），《元以來西藏地方與中央政府關係檔案史料匯編第一冊》（北京：中國藏學出版社），頁 151-152。
74 洪武三年（1370）封爲燕王。

復舊制。」永樂登基之後，隨即派遣中官侯顯齎書，徵召哈立麻來京。[75]成祖詔書日期爲「**永樂二月十八日**」，即永樂元年（1403）的二月十八日，此時距登基之日甚短，可見永樂確實企盼哈立麻能夠「**速來爲荷**」。

　　詔書中明白說明成祖延請哈立麻尙師來京的目的是爲了藉尙師的「**道術**」與佛法行「**薦福儀軌**」以報恩於太祖與高后，並「**弘揚佛法，利益社稷**」。此外，能夠延請哈立麻主持如此重要國之大事，可見對其重視與倚賴。從此開啓哈立麻與明成祖之間十三年的往來，而最早的一封出自明成祖的詔書是藏文，內容如下：

　　第一封：

> 尙師卿通達如來深奧教法，使西方一切有情均沾利益，一切生靈均皈依敬奉，猶如世尊現身世間。若尙師未得方便智慧功德之殊勝成就，焉能爲一切群生作如是之廣大利益？朕往日居北方時，即聞尙師令名，亟思一

---

75 清・張廷玉，《明史卷一一六・列傳第四諸王一・晉王棡》，頁932。「是時，帝念邊防甚，且欲諸子習兵事，諸王封並塞居者皆預軍務。而晉、燕（即成祖－筆者）二王，尤被重寄，數命將兵出塞及築城屯田。」事實上，身爲明太祖之三子晉恭王朱棡素聞哈立麻的精深佛法，亦曾於永樂元年三月初一日致書哈立麻並贈物，致書內容「晉王致書葛哩麻辣麻：久聞清譽，會晤未期，馳想弗急。永樂元年正月二十九日，灌頂國師處差人來，從知辣麻震旻迪吉，深慰我懷。今以皀紵絲金鈴杵五彩邊帽一頂、大紅紵絲青條相袈裟一件、大紅紵絲禪衣一件、金紅紵絲敞屺剌一件，紅斜皮四縫靴一對襪全爲贈。至可笑留。幸甚幸甚。時春序方殷，遠惟以道自重，不具。永樂元年三月初一日」（「晉府圖書」印，紙本，墨書漢文，原藏拉薩大昭寺）。見中國藏學研究中心等編（1993），《元以來西藏地方與中央政府關係檔案史料匯編第一冊》，頁95。查《明史》載晉王於「三十一年三月薨」，應爲太祖洪武三十一年（1398），與上述致書落款「永樂元年（1403）三月初一日」顯然有誤。

晤。今即大位，中土宇內，悉已綏定。久懷愿念，若
滌去翳障，頓得朗悟，俾功德利益，溥及凡庶。昔我
釋迦牟尼佛以大慈悲心，利益一切有情。卿以修得佛
法甚深成就故，與佛心無二，望秉此慈心，來此中土
以弘揚世尊教法；朕當軫念邦國利樂，依從往昔心愿，
隨奉尚師。尚師務必蒞臨。先帝安邦經國於中土，於
世尊教法，先前即懷敬信。皇考太（祖）皇帝及篤信
佛法，皇妣高太后薨逝已久，朕思報恩，罔得其方，
尚師卿於方便智慧功德等，修得無上之成就，即具佛
之本性矣，切望速來為已薨逝者修成解脫儀軌，故此
即遣司禮監少監侯顯等賫信物來請，愿尚師以慈憫喜
樂為懷，盡速前來為要。壓函信物：銀大錠三，共百
五十兩；諸色表里緞絹各十匹；枬檀木一段；白香十
斤；蘇和香一斤；白茶一百五十斤等共六種。
永樂元年二月十八日書於大宮殿。[76]

　　永樂派出祖籍爲西番的侯顯，[77]應是由於通曉番文與當
地殊風異俗之故，此應爲侯顯第一次出使西番，隨行者有智

---

76 此詔書原爻僅見藏爻記錄，出自巴臥·祖拉陳哇（1986），《賢者喜
　宴》（北京：民族出版社）（藏文版），頁 1001-1002。詔書共有四個
　漢譯版本，內容相近。1.中國藏學研究中心等編（1993），《元以來西
　藏地方與中央政府關系檔案史料匯編第一冊》，頁 94-95，本文出自此。
　2.周潤年（2004），〈噶瑪巴德行協巴的晉京活動及其影響〉，《西藏
　研究》，4，頁 81。3.卓嘉（1992），〈哈立麻得銀協巴與明廷關係綜
　述〉，《西藏研究》，3，頁 29。4.班欽·索南查巴著、黃顥譯注（1987），
　《新紅史》(拉薩：西藏人民出版社)，頁 208-209。。
77 楊士宏（2001），〈明代少數民族外交使者侯顯及侯家寺〉，《西北
　民族學院學報》哲學社會科學版，3，頁 62-65。馬旭（1992），〈論
　述藏族領袖人物侯顯〉，《西藏研究》，4，頁 54-55。

光和尙。此事載於《太宗實錄》卷十七，永樂元年二月乙丑
（1403/3/10）「遣司禮監少監侯顯賫書、幣往烏思藏，征尚
師哈立麻。蓋 上在藩邸時，素聞其道行卓異，至是遣人徵
之。」[78]《成祖本紀》記載爲「乙丑，遣使徵尚師哈立麻於烏
斯藏」。[79]而《侯顯傳》記載爲永樂元年四月「侯顯者，司禮
少監。帝聞烏思藏僧尚師哈立麻有道術，善幻化，欲致一見，
因通迤西諸番。乃命顯賫書幣往迓，選壯士健馬護行。元年
四月奉使，陸行數萬里。」[80]《實錄》與《明史》的日期皆
爲永樂元年二月乙丑（1403/3/10），與《侯顯傳》的永樂元
年四月互異。

　　當時哈立麻雖未能隨即趕赴京城，但已先遣使行貢物，
之後使者承賜宴招待。《太宗實錄》卷五一載永樂四年二月
丁卯（1406/2/24）「尚師哈豆（立）麻遣人獻佛象等物。」[81]《太
宗實錄》卷五四載永樂四年五月辛卯（1406/5/19）「賜尚師哈
立麻使臣……（餘爲爪哇國使臣之事，未錄）宴。」[82]

二、哈立麻入京（漢地）至舉行法會之前

　　距永樂元年二月詔書後，歷經近四年之後的永樂四年末，

---

78 明・董倫等修，《太宗實錄》卷十七，中央研究院歷史語言研究所影
　　印本，頁 310。文中所附西曆皆出自西藏研究編輯部編（1982），《明
　　實錄藏族史料》第三冊（拉薩：西藏人民出版社）。
79 清・張廷玉，《明史卷六・本紀第六・成祖二》，頁 56。
80 清・張廷玉，《明史卷三百四・列傳第一百九十二・宦官・侯顯》，
　　頁 1991。
81 明・董倫等修，《太宗實錄》卷五一，中央研究院歷史語言研究所影
　　印本，頁 761。
82 明・董倫等修，《太宗實錄》卷五四，中央研究院歷史語言研究所影
　　印本，頁 802。

哈立麻始進入漢地，駙馬前往京兆府（今西安）處親迎，見於《太宗實錄》卷六二載永樂四年十二月戊子（1407/1/11）「遣駙馬都尉沐昕迎尚師哈立麻。先是，命中官侯顯等往烏思藏徵哈立麻。至是，顯遣人馳奏已入境，故遣昕迎之。」[83] 之後來到京城應天府（今南京），此時有一位來自遼陽女真高僧道圓和尙曾親迎哈立麻於京城江東門。「公居首選，以其年臘月會天下僧眾三萬人，具於江東門，迎取西天葛哩嘛上師大寶法王，館迎靈谷寺」。[84]

哈立麻入漢地的事件，亦見藏文史料。據《賢者喜宴》載「於藏曆火狗年（1406）七月十八日隨同宦官侯顯、僧人智光從噶瑪丹薩寺出發前往朝廷。……。哈立麻一行經過三十多個驛站抵達京兆府（今陝西西安）……。」[85]哈立麻抵達京城時「身著盛裝，手持華蓋、寶幢、幡、飛幡等五彩繽紛的各種裝飾品、供品及用綢緞、黃金、水晶等製造的各式精美藝術品的隊列；佩戴大量黃金飾件的三隻大象及三百隻馱載各種各樣裝飾品的大象；五萬名手持鮮花及各種器樂的僧人；還有以九位皇子及三千名大臣為首的宦官要員十萬名所率領的一百二十萬名士兵，他們有的手持盾牌，大部分手持長矛，其中持金錘、金斧、金馬鐙、金三尖刀等的各一百名，手舉金銀綢緞製成的太陽、月亮造型的有四千名。……皇宮內也備有與宮外規模相當的迎接儀仗，其中披戴金盔金

---

83 明・董倫等修，《太宗實錄》卷六二，中央研究院歷史語言研究所影印本，頁890。
84 鄒寶庫輯注（1998），《遼陽金石錄》，頁19-20。
85 轉引自周潤年（2004），〈噶瑪巴德行協巴的晉京活動及其影響〉，《西藏研究》，4，頁81。

甲的就有二百名。」[86]

　　哈立麻謁見永樂帝后，接受設宴與饋贈。對於此事漢、藏史料記載頗多。《四友齋叢說》卷二十二《釋道二》載永樂四年十二月乙酉（1407/2/1）「車駕躬往視之，無跪拜禮，合掌而已。」[87]《西藏十六位噶瑪巴的歷史》記載永樂與哈立麻首次見面互贈禮物的場景為「在皇宮裡皇帝供養他一條頸巾和一個珍貴右旋白海螺，以表歡迎。皇帝心想：如果噶瑪巴真正具有如大家所說的他心通，他應該知道我的願望，我希望他回贈我同樣的禮物。當皇帝正在這麼想時，德新寫巴由袋中抽出一條頸巾和一只右旋海螺送給永樂大帝。」[88]

　　法會之前永樂帝與哈立麻之往來之細節，例如《太宗實錄》卷六二載「尚師哈立麻至京，入見上御（於）奉天殿。」[89]與永樂四年十二月庚戌（1407/2/2）「宴尚師哈立麻於華蓋殿，賜金百兩、銀千兩、鈔二萬貫、綵幣四十五表里及法器、箇褥、鞍馬、香果、米、茶等物，並賜其徒眾白金、綵幣等物有差。」[90]以及十二月辛亥（1407/2/3）「皇帝駕臨德銀協巴下榻之地靈谷寺，賜白馬十八匹（馬鞍三副），金七錠，銀三十七錠，綢緞百余匹，白磁茶鐘三十個，金鐘杵十五副，

---

86 轉引自卓嘉（1992），〈哈立麻得銀協巴與明廷關係綜述〉，《西藏研究》3，頁30。此內容出自巴臥・祖拉陳哇（1986），《賢者喜宴》（藏文版），頁1004-1005。
87 明・何良俊，《四友齋叢說》（北京：中華書局，1997），頁200-201。
88 噶瑪聽列仁波切著、孫一（噶瑪金薩）譯，《西藏十六位噶瑪巴的歷史》，藍吉富編輯（1987），《世界佛學名著譯叢》第96輯（北縣中和市：華宇），頁111-112。
89 明・董倫等修，《太宗實錄》卷六二，中央研究院歷史語言研究所影印本，頁896。
90 明・董倫等修，《太宗實錄》卷六二，中央研究院歷史語言研究所影印本，頁896。

金瓶二個，銀瓶五個，金銀盤子共計五隻，並若干瓷碟。永
樂五年正月初一，哈立麻進宮向皇帝賀年，皇帝賜宴款待，
晚上諸皇子送大師歸寺。」[91]

兩封文書與此時段的迎往有關，另兩封則與法會相關。

正月十五日元宵節，永樂筵請哈立麻，並於宮內共賞燈
會。另感謝新年致頌事致哈立麻敕書。內容如下：

第二封：

> 大明皇帝致意法尊大乘尚師哈立麻巴：新歲承致頌語，
> 稱譽深至。顧朕德薄，豈足以當讚揚，心領受之，不
> 勝欣喜，吉祥無量。惟愿尚師大轉法輪，廣施佛力，
> 濟度群生，以稱朕拳拳之意。永樂五年正月十五日。[92]

正月十八日永樂致書哈立麻感謝其前來贈馬。內容如下：

第三封：

> 大明皇帝致意法尊大乘尚師哈立麻：朕勞尚師遠來，
> 已慰所望。尚師又以馬進，厚意深至，朕領受之，不
> 勝欣喜。用致書酬答，以申朕意，尚師其亮之。永樂
> 五年正月十八日。[93]

《太宗實錄》卷六三載永樂五年正月甲戌（1407/2/26），
永樂賜予哈立麻之禮內容為「儀仗牙仗二、瓜二、骨朵二、
幡幢二十四對、香合兒二、拂子二、手爐三對、紅紗燈籠二、

---

91 轉引自卓嘉（1992），〈哈立麻得銀協巴與明廷關係綜述〉，《西藏
　　研究》，3，頁30-31。
92 中國藏學研究中心等編（1993），《元以來西藏地方與中央政府關係
　　檔案史料匯編第一冊》，頁96。
93 中國藏學研究中心等編（1993），《元以來西藏地方與中央政府關係
　　檔案史料匯編第一冊》，頁96。

鉈（魷）燈二、傘一、銀交椅一、銀腳踏一、銀水罐一、銀盆
一、誕馬四、鞍馬二、銀杬（杬）一、青圓扇一、紅圓扇一、
帳房一、紅紵絲拜褥一。」[94]

　　明成祖為父皇母后舉行法會之前，於正月二十九日曾發
佈建普度齋勅，告知民間法會一事，並邀民眾意欲投報親人
者，亦可加入普度齋事。內容如下：

　　第四封：

> 永樂五年正月二十九日，欽奉聖旨，今為父皇母后大
> 薦揚之典。重念平定內難將士，輪忠奮力，踴躍干戈，
> 饋餉糧儲，供給器械，或殞於鋒刃之下，或斃於矢石
> 之間，或饑寒凜溺以亡身，或疾病傷殘而殞命。及天
> 下軍民人等，為奸惡驅迫饋運戰鬥，或資起度及普度
> 天下一切幽靈，迎請西方法尊大乘上師，於永樂五年
> 二月初五日，就靈谷寺修建大齋，官員軍民諸色人等，
> 有欲為祖宗、父母、兄弟親人報名，赴普度道場者，
> 許各具亡故名姓於靈谷寺投報，欽此。[95]

　　永樂五年二月初二日，成祖為請哈立麻在靈谷寺舉辦道
場，致書一封「請於靈谷寺舉辦道場事致哈立麻書」。內容
如下：

　　第五封：

> 大明皇帝致書法尊大乘尚師哈立麻巴：朕承皇考太祖

---

94 明‧董倫等修，《太宗實錄》卷六二，中央研究院歷史語言研究所影
　　印本，頁 905。
95 清‧釋德鎧著、清‧謝元福修，《靈谷禪林志》（揚州：江蘇廣陵古
　　籍刻印社，1996）。據清光緒丙戌（光緒十二年、1886）刊本影印。

高皇帝、皇妣孝慈高皇后深恩大德，未能上報，夙夜不寧。欲舉薦揚之典，重念奉天靖難之時，將士軍民、征戰供給，死亡者眾。其時天下將士軍民為奸惡驅迫，戰鬥供給，死者尤甚眾多。又念普天之下一切幽魂及胎卵濕化、禽獸草木，種種生靈，未得超度。諸如此類，欲與普遍濟拔。今特迎請法尊大乘尚師哈立麻巴，領天下僧眾，以永樂五年二月初五日為始，於靈谷寺修建普度大齋二七晝夜。以此良因，特伸誠孝。惟愿皇考、皇妣超遙佛界，一切幽爽咸脫沉淪，永固皇圖，恩沾萬有。茲特致書，以達朕意。尚師其亮之。[96]

三、二月初五日至二月十八日的十四日法會期間

　　哈立麻爲明太祖、高后於靈谷寺率領天下僧眾祈福的法會，始於二月初五日，歷經十四日，於二月十八日竣事。《薦福圖》長卷詳述十四日法會期間靈谷寺每日的奇異景致。而這些奇景異象，例如「空中現出種種物體；街道上可以看到有阿羅漢往來；又見到一個和尚遊天空中飛過去；一陣花雨落在皇宮上，天空中的雲彩現出金剛乘本尊的形象等等。」在李吉諾雷（Reginald A. Ray）認爲則是哈立麻所屬佛教的「幻術」（神通）的現象。[97]

---

96 中國藏學研究中心等編（1993），《元以來西藏地方與中央政府關係檔案史料匯編第一冊》，頁 97。

97 參見李吉諾雷（Reginald A. Ray）撰寫的介紹文（英文版本）。英版本爲 Karma Thinley Rinpoche（1980）. *The History of the Sixteen Karmapas of Tibet*. Prajña Press. 中文譯本爲孫一（噶瑪金薩）譯，〈西藏十六位噶瑪巴的歷史〉，《菩提樹》，第 32 卷第 2-3 期（第 374、375 期），頁 27。

1.永樂五年二月初五日~十四日之一。

大明皇帝迎請如來大寶法王大善自在佛哈立麻巴領天下僧眾。於靈谷寺修建普度大齋。薦揚皇考太祖高皇帝皇妣孝慈高皇后普度天下一切幽靈。自永樂五年二月初五日藏事之始。有五色卿雲。絢爛紛騰湧聚。狀若如意。復有舍利。見光塔頂。如明月初升。皎潔流動。又。見金色光二道。

2.永樂五年二月初六日~十四日之二。

初六日。缽雲滿空。見無量阿羅漢。自西南乘雲而來。從者或隱或顯。少焉天花飄舞瓊葩玉蕊悠揚交暎。既而五色毫光起於壇殿。復有羅漢數十。持錫捧缽。頂笠執拂。翱翔雲端。

3.永樂五年二月初七日~十四日之三。

初七日。甘露降。色如凝酥。味香而美。俄五色雲見。金枝玉花。璀璨熠燁。

4.永樂五年二月初八日~十四日之四。

初八日。五色毫光起自西南。貫于東北。天花翩飛。甘露溥降。復有五色毫光起于如來寶樓。騰空而上。

5.永樂五年二月初九日~十四日之五。

初九日。復。雨天花。下甘露。見寶蓋幢幡旛。飄揚霄漢。又有五色毫光起於如來寶樓。

6.永樂五年二月十日~十四日之六。

初十日。甘雨降。味甜如飴。有五色毫光騰霄直上。舍利三。見於塔頂。狀如蠙珠吸月。海波浴日下上旋遶。光輝洞射。復。見阿羅漢不可數計。浮空而來。有僧十餘。頂包持錫過市。云往靈谷赴供。市人見其長眉廣頰。精神清絕。怪而隨之。至第一禪林。莫知所在。

7.永樂五年二月十一日~十四日之七。

十一日。五色雲。見。天花環墜。甘露復降。檜柏生金色花。其狀如蓮。千葉聯綴。自然奇妙。有五色毫光蔭。覆壇殿。

8.永樂五年二月十二日~十四日之八。

十二日。有天花大如錢許。彌滿虛空。繚繞飛舞。日夕。佛頂見紅光。狀若虹蜺相連燭見毫髮。有五色毫光環于如來壇殿。塔頂見舍利一。猶旭日東昇。周回上下傍照草木。榮華增色。已而復然。

9.永樂年五月十三日~十四日之九。

十三日。慧光二道。一達孝陵。一達皇城。復有五色圓光環於壇殿。及如來所居寶樓。旋見天花飛達齋幃。風日和暢。瑞雪繼下。晚有寶光自塔殿起。光中見塔影有僧赤腳。貌甚奇古。身披百衲。左手提衣。右手攜履。步行如飛。人見其狀異。隨而視之。至于佛殿前。倏忽不見。徧求之不得。少焉。見於雲端。

10.永樂五年二月十四日~十四日之十。

十四日。有青鸞白鶴。徧空旋舞。五色祥雲擁日。既而散繞壇上。變幻不一。復有圓光環如來所居寶樓。少頃。又有金色光一道。騰霄直上。復有紅光籠罩。踰時不散。日既夕。有毫光五色。中見壇場境界。復。見菩薩像十餘。東西相向而行。四旛竿上俱見金光。

11.永樂五年二月十五日~十四日之十一。

十五日。五色毫光。見如來壇殿及所居寶樓。既而凝結若蓮花。叢擁久之。復徧。見五色毫光。及祥雲。雲內見金仙像一。有白鶴浮空而來。迴旋飛舞。少頃。有白光一道。

經如來所居寶樓而東。至晚。塔殿及天王殿。俱。見毫光。
又有圓光二道。交相輝暎。

12.永樂五年二月十六日~十四日之十二。

十六日。塔殿及如來所居樓。見五色毫光。祥雲五彩。
天花徧下。充滿孝陵。彌布皇城。

13.永樂五年二月十七日~十四日之十三。

十七日。寶塔。見無量光。其色五彩。覆蔭壇殿。夜見
二人立旛竿上。既而有雲從西南來。見僧二扵雲端。鞠躬合
掌。復有雲差少。見僧一。亦鞠躬合掌隨至。俱向壇殿。下
而復上。後忽不見復有五色毫光三道。起西南。經壇殿。互
東北。有白光一道。自東直起如來所居寶樓。又見五色毫光。

14.永樂五年二月十八日~十四日之十四。

十八日。齋事圓滿。有青鸞白鶴。群飛翩躚。交錯旋舞。
天花飄空。卿雲四合。瑞氣蒽蔚。甘露眩珠。靈風瀏瀏。萬
神肦聚。復有祥雲如龍。如鳳。如獅。如象。如寶塔。至夜。
山門西旛竿上。距數丈餘。顯天燈二。其赤異常。朱汞丹砂。
不足以擬其萬一。光彩四達。遙見燈影中。有乘青獅白象而
來者。瓔珞珠佩。煥然粲麗。少頃。塔頂舍利畢。見。光輝
朗耀。交徹天燈。忽聞梵唄空樂。音韻清亮。絲竹交作。金
石合奏。響振壇殿。及入殿聆之。則其音聲宛在空中。如是
良久乃止。未幾。普見金色世界。

史料對於十四日法會期間的祥瑞之景，多所記載，然皆
不如《薦福圖》畫卷本身所描述的內容。例如《明史烏斯藏
大寶法王傳》中提到「帝躬自行香。於是卿雲、甘露、青鳥、
白象之屬，連日畢見。帝大悅，侍臣多獻賦頌。事竣，復賜

黃金百、白金千、寶鈔二千、綵幣表裏百二十、馬九。」[98]《侯顯傳》「或言卿雲、天花、甘露、甘雨、青鳥、青獅、白象、白鶴及舍利祥光，連日畢見，又聞梵唄天樂自空而下。帝益大喜，廷臣表賀，學士胡廣等咸獻《聖孝瑞應歌》詩。」[99]《四友齋叢說》亦載「又聞梵唄空樂，自天而降，群臣上表稱賀，學士胡廣等獻聖孝瑞應歌頌。自是上潛心釋典，作為佛曲，使宮中歌舞之。」[100]

四、封哈立麻「大寶法王」、賞賜其徒弟至離京前往五臺山

二月十八日「薦福法會」結束後，永樂曾賞賜哈立麻與其眾徒，《太宗實錄》卷六四記載永樂五年二月庚寅（1407/3/14）「賜尚師哈立麻奉命率僧於靈谷寺建普度大齋，資福太祖高皇帝、孝慈高皇后。竣事，賜哈立麻金百兩、銀千兩、鈔二千錠、綵幣表里百二十、馬九匹。灌頂圓通善慧大國師哈（答）師巴囉葛羅思等各銀二百兩、鈔二百錠、綵幣十、馬三匹。餘徒眾賜賚有差。」[101]

約二周之後，永樂於三月初褒揚哈立麻，賜予大寶法王封號，並封其徒三人爲大國師等。《太宗實錄》卷六五載永樂五年三月丁巳（1407/4/10）「封尚師哈立麻為萬行具足十

98　清・張廷玉，《明史卷三三一・列傳第二百十九・西域三・烏斯藏大寶法王》，頁 2194。
99　清・張廷玉，《明史卷三百四・列傳第一百九十二・宦官一鄭和、侯顯》，頁 1991-1992。
100　明・何良俊，《四友齋叢說》（北京：中華書局，1997），頁 200-201。
101　明・董倫等修，《太宗實錄》卷六四，中央研究院歷史語言研究所影印本頁，頁 910。

方最勝圓覺妙智慧善普應佑國演教如來大寶法王西天大善自
在佛，領天下釋教；賜印、誥及金、銀、鈔、綵幣、織金珠
袈裟（裟）、金銀器皿、鞍馬。命其徒孛隆逋瓦桑兒加領真
為灌頂圓修淨慧大國師，高日瓦領禪伯為灌頂通悟弘濟大國
師，果樂羅葛羅監藏己（巴）里藏卜為灌頂弘智淨戒大國師，
皆賜印、誥、銀、鈔、綵幣等物。宴于華蓋殿。」[102]

永樂五年三月初三日明成祖封大寶法王敕，內容如下：
第六封：

> 佛氏之道，先天地而不見其始，後天地而不見其終，
> 其廣大也，包乎無外其精微也極乎，無內神化難名而
> 超乎。萬有願力宏深而濟拔無窮，宗教流傳緜延相續，
> 歷數千百年，必有一佛出現，以闡其教。今法尊大乘
> 尚師哈立痲，清淨慈悲，光現智慧，圓滿十號，具足
> 六通，自在端嚴，往來無礙，真如平等，調伏羣生，
> 開無量法門，作種種方便，功德深廣，猶如巨海之積
> 珍，色相虛空，有若寶月之映水，妙不可測，莫及思
> 惟，普震音聲，遍充沙界，知天命之有，在感朕心之
> 孝誠，誓覺悟於羣迷，廣宣揚其法教，歷數萬里，來
> 至京師，顧茲道德之宏高，必有讚揚之令典。朕心敬
> 禮，曷可名言，今特褒崇萬行具足十方最勝圓覺妙智
> 慈善普應佑國演教如來大寶法王西天大善自在佛，領
> 天下釋教門，授以玉印、金誥，於乎超特無等允為釋
> 迦之尊，利益有情，普施生靈，之福翊我皇，度振爾

---

102 明‧董倫等修，《太宗實錄》卷六五，中央研究院歷史語言研究所影
    印本，頁915。

宗風，永樂五年三月初三日。[103]

哈立麻接受永樂賜封之後至三月十三日離京前往五臺山的期間，《薦福圖》詳述三月初三日褒崇大寶法王當日所發生的祥瑞景致，以及後續初四日、初五日，以及十三日離京。

1.永樂五年三月初三日～八日之一。

三月初三日。褒崇如來大寶法王西天大善自在佛。並齋天下僧二萬餘眾於靈谷寺中。有慧光五色。自西貫于東。煥如虹梁。其長竟天。復見祥雲。光華煥爛。變化流動。天花屢。見。復有霞光。覆蔭塔殿及如來寶樓。樓上。見五色毫光三道。既而復。見白毫光一道。金光三道。

2.永樂五年三月初四日～八日之二。

初四日。如來詣闕致謝。是日。見青白毫光五道。復有五色毫光覆蔭如來寶樓。樓上復。見白毫光二道。又有五色毫光。覆蔭塔殿。復有二鶴交舞其上。

3.永樂五年三月初五～八日之三。

初五日。駕幸靈谷寺設齋供。是日現五色毫光。復有。卿雲五色及金光輝暎日下。如來寶樓。見五色毫光。已而復。見金色毫光。其夜復有紅色毫光起扵南方。洞煥壇殿。

4.永樂五年三月十三日～八日之四。

十三日。如來將遊五臺山文殊菩薩化現之所。是日早。發靈谷寺。五色毫光。見於西北。紅色毫光起于如來寶樓。塔頂。見金色光一道。壇殿。見五色光三道。

五、哈立麻離京後，往五臺山至《薦福圖》

---

103 清·釋德鎧著、清·謝元福修，《靈谷禪林志》（揚州：江蘇廣陵古籍刻印社，1996）。據清光緒丙戌（光緒十二年、1886）刊本影印。

畫卷結束的日期三月十八日

　　哈立麻於永樂五年三月十三日離京城後，《薦福圖》尚載四日之景，爲三月十五日、十六日、十七日，而最後一日永樂五年三月十八日。

1.永樂五年三月十五日~八日之五。

　　十五日命僧閱誦大藏經。祝贊如來。五色雲。見。天花彌布。二鶴翔舞。寶光交暎。是夜。空中有聲如法樂宣奏。良久乃已。

2.永樂五年三月十六日~八日之六。

　　十六日早。西廡。見塔影二。大一小一。大影五級。自塔座至寶缾偏高一丈一尺。小影五級。自塔座至寶缾高五尺餘。光彩絢爛。金色流動。甘露降于娑羅香。毫光徧。見。

3.永樂五年三月十七日~八日之七。

　　十七日。見五色毫光八道。復有青白紅毫光一道起于東北。黃色毫光。覆蔭塔殿。五色毫光見如來寶樓。

4.永樂五年三月十八日~八日之八。

　　十八日青色毫光起于西南。金色毫光起于如來寶樓。既而又。見金光祥雲。

六、成祖與哈立麻弟子弘濟大國師
日瓦領禪伯往靈谷寺觀影

　　哈立麻爲祝賀明成祖的誕辰日（四月十七日），故預先派遣灌頂通悟弘濟大國師高日瓦領禪伯進宮，敬獻佛舍利與阿羅漢骨等，因此才有通悟弘濟大國師偕同成祖前往靈谷寺

觀景。《靈谷禪林志》所載成祖的「致書如來大寶法王書」（第七封）的內容，與永樂五年四月二十六日，成祖所撰「御製靈谷寺塔影記」（第八封，記載四月十五至十九日的共計五日之靈谷寺佛塔觀景日誌）幾乎一致。差別之處僅在第七封致書句首多出「大明皇帝致書如來大寶法王西天大善自在佛」、句尾多出「茲特遣書相平安報告，吉祥如意，如來其亮之」。內容如下：

第（七）八封

　　四月十五日，朕偕灌頂通悟弘濟大國師日瓦領禪伯，往靈谷觀向日所見塔影。朕至誠默禱，曰願祝如來大寶法王西天大善自在佛，吉祥如意，若果鑑朕誠心，則示塔影一巳，而塔影隨見；朕又默祝，願天下太平，五穀豐登，家給人足，民不夭閼，物無疵癘，若果遂朕心，更示塔影一巳，而復見塔影二，一時之間，三塔畢見，其色始若黃金在礦，含輝未露，俄若躍冶之金，精光煜燁，少焉，如泥金布練，毫芒紛數，若注若流，綺窗綵櫳，黝堊丹碧粲然呈露。至暮，有五色圓光，光中見二佛像及如來大寶法王西天大善自在佛像，巳而復見寶公像，拱立於前，內官、僧官，具以來聞，朕未之信。至十六日，復與灌頂通悟弘濟大國師往塔影之所，朕又默祝，曰明日朕初度之辰，吉慶福祥，則塔影更見巳，而又見塔影二，一照於壁，一映於地，與前塔影連而為七，其色或黃、或青，流丹炫紫，紺綟間施，錦繡錯綜，若琉璃映徹水晶洞；明若琥珀，光若珊瑚色；若瑪瑙碑琛，文彩晃耀，若淵

澄而珠朗，若山輝而玉潤，若丹砂聚鼎，若空青出穴，若鳳羽之陸離，若龍章之焱灼。若蜺旌孔蓋之飄搖，金支翠旗之掩映；若景星慶雲之炳煥，紫芝瑤草之爛斑。若陽燧之迎太陽，方諸之透明水。若日出而霞彩麗也，雨霽而虹光吐也，嚴空而電影掣也，閃爍蕩漾，□動光溢。雖極丹青之巧，莫能圖其萬一；雖極言語形容，莫能狀其萬一。至於鈴索振搖，寶輪層疊，𩏡瓦之鱗鱗，闌楯之縱橫，玲瓏疎透，一一可數。人之行走舞蹈，咸見於光中，其所服之色，各隨而見，若鳥雀衝過，樹動花飛，悉皆可見。而天花雨虛，悠揚交舞。十七日花徧下，其大者如盃，小者如錢。東西兩廡，又見塔影十，光輝照燭，皆如前之勝妙。十八日，朕復往觀塔影，光彩大勝於前，有雲彩五色，輪困煥衍，郁郁縕縕，非霧非煙，低翔裊回，葱龍塔影之上，乍舒乍斂，往而復續，變化萬狀，不可殫述。塔心復見塔影一而已，青篁綠樹之影，粉然畢呈塔殿上，所製七生，凡異香芬馥，充達遠近。至暮，留灌頂通悟弘濟大國師在寺觀之。十九日早，灌頂通悟弘濟大國師來報，塔影第一層，見如來大寶法王西天大善自在佛像，三見羅漢像六，環立左右，第二層見紅色觀音像一，左右見菩薩像四，侍立拱手，捧香花供養。有圓光五色，覆於塔上，寶蓋垂蔭，瓔珞葳蕤，凡物只有一影，今一塔而見多影，要非常理所可推測，此皆如來大寶法王西天大善自在佛，道超無等，德高無比，具足萬行，闡揚通實，釋迦牟尼佛，再見於世，

以化導群品,是以攝受功至顯,茲靈應不可思議。朕
心欣喜,難以名言,灌頂通悟弘濟大國師,回必能言
塔影之詳,然所言亦必不能盡其妙也,就今畫工圖來
一觀,蓋萬分淂其一二爾。[104]

永樂帝於五年(1407)四月二十六日答謝哈立麻祝賀誕
辰之事而致「答謝遣國師進佛舍利祝賀誕辰事致大寶法王
書」。內容如下:

第九封:

大明皇帝致書如來大寶法王西天大善自在佛:
朕以四月十七日初度之辰,如來大寶法王西天大善自
在佛,預遣灌頂通悟弘濟大國師高日瓦領禪伯,以佛
舍利及阿羅漢骨進,讚以祝吉祥。將至之先日,時雨
灑道,和風清塵。十三日早導迎入城,朗然晴爽,慶
雲捧月,如蒼龍噴珠,張吻拿爪,尾鬣飛動,正當殿
中;少焉,如彩鳳環抱;須臾,結成樓扉,雙門洞開,
像緯畢呈,有五色毫光,由門閃出,綿亙宮城,直至
靈谷;至旦,澄天一碧,纖雲不興,天花紛墜,交錯
飛揚,彌滿空中,直至日暮。明日,天花復彌空而下。
又明日,天花復遍下。朕之生日常事,動如來大寶法
王西天大善自在佛慈悲大念,慶讚之至,獲此吉祥,
朕德涼薄,何以當之。所來舍利、阿羅漢骨,日頂禮
供養,中心欣喜,何可勝道。茲特遣書酬謝,吉祥如

---

104 明‧葛寅亮,《金陵梵刹志》(江蘇:金山江天寺,據明天啟七年(1627)
刻本影印)。

意，如來其亮之。[105]

此外，永樂帝曾於五月十八日哈立麻生日之時，親自為他作了長達約六百字的頌詞，並致書「祝如來大寶法王壽辰頌詞之敕書」。內容如下：

第十封：

大明皇帝致書如來大寶法王西天大善自在佛：

惟如來歷劫堅修，夙證圓覺，教續釋迦之旨，道超萬法之宗。往者以五月十八日出現世間，誓偏度於群迷，廣宣揚其妙諦，俾眾生之趨善，拔幽爽以咸升。比者來遊中土，弘布潮音，利益開明，功德無量。茲焉日屆初度，諸佛均慶，專心致書，敬讚吉祥，以表朕意。

讚曰：

如來現身出世間　　光明猶日無不照
猶一日至百千日　　日日輝徹無生滅
自性妙湛寂如如　　本始不二圓覺故
三千大千悉充滿　　是則名為最上乘
誓以菩提開惑路　　弘施巨筏濟沉淪
有情無想總超升　　離脫障纏登彼岸
以此微妙清淨身　　塵剎中間無不有
一一莊嚴摩尼藏　　如是化導於一切
又若虛空現寶月　　映徹河沙諸眾水
人見一水具一月　　究竟是月本一故

---

105 中國藏學研究中心等編（1993），《元以來西藏地方與中央政府關係檔案史料匯編第一冊》，頁99。

如來妙爍迦羅心　　金剛堅固無轉動
衆生一一具此心　　能令真實皆成就
寶蓮花座宣妙法　　善哉無等不思議
種種頻伽梵音聲　　一切聞者生歡喜
慈雲密布於十方　　法雨普沾無差別
八萬四千毫竅中　　一竅具足一世界
世界之中充溢遍　　是則名爲平等施
慈悲攝受諸有情　　廣大敷錫靡有盡
世人牽縛於根塵　　闢彼暗室莫能入
刹那中間即開悟　　咸超勝境無量門

如來法身等金山　　莊嚴甚妙莫與并
又如須彌最上頂　　至高無量不可測
總爲濟拔出世間　　境界悉能超諸有
隨機調伏臻妙覺　　自在不仗神通力
廣開無量清淨道　　普見十方無有比
咸使衆生獲安樂　　一切痴暗睹光明
曾於無邊大劫海　　廣爲衆生演菩提
十種異類諸人天　　聞此勝義生信解

如來弘發大慈悲　　開演如是之樂法
世間名有種種樂　　茲寂滅樂爲最勝
世人悟此成大道　　隨其願欲皆滿足
有能思惟生慶悅　　諸濁悉離無障垢
如來身相等虛空　　普應群心而設教

威力神通無邊際　　無量無邊無所著

世人欲求諸福德　　除斷所染諸迷念

念念廣發菩提心

如來證果成佛道　　永離苦海煩惱海

波羅蜜海即超登　　甚深至大功德藏

所聞所見咸受益　　眾生頂禮法王尊

願繼燃燈無量壽　　護持翊衛轉法輪

吉祥如意增福果　　無邊智慧亦無盡

寂然不動無所礙　　遍周沙界妙讚揚

諸佛示現均慶喜[106]

七、哈立麻在五臺山期間至為仁孝皇后做法會

據《太宗實錄》卷六九所載，永樂五年秋七月「乙卯，皇后徐氏崩。后中山武寧王達之長女。母夫人謝氏。」[107]此時，永樂延請尚在五臺山的哈立麻為剛剛逝去的皇后在癸酉年七月舉行薦福法會，後予以賞賜並致書。《太宗實錄》卷六九亦記載永樂五年七月癸酉（1407/8/24）「命如來大寶法王哈立麻於山西五臺山建大齋，資薦大行皇后。賜白金一千兩、錦緞、綾羅、絹、布凡二百六十。賜大國師果樂羅葛羅監藏巴里藏卜等白金、文綺、鈔有差。」[108]

---

106 中國藏學研究中心等編（1993），《元以來西藏地方與中央政府關係檔案史料匯編第一冊》，頁 99-101。

107 明・董倫等修，《太宗實錄》卷六九，中央研究院歷史語言研究所影印本，頁 966。

108 明・董倫等修，《太宗實錄》卷六九，中央研究院歷史語言研究所影

目前已知五封（第十一封-第十五封）詔書、致書涉及大寶法王哈立麻與眾弟子爲大行皇后行薦福法會，以及後續賞賜。

之一：永樂五年八月十七日致書。內容如下：

第十一封：

> 大明皇帝致書如來大寶法王西天大善自在佛：茲者皇后崩逝，朕心痛悼不已。然以理推之，亦其壽命止此。昨叩如來，就五臺道場爲舉薦揚。如來慈悲廣大，愿力弘深，盡心竭力，成此良因，朕不勝感激，特遣駙馬沐昕賫書致徵儀，少伸朕懷，如來其亮之。
>
> 檀香一炷，重四十一斤；純紅蠟燭二枝，共重六十斤；茶芽二十斤，巴茶九十斤；圓眼二簍；荔枝二簍；蜜浸荔枝五壇；榛子一石；松子一石；核桃一石；銀一十八錠，計五千錢，共重五百兩；鈔一萬貫；紵絲三十六匹：暗花一十四匹；骨朵雲八匹（綠四匹、紅二匹、青二匹）；細花六匹（綠二匹、紅二匹、青二匹）；素二十二匹（紅一十二匹、綠六匹、青四匹）；彩絹三十六匹。
>
> 永樂五年八月十七日。[109]

之二：永樂於五年（1407）八月十七日賞賜大寶法王三位徒弟，即灌頂圓修淨慧大國師、灌頂通悟弘濟大國師，以及灌頂弘智淨戒大國師果，禮單內容爲下：

印本，頁 977。

109 中國藏學研究中心等編（1993），《元以來西藏地方與中央政府關係檔案史料匯編第一冊》，頁 101-102。

第十二封：

大明皇帝頒賜灌頂圓修淨慧大國師字隆逋瓦桑兒加領真：

銀二錠，計五百錢，共重五十兩；紵絲九匹（暗細花三匹：紅一匹、青一匹、綠一匹；素六匹：紅二匹、青二匹、綠二匹）；鈔一千貫。

灌頂通悟弘濟大國師高日瓦領禪伯：

銀二錠，計五百錢，共重五十兩；紵絲九匹（暗細花三匹：紅一匹、青一匹、綠一匹；素六匹：紅二匹、青二匹、綠二匹）；鈔一千貫。

灌頂弘智淨戒大國師國果樂羅葛羅監藏巴里藏卜：

銀二錠，計五百錢，共重五十兩；紵絲九匹（暗細花三匹：紅一匹、青一匹、綠一匹；素六匹：紅二匹、青二匹、綠二匹）；鈔一千貫。[110]

之三：永樂帝於十月十七日爲感謝哈立麻爲皇后舉辦逝世之五臺超度道場而致書哈立麻。內容如下：

第十三封：

大明皇帝致書如來大寶法王西天大善自在佛：比者仁孝皇后崩逝，特勤如來大啟慈悲，弘敷法教，舉七七薦揚之典，俾早證良因，超登覺地。朕心懷感，不可名言，茲特致書，少伸謝臆，如來其亮之。[111]

之四：永樂五年（1407）十一月初六日，永樂帝爲申謝

---

110 中國藏學研究中心等編（1993），《元以來西藏地方與中央政府關係檔案史料匯編第一冊》，頁102。

111 中國藏學研究中心等編（1993），《元以來西藏地方與中央政府關係檔案史料匯編第一冊》，頁103。

舉辦仁孝皇后超度道場之事，而致孛隆逪瓦桑兒加領真、灌頂弘智淨戒大國師果欒羅葛羅監藏巴里藏卜等敕書。內容如下：

第十四封：

> 敕灌頂圓修淨慧大國師孛隆逪瓦桑兒加領真、灌頂弘智淨戒大國師果國欒羅葛羅監藏巴里藏卜等：
>
> 前者如來在途，以仁孝皇后崩逝適臨百日之期，特為舉薦揚之典。爾等贊成善功，朕深感之。今特賜爾等彩段表里，以表朕懷。故敕。
>
> 灌頂圓修淨慧大國師孛隆逪瓦桑兒加領真：
>
> 紵絲三匹：丹礬紅一匹、柏枝綠一匹、深青一匹；彩絹三匹；鈔五百貫。
>
> 灌頂弘智淨戒大國師果國欒羅葛羅監藏巴里藏卜：
>
> 紵絲三匹：丹礬紅一匹、柏枝綠一匹、深青一匹；彩絹三匹；鈔五百貫。
>
> 正壇執事僧人三名及各壇掌壇僧人五名，共八名：
>
> 每人紵絲一匹，共八匹；每名彩絹一匹，共八匹；每名鈔三百貫，共二千四百貫。
>
> 各壇僧人一百六十四名：
>
> 每人彩絹二匹，共三百二十八匹；鈔五十貫，共鈔八千二百貫。[112]

八、哈立麻返京、歸藏，以及往後的進貢

---

112 中國藏學研究中心等編（1993），《元以來西藏地方與中央政府關係檔案史料匯編第一冊》，頁 103-104。

　　之五：哈立麻與眾徒弟應在舉行仁孝皇后超度法會與七七薦揚典禮之後，離開五臺山，返回京城，途中遇及仁孝皇后百日之期，仍依循舉行悼念儀式。返抵京師後，永樂於五年十一月二十四日除感謝哈立麻慈心之外，並邀於靈谷寺宣揚佛法。致書內容如下：

　　第十五封：

　　　　大明皇帝致書如來大寶法王西天大善自在佛：向者仁孝皇后崩逝，如來於七七之內，就五臺道場廣慈悲之力，大舉薦揚之典，勤渠懇款，功德無量。百日之期，途中復舉法科，拔濟之功，超登極樂感佩之心，夙夕不忘。今如來至京，復欲親詣几筵特加讚祝，慈悲憫惻之心愈加懇至。然以道路跋涉，勞頓良多，正宜從容宴息，不敢過勞，以動如來慈念。朕子皇太子高熾、漢王高煦、趙王高燧欲報叩勞之恩，今特躬詣祈請，惟望如來益弘愿力，大闡慈仁，就靈谷寺宣揚法教，以遂其孝誠之心。茲敬致書，如來其亮之。

　　　　永樂五年十一月二十四日。[113]

　　永樂皇帝於六年（1408年）正月初一日，賞賜哈立麻並致書，其內容如下：

　　第十六封：

　　　　大明皇帝致書如來大寶法王西天大善自在佛：茲維正旦，特以香幣等物專致履端之慶，如來其亮之。檀香一柱，計四十五斤，長四尺八寸；乳香五斤；壽字八

---

113 中國藏學研究中心等編（1993），《元以來西藏地方與中央政府關係檔案史料匯編第一冊》，頁104。

吉祥御羅手帕一條，長一丈；吉祥手帕一條，長一丈，闊三尺；寶石珠翠金牌寶相花一朵：用青鴉鶻石一塊，重二分、紅馬斯肯的石一塊，重二分、黃鴉鶻石一塊，重一分、大樣窠嵌珠一顆，重五分、二樣珠一百顆，重四錢五分、三樣珠二百顆，重六錢一分八釐；金壘絲六字真言花牌一個，用金二錢五分；金廂寶石碗兒五個，用金三錢；金腳一根，用金四錢；大紅熟絹花藍一個；鍍金銅鈴杵九副，每副四個，鍍用金四錢，共三兩六錢，計三十六錢；黑斜皮骰全；白海螺九個；大紅線圓條、五色線結子全；銀九錠，每錠二十五兩，計二百五十錢，共二百二十五兩，計二千二百五十錢；鈔五千貫；絨錦三段（牡丹花大紅一段、如意葵花柏枝綠一段、紋深青一段）；紵絲一十五匹：織金細花三匹（四寶四季花大紅一匹、八寶雲翠藍一匹、寶相牡丹花柏枝綠一匹）、暗細花六匹（大紅一匹、深桃紅一匹、翠藍一匹、官綠一匹、柳青一匹、福青一匹）、素六匹（大紅一匹、黑綠一匹、深桃紅一匹、肉紅一匹、福青一匹、翠藍一匹）；彩絹一十八匹；紵絲袈裟并衣服一套，計七件（大紅織金纏枝寶相花龜紋嵌優彩羅花二十五條相邊欄夾袈裟一領，大紅素袈裟一領，大紅織金纏枝寶相花夾襌衣一件，大紅暗花纏枝牡丹花錦賞古麻一件（□□□□□），[114]大紅織金龜紋花夾氅哈利一件，深桃紅暗花八寶雲夾貼裏一件，大紅

天花雲嵌八寶夾禪裙一件（□□□□□□）；紅麂皮靴一雙，襪全；白磁八吉祥茶瓶三個，銀索全；白磁茶鍾九個，紅油斜皮骰手全：五龍五個，雙龍四個；馬九匹；鞍一副：璺漆轎，大紅暗花紵絲座，藍斜皮韂轡，紅纓花大紅線條繮；□金銀八吉祥事件，朱紅揭金麒麟□，大紅素紵絲護衣藍斜皮如意雲邊蓋紅氈鞍籠，青紵絲白線刺菱草心、西番蓮花邊青紵絲白線刺香草邊汗□，大紅紵絲包把鞭子。[115]

據《西藏十六位噶瑪巴的歷史》所載，當哈立麻從五臺山返回時，發現由於明朝使節團在追貢寺附近遭到強盜攻擊，故永樂帝欲組織遠征軍予以懲罰，遂告之哈立麻「派一小團騎兵到西藏去，因為那兒宗派太多，未來可能發生鬥爭。最好他們都成為您的宗派之一部份，這樣以後每年都可以在西藏不同的地方舉行一次西藏宗教大會」，然而哈立麻卻說「一個宗派不能為所有類型的眾生帶來幸福，將所有宗派皆合而為一是無益的，因為每個宗派都是特別為完成某一方面的善行而建立的，所以請不要派軍隊前去。」[116]最後永樂聽從哈立麻之言。

藏文史料載永樂六年四月（1408/5），哈立麻意欲歸藏，皇帝曰「如來赴京功德無量，然回錫駐短促、未能敬慎奉侍。朕認為雖與上師朝夕相處，若不遵行其教誨，則不會產生威

115 中國藏學研究中心等編（1993），《元以來西藏地方與中央政府關係檔案史料匯編第一冊》，頁 105-106。

116 噶瑪聽列仁波切著、孫一（噶瑪金薩）譯，《西藏十六位噶瑪巴的歷史》，藍吉富編輯（1987），《世界佛學名著譯叢》第 96 輯（北縣中和市：華宇），頁 114-115。

力，若遵行教誨，則不分遠近，俱生威力。元時，皇帝為尊，今爾乃朕之上師，當爾為尊。茲遵意歸藏，但凡遣使往迎，祈望當召赴京」等語，並賜白金、彩幣、佛像及甘珠爾經等大量禮物。[117]哈立麻於永樂四年歲末來京之後，近一年半之後的永樂六年四月意欲歸藏。此事載於《太宗實錄》卷七八永樂六年四月庚子（1408/5/17）「如來太（大）寶法王哈立麻辭歸。賜白金、綵幣、佛像等物，仍遣中官護送。」[118]

明成祖永樂六年（1408）五月十八日，再次遣使賜禮並事致大寶法王書，而此時適逢哈立麻生日（五月十八日），內容如下：

第十七封：

> 大明皇帝致書如來大寶法王西天大善自在佛：
>
> 惟如來智慧弘深，圓融無礙，道妙超乎萬有，功德被於幽顯。比者來遊中土，大轉法輪，丕揚宗旨，開明利益，莫罄名言。茲者西歸在途，適臨示現之日，特遣使致書并香幣，以伸朕意。如來其亮之。
>
> 檀香一炷，計重二十一斤八兩；優鉢羅花蠟燭一對；吉祥御羅手帕一條，長一丈，闊三尺；珠翠寶相花一朵；紵絲九匹（暗細花四匹：大紅一匹、翠藍一匹、柳青一匹、深桃紅一匹；素五匹：深桃紅一匹、黑綠

---

117 卓嘉（1992），〈哈立麻得銀協巴與明廷關係綜述〉，《西藏研究》，3，頁 33。資料出處爲西藏自治區社會科學院和中央民族學院藏族研究所編著（1986），《中國西藏地方歷史資料選輯》（藏文）（拉薩：西藏人民出版社），頁 278。
118 明·董倫等修，《太宗實錄》卷七八，中央研究院歷史語言研究所影印本，頁 1057。

一匹、淺桃紅一匹、福青一匹、藍青一匹）；彩絹九匹（大紅三匹、藍青二匹、深桃紅二匹、白二匹）；鈔一萬貫；巴茶九十斤；酥油一百五十斤；胡桃二十斤；荔枝二十斤；圓眼二十斤；蓮肉三十斤；紅棗三十斤；柿餅三十斤；銀杏三十斤；李煎三十五斤；杏煎三十五斤。[119]

永樂六年哈立麻歸藏後至永樂十一年的期間，每一年明廷與哈立麻、眾徒皆有往來。《明實錄》記載其中連續四年（永樂七年至十年）都有遣使入朝與貢馬，計有《太宗實錄》卷八八記載永樂七年二月庚辰（1409/2/21）「如來大寶法王哈立麻遣其徒輆藏等來朝。賜之鈔、幣。」[120]《太宗實錄》卷一百載永樂八年正月甲午（1410/3/2）「如來大寶法王哈立麻、贊善王吉剌思巴監藏巴里藏卜等，各衛遣使來朝。賜鈔、幣、衣服等物。」[121]由於永樂曾於八年二月初一日給予哈立麻徒灌頂弘智淨戒大國師果欒羅葛羅監藏巴里藏卜一封致書，其內容實為賜禮物件（第十八封），故疑永樂八年弘智淨戒大國師為哈立麻的使者。《太宗實錄》卷百一五載永樂九年四月乙未（1411/4/27）「如來大寶法王哈立麻及館覺護教王宗巴幹（幹）即南哥巴藏卜等各遣使進馬。賜鈔及綵幣。」[122]《太宗實錄》卷百二八載永樂十年五月丙戌

119 中國藏學研究中心等編（1993），《元以來西藏地方與中央政府關係檔案史料匯編第一冊》，頁106-107。

120 明・董倫等修，《太宗實錄》卷八八，中央研究院歷史語言研究所影印本，頁1170。

121 明・董倫等修，《太宗實錄》卷一百，中央研究院歷史語言研究所影印本，頁1307。

122 明・董倫等修，《太宗實錄》卷百一五，中央研究院歷史語言研究所

（1412/6/11）「如來大寶法王哈立麻遣其徒楊班丹貢方物。
賜鈔、幣有差。」[123]

永樂八年（1410年）二月初一，永樂帝給予哈立麻徒灌
頂弘智淨戒大國師一封致書。禮單內容如下：

第十八封：

> 大明皇帝致書頒賜灌頂弘智淨戒大國師果樂羅葛羅監
> 藏巴里藏卜：紵絲五匹（暗給細花大紅一匹、素四匹：
> 大紅一匹、水紅一匹、深青一匹、柏枝綠一匹）；彩
> 絹五匹；紵絲袈裟衣服一套（大紅素二十五條、相繡
> 優缽羅花天王袈裟一件、大紅素禪衣一件、深桃紅暗
> 花賞古麻一件、肉紅暗花氅哈剌一件、礬紅素錦貼里
> 一件）；皂麂皮銅線夾縫靴一雙；青素紵絲抹口白綿
> 羊毛氈襪一雙；巴茶一百斤。
> 永樂八年二月初一。[124]

史冊並未記錄永樂十一哈立麻的遣使，或是使者為何
人，但是由永樂於十一年（1413年）二月初一日，回賜灌頂
弘智淨戒大國師的遣使朝貢，並吩咐敬慎侍奉大寶法王的敕
諭判斷，即可得知此次主事者為灌頂弘智淨戒大國師。敕諭
內容為：

　　影印本，頁1464。
123 明·董倫等修，《太宗實錄》卷百二八，中央研究院歷史語言研究所
　　影印本，頁1592。
124 中國藏學研究中心等編（1993），《元以來西藏地方與中央政府關係
　　檔案史料匯編第一冊》，頁149。宋伯胤（1985），〈明朝中央政權
　　致西藏地方諭敕〉，中央民族學院蒙古族研究所《藏學研究文集》編
　　輯組，《藏學研究文集》。

第十九封：

大明皇帝敕諭灌頂弘智淨戒大國師果樂羅葛羅監藏巴里藏卜：爾遣使朝貢，朕深嘉悅。今遣太監侯顯，賜爾佛像及衣帽等物。爾宜朝夕敬慎奉侍如來大寶法王西天大善自在佛，調適起處，吉祥如意，以副朕懷。故諭。頒賜鍍金銅佛像大寶法王一尊；鍍金銅鈴杵一副；響銅鈸兒一副；絳紅油細竹絲高頂僧帽一頂；各色素紵絲袈裟僧衣一套，計五領件（大紅紵絲二十五條銹優鉢羅花天王袈裟一領、大紅禪衣一件、丹礬紅賞古麻一件、肉紅氆哈剌一件、丹礬紅貼里一件）；各色紵絲七匹（暗花二匹：大紅一匹、淺桃紅一匹；素五匹：大紅一匹、深青一匹、丹礬紅一匹、黑綠一匹、深桃紅一匹）；各色熟絹七匹（藍青一匹、明綠一匹、深青一匹、大紅一匹、淺桃紅一匹、丹礬紅一匹、金黃一匹）；青紙四千張；巴茶一百斤；皂麂皮銅緣夾縫靴一雙；青素紵絲抹口白綿羊毛氈襪一雙。永樂十一年二月初一日。[125]

---

[125] 中國藏學研究中心等編（1993），《元以來西藏地方與中央政府關係檔案史料匯編第一冊》，頁 150。

九、成祖給予哈立麻最後一封致書至哈立麻歿後

　　永樂帝於十一年二月初十日給予哈立麻的一封致書（第二十封），內容盡訴對於佛法的歡喜與體悟，並感謝大寶法王的祥瑞造福。此外，還詳述鄭和第二次下西洋，再次回到錫蘭迎取佛牙之際，遭遇國王阿烈苦奈兒的迫害，並詳述鄭和脫險，禮請佛牙平安歸來的歷程，最後是遣侯顯攜此致書並護送佛像一尊予大寶法王。[126]從這封致書所表達出來的虔誠心意與細膩文字可以推敲出成祖極其尊奉大寶法王，是故傾訴自身的佛法感悟、興旺佛道與做功積德等佛事。

　　第二十封：

> 大明皇帝致書萬行具足十方最勝圓覺妙智慈善普應祐國演教如來大寶法王西天大善自在佛：朕嘗靜夜端坐宮庭，見圓光數枚，如虛空月，如大明鏡，朗然洞徹，內一大圓光，現菩提寶樹，種種妙花，枝柯交映，中見釋迦牟尼佛像，具三十二種相，八十種好，瞻視踰時，愈加顯耀，心生歡喜。自惟德之涼薄弗足以致此，惟佛法興隆，陰翊皇度，覬茲靈異，亦如來攝授功致，有是嘉徵。乃命工用黃金範為所見之像，命灌頂大國師班丹藏卜等頌祝慶賀。
>
> 朕曩聞僧伽羅國，古之獅子國，又曰無憂國，即南印

---

126 明・董倫等修，《太宗實錄》卷百三七，中央研究院歷史語言研究所影印本，頁 1665，載十一年二月（1408/5/17）「遣太監侯顯賚勅賜尼八剌國王沙的新葛地湧塔王可般錦綺。」故侯顯此趟應攜帶此封致書予大寶法王，之後才履行至尼八剌之事。明成祖邀約大寶法王入京，以及最後一封致書的送達，始末任務皆由侯顯擔任。

度。其地多奇寶，又名曰寶渚，今之錫蘭山是也。其
地有佛牙，累世敬祀不衰。前遣中使太監鄭和奉香花
詣彼國供養。其國王阿烈苦奈兒，鎖里人也，崇禮外
道，不敬佛法，暴虐凶悖，靡恤國人，褻慢佛牙。太
監鄭和勸其敬崇佛教，遠離外道。王怒，即欲謀害使
臣。鄭和知其謀，遂去。後復遣鄭和往賜諸蕃，並賜
錫蘭山王。王益慢不恭，欲圖害使者，以兵五萬人刊
木塞道，分兵以劫海舟。會其下泄其機，和等覺，亟
回舟，路已阻絕，潛遣人出舟師拒之。和以兵三千，
夜由間道攻入王城，守之。其劫海舟番兵，乃與其國
內番兵，四面來攻，合圍數重。攻戰六日，和等執其
王，凌晨開門，伐木取道，且戰且行，凡二十餘里。
抵暮始達舟。當就禮請佛牙至舟，靈異非常，寶光遙
燭，如星燦空，如月炫宵，如太陽麗晝。訇霆震驚，
遠見隱避，歷涉巨海，凡數萬里，風濤不驚，如履平
地，獰龍惡魚紛出乎前，恬不為害，舟中之人皆安穩
快樂，永樂九年七月九日至京。

考求禮請佛牙之日，正朕所見圓光佛像之日也，遂命
工莊嚴旃檀金剛寶座，以貯佛牙於皇城內，式修供養，
利益有情，祈福民庶，作無量功德。今特遣內官侯顯
等致所鑄黃金佛像於如來，以此無量之因，用作眾生
之果，吉祥如意，如來其亮之。

永樂十一年二月初十日。[127]

127　西藏自治區文物管理委員會（1981），〈明朝皇帝賜給西藏楚布寺噶
　　瑪活佛的兩件詔書〉，《文物》，11，頁 42-44。中國藏學研究中心

　　永樂與哈立麻的首次與結尾接觸皆由侯顯擔任。史料未載永樂十二年（1414）、十三年（1415）明朝與哈立麻往來的記錄。而哈立麻於永樂六年回歸烏斯藏之後，歷經七年後因病歿於永樂十三年。哈立麻之死意謂著噶瑪噶舉派第五世哈立麻與明成祖長達十三年的「薦福」佛法因緣正式劃下句點。

十、第一世大寶法王哈立麻於永樂 十三年（1415）歿後至明末

　　後來世襲「哈立麻」頭銜者，或是親自前來明廷、或是遣使朝貢，直至明末仍未歇。永樂朝中世襲大寶法王名號者，即第六世哈立麻遣使朝貢僅有兩例，首見《太宗實錄》卷一九八所載，於大寶法王歿後三年，於永樂十六年（1418）正月戊午「**如來大寶法王哈立麻遣使貢馬。賜之鈔幣。**」[128]次見永樂二十一年（1423）四月十七日賞賜大寶法王的「**成祖賞賜尚師哈立麻敕諭。**」[129]此外，由漢文史籍、詔書得知永樂後至明末，大寶法王與明廷至少有十六次的往來。[130]

　　而永樂之後至明末，僅於與永樂相距百年的正德《武宗實錄》中見著與《薦福圖》相關大寶法王哈立麻(1384-1415)、

　　　等編（1993），《元以來西藏地方與中央政府關係檔案史料匯編第一冊》，頁 151-152。

128　明‧董倫等修，《太宗實錄》卷一九六，中央研究院歷史語言研究所影印本，頁 2054。

129　中國藏學研究中心等編（1993），《元以來西藏地方與中央政府關係檔案史料匯編第一冊》，頁 156。

130　中國藏學研究中心等編（1993），《元以來西藏地方與中央政府關係檔案史料匯編第一冊》，頁 156-203

侯顯的兩次記載。《武宗實錄》卷百三一載正德十年十一月
己酉（1515/12/31）「命司設監太監劉允往烏思藏齎送番供
等物。時左右近幸言『西域胡僧有能知三生者，土人謂之活
佛。』遂傳旨查永樂、宣德間鄧成、侯顯奉使例，遣允乘傳
往迎之。以珠琲為旛幢，黃金為七供，賜法王金印、袈裟及
其徒饋賜以鉅萬計，內庫黃金為之一匱。⋯⋯（筆者略）。」
[131]以及正德十年十一月辛亥（1516/1/2）「大學士梁儲等言
『近兵部手本，為司設監太監劉允請勅。臣等竊以內外官員
欽奉勅文內，必備載所行事務，今允往四川，未知何事，無
憑撰寫。』既而，禮部手本稱『奉旨令允如永樂、宣德年差
鄧成、侯顯等例，往烏思藏齎送番供。』」[132]

---

131 明・董倫等修，《武宗實錄》卷百三一，中央研究院歷史語言研究所
　　影印本，頁 2611。
132 明・董倫等修，《武宗實錄》卷百三一，中央研究院歷史語言研究所
　　影印本，頁 2613-1614。

第三章《薦福圖》回回文
初步研究與注釋

第一節　漢文全文[1]與轉寫[2]

永樂五年二月初五日～十四日之一（總計二十二篇-一）

漢文：5 行、波斯文：13 橫行、約 110 字、畫面：1 幅

大明皇帝迎請①

如來大寶法王大善自在佛哈立麻巴領天下僧眾。於靈谷寺修建普度大齋。薦揚②

皇考太祖高皇帝③

皇妣孝慈高皇后普度天下一切幽靈。自永樂五年二月初五日藏事之始。有五色卿雲。絢爛④

紛騰湧聚。狀若如意。復有舍利。見光塔頂。如明月初升。皎潔流動。又。見金色光二道⑤

1	dāy mīnk 大明	bād(pād)□-i 皇帝[3]	mu'aẓẓam 偉大的	'istiqbāl 接見	walī-i 聖者[4]	lubb 核心[5]	kardan 做[6]

---

1 漢文通篇文章的句號是畫卷題記中原有的，波斯原譯文也有句號，於此置於轉寫中，兩者原皆為小紅色圈點。標號者為漢文、波斯文的行數。
2 轉寫中出現的「xx」為筆者目前無法辨識或是解讀的波斯文單詞。

| 2 | zhūlāy 如來 | dāy bāw fā wānk 大寶法王 | | | dāy shīan za zāy fū 大善自在佛 | | |

| 3 | karamābā 噶瑪巴 | bā 和 | tūyinān 僧人們[7] | rūy zamīn 上面地面 | ra 介詞[8] | xx | rūy kure 上面球體[9] |

| 4 | dar 在 | butkhāne-i 佛寺 | līnk kūy sī 靈谷寺 | 'az barāye 因為 | dast-kīrī (dast-gīrī) 幫助、保護[10] |

| 5 | hame-i 所有 | murdakān◯[11] (murdagān) 死者(複數) | wa 和 | kārhā-i 工作 (複數) | nīkūy 善的、好的 | kardan 做 | 'az barāye 因為 |

| 6 | ◯pidar-am 我的父親 | tāy zū 太祖 | bād(pād)shāh-i 皇帝 | | 'a'lā 至高 | wa◯ 和 |

| 7 | mādar-am 我的母親 | hīāw ha 孝? | khwānk khū◯ 皇后 | wa 和 | hame-i 所有 | murdak(g)ān 死者 | rūy 上面 |

| 8 | zamīn 地面 | rā◯ 介詞 | 'az 從 | tārīkh-i 歷史 | yūnk lāw 永樂 | b(p)anjam 第五 | sāl 年 | dar 在 | rūz-i 日 | b(p)anjam 第五 | māh 月 |

3　本文字母「pe」絕大多寫成「be」，以下相同者，不另說明。波斯文「pād」
　意譯為力量、保護、王權、御座；「shāh」意譯為、國王、統治者。「pād
　shāh」（音譯）意譯為國王、君主，此處「pād」寫成「bād」。「shāh」
　漏寫且有塗抹痕跡。
4　亦意譯為聖人、負責人、保護人、監護人、（宗）聖徒、老爺、主子、
　繼承人等。轉寫符號「-i」表示「ezafe」，意為修飾語與被修飾語之間
　的關係，加在被修飾語處。
5　亦意譯為中心、本質、精隨、精選、內心等。
6　亦意譯為幹、執行等。「'istiqbāl kardan」意譯為接見。「'istiqbāl」漏
　掉字母「be」的音點。
7　亦意譯為喇嘛、佛教徒。此字為複數形式。
8　可視為受格介詞。
9　亦意譯為球、地球儀、天體等。
10　本文字母「gāf」多寫成「kāf」，以下同，不另說明。「dast-kīrī」應
　為「dast-gīrī」（保護、幫助）、「rank」應為「rang」（顏色）、「kul」
　應為「gul」（花）。
11　波斯原譯文既有的紅色圈點。應為句點，然少數標在非句尾之處。

9	dū 二	dar 在	sar-i 頭、首	'aghāz 開始	kār-i 工作	nīkūy 美好	kardan○ 做	'abrhā-i 雲	b(p)anj 五	ranke 顏色

10	b(p)īdā shūd 出現、升起	nīk-i 好、美	rawshan 光亮、光明	wa 和	shaffāf○ 透明的	basuwī 朝向	hawā 空氣	bar 'āmad 出現

11	baham peywaste 結合在一起	shaklhā-i 樣子(複數)	way 它	hamj(ch)ū 像這種的[12]、如此的	zhūyī 如意	bāz 此外、而且	bar sar-i 在上部、在頂端

12	kuldasta (guldasta) 塔	rawshanāyī 光亮	shālī 舍利	b(p)īdā shūd○ 出現、升起	hamj(ch)ū 像這種的	māh-atābī 月亮、月光

13	naṭulū' kunad 日出	rawshanāyī-i 光亮	way 它	shaklhā[13] 樣子(複數)	mī zadan 正在打、擊

永樂五年二月初六日～十四日之二（總計二十二篇-二）

漢文：2 行、波斯文：13 橫行、約 80 字、畫面：2 幅

初六日。缽雲滿空。見無量阿羅漢。自西南乘雲而來。
從者或隱或顯。少焉天花飄舞瓊葩玉①
蕊悠揚交暎。既而五色毫光起於壇殿。復有羅漢數十。
持錫捧缽。頂笠執拂。翶翔雲端。②

1	rūz-i 日	shisham○ 第六	'abrhā-i 雲(複數)	kazh(sh)kūl i 缽碗	shakl 形狀

2	b(p)īdā shud○ 出現、升起	xx	hawā 空氣	dar miyān 在其中	'abrhā 雲(複數)

12 木文字母「che」多寫成「jīm」，以下同，不另說明。「hamjūn」亦同
於「hamchū」，以下同，不另說明。

13 本字不完整，疑為 shaklhā。

3	lūkhānānī 羅漢	bī-shumār 無-數量	bīdā(pīdā) shud○ 出現、升起	'az miyān 從其中

4	maghrib 西方	wa 和	janūb 南方	bā 帶著	'abrhā 雲(複數)	mī 'āmadand○ 他們正在來(過去式)

5	dar 在	'aqb 後繼	'īshān 他們	jund 聯盟的	dīk(g)ar 其他者	m ī 正在

6	'āmadand 他們正在來(過去式)	kāh(gāh) 有時	b(p)īdā shudī 出現、升起	wa 和	kāh(gāh) 有時	nāb(p)īdā○ 未出現、升起

7	bāz 此外、而且	sā'te 一小時	'az 從	'asmān 天空	k(g)ul 花	bārīd 下雨

8	k(g)ul 花	wa 和	ghunj(ch)a-i 玫瑰花蕾	k(g)ul 花	hamj(ch)ū 像這種的	xx	būd 是(過去式)	wa 和	rawshanī 光亮

9	'az baham 結合在一起	dīkar 另一個	peywaste 結合在一起	mī tāftand○ 它們正在閃爍	sā'tī 一小時

10	dīkar 另一個	rawshanī 光亮	b(p)īdā shud 出現、升起	'az 在	saqaf-i 屋頂	butkhāne○ 佛寺

11	bāz 此外、而且	dah 十	wa 和	jande(chade) 一些	lūkhānān 羅漢們	b(p)īdā shud 出現、升起

12	dar miyān 在其中		'abr-i 雲	kazh(sh)kūl 鉢碗	xx	xx

13	ba-dast 在手中	k(g)irifta 抓著	wa 和	kulāh 帽子	ba-sar 在頭上	xx

永樂五年二月初七日～十四日之三（總計二十二篇-三）

漢文：1行、波斯文：9橫行、約32字、畫面：1幅

初七日。甘露降。色如凝酥。味香而美。俄五色雲見。

金枝玉花。璀璨熠燁。①

1	rūz-i 日	haftam〇 第七			

2	tarānkibīn 甘露	bārīd 下雨			

3	rank-i 顏色	way 它	hamjū(hamchū) 像這種的	rawghan-i 油脂	kān(gān) 牛

4	shīrīn-i 甜美的	ṭa'm 食物	wa 和	khūsh-i 肉	

5	būy〇 香氣	nākāh(nāgāh) 突然	'abr-i 雲	b(p)anj 五	

6	ranke 顏色	bīdā(pīdā)shudan 出現、升起	shākh-i 形狀		

7	way 它	hamjū(hamchū) 像這種的	zard 黃色	k(g)ul-i 花	way 它

8	hamjū(hamchū) 像這種的	yashb-i 碧玉	nīk-i 美好的		

9	rawshan 光亮	wa 和	shaffāf〇 透明的		

永樂五年二月初八日～十四日之四（總計二十二篇-四）

漢文：2 行、波斯文：9 橫行、約 39 字、畫面：1 幅

初八日。五色毫光起自西南。貫於東北。天花翩飛。甘
露溥降。復有五色毫光起於①

如來寶樓。騰空而上。②

1	rūz-i 日	hashtam 第八	rawshanāyī-i 光亮

2	panj 五	ranke 顏色	'az mīyān 從中間	maghrib 西邊

3	wa 和	janūb 南邊	b(p)īdā shud 出現、升起	tā-beh 直到朝向

4	suwī 方向	miyān 中間	mashriq 東邊	wa 和	shumāl○ 北方

5	mī tāft○ 它正在閃爍	'az 遂	'asmān-i 天空	k(g)ul 花

6	bārīd 下雨	tarānkibīn 甘露	bihame 共同、一起	jā 地方	bīdā(pīdā) 出現、升起

7	shud○ (連接上一詞)	bāz 此外、而且	rawshanāyī-i 光亮	b(p)anj 五

8	ranke 顏色	bīdā(pīdā) shud 出現、升起	'az 從	qalame-i 桿狀物(此指寶樓)

9	zhūlāy 如來	beh 朝向	hawā 空氣	bar 'āmad○ 出現

永樂五年二月初九日～十四日之五（總計二十二篇-五）

漢文：1行、波斯文：9橫行、約33字、畫面：1幅

初九日。復。雨天花。下甘露。見寶蓋幢幡旛。飄揚霄漢。又有五色毫光起於如來寶樓。①

1	rūz-i 日	nuham○ 第九	bāz 此外、而且

2	'az 遂	'asmān-i 天空	k(g)ul○ 花

3	wa 和	tarānkibīn 甘露	bārīd○ 下雨

4	dar 在	hawā 空氣	xx

5	wa 和	jawānak 小青年	wa 和	xx

6	namūd 出現	hawā 空氣	hawā 空氣	mī chinīd 它正在聚集

7	wa 和	mī raft○ 它正在去 （過去式）	bāz 此外、而且	rawshanī-i 光亮

8	banj(panj) 五	ranke 顏色	'az 從	qalame-i 寶樓

9	zhūlāy 如來	bar 'āmad 出現	shudan○ 變成

永樂五年二月十日～十四日之六（總計二十二篇-六）

漢文：3 行、波斯文：15 橫行、約 125 字、畫面：1 幅

初十日。甘雨降。味甜如飴。有五色毫光騰霄直上。舍利三。見於塔頂。狀如蠙珠吸月。海波浴①

日下上旋達。光輝洞射。復。見阿羅漢不可數計。浮空而來。有僧十餘。頂包持錫過市。雲往靈②

谷赴供。巿人見其長眉廣頰。精神清絕。怪而隨之。至第一禪林。莫知所在。③

1	rūz-i 日	dahum○ 第十	bāz 此外、 而且	'az 遂	shīrīn 有美味	bārīd 下雨	ṭaʻm-i 食物	way 它	hamjū(hamchū) 像這種的

2	shakar○ 糖	rawshanāyī-i 光亮	banj(panj) 五	ranke 顏色	basuwī 朝向	hawā 空氣	bara 'āmad 它出現 （過去式）

3	bar sar-i 在頂端	kuldasta(guldasta) 塔	kardā kard(gardā gard) 不斷地	sih 三	shīlī 舍利

4	bīdā(pīdā) shūd○ 出現、升起	shakl-i 樣子	way 它	hamjū(hamchū) 像這種的	xx	wārīd 吞(過去式)	shu'le-i 光亮

5	way 它	beh 朝向	mihtāb 月亮	mī zad○ 正在打、擊	hamjū(hamchū) 像這種的	'aftāb 太陽	ke 這樣	dar daryā 在海洋

6	ṭulū' kunad○ 上升、日出	kāh(gāh) 地點	suwī 區域方向	bālā 高	shudī 它過去是	wa 和	kāh(gāh) 地點	suwī 地點、方向

7	furū 朝下	shudī 它過去是	rawshanī-i 光亮	way 它	baham 共同、一起	jā' 地方	mī tāft○ 正在閃爍

8	baz 此外、而且	'ūlūkhānān 阿羅漢(複數)	bīdā(pīdā) shud 出現、升起	bī shumār○ 無數的、數不清的	dar hawā 在天空	mī 'āmadand○ 他們正在來

9	wa 和	tūyinān 僧人們	dah 十	wa 和	jande (chande) 一些	boghcha 包裹著	bar sar 在頂端	xx	wa 和	'aṣā 手杖、拐杖

10	bidast 在手中	k(g)irifta 抓住、拿	'az bāzār 在市集	mī kud(z)ashtand 正在經過	wa 和	mī kaftand(guftand) 正在說

11	basuwī 朝向	butkhāne-i 佛寺	līnk kūy ṣī[14] 靈谷寺	ṭalab-i 要求	ṣadaqāt 施捨、捐助、救濟、慈善事業

12	xx○	bāz 此外、而且	xx	'īshān 他們	rā 介詞	dīdand 他們看見	'abrūhā-i 眉毛	'īshān 他們

13	dar 在	'az 從	xx	farākh 寬、廣	ṣūrat-i 樣子	'īshān 他們	nīk-i 好	marzūn 和諧的

14	wa 和	mardān 人們	'az 至於	'ajāyibī-i 奇怪	'īshān 他們	darpei 跟隨	kardand○ 他們做(過去式)

14　「谷」字書寫特殊為「ﮐﻮی」。

| 15 | tābeh 直到、朝向 | dar sārah-i 外牆 | 'awwal 第一 | butkhāne 佛寺 | rasīd 到達 | nāb(p)īdā shudan○ 沒有出現、升起 |

永樂五年二月十一日～十四日之七（總計二十二篇-七）

漢文：2 行、波斯文：15 橫行、約 50 字、畫面：1 幅

十一日。五色雲。見。天花環墜。甘露復降。檜柏生金
色花。其狀如蓮。千葉聯綴。自然奇妙。有五①
色毫光蔭。覆壇殿。②

| 1 | rūz-i 日 | yāzdahum○ 第十一 | 'arbhā-i 雲(複數) | |

| 2 | panj 五 | ranke 顏色 | bīdā(pīdā) shud○ 出現、升起 | 'az 從 |

| 3 | 'asmān 天空 | beh 朝向 | hama-jā 到處 | k(g)ul 花 |

| 4 | bārīd○ 下雨 | wa 和 | tarānkibīn 甘露 | |

| 5 | bāz 復 | bīdā (pīdā) shud○ 出現、、升起 | bar 高、頂 | dirakht 樹木 |

| 6 | sarū-i 絲柏 | k(g)ul-i 花 | zarrīn 金黃色 | |

| 7 | bīdā(pīdā)shud○ 出現、升起 | shakl-i 樣子 | way 他 | |

| 8 | hamjū(hamchū) 像這種的 | k(g)ul-i 花 | nīlūfar 荷花 | |

| 9 | hizār 千 | teh 直到 | bark(barg) 樹葉 | dar 在 |

10	way 他	peywaste 連續地	baghāyat 極端、非常、異常	

11	laṭīf◯ 溫柔的	rawshanī-i 光亮	b(p)anj 五	

12	ranke 光線	bar 頂、頭	saqaf-i 屋頂	butkhāne-i 佛寺

13	zhūlāy 如來	bar 高、頂	hawā 空氣	

14	tamām 全部、完全	far 光輝	'az 直到	k(g)irifta 抓住、接收

15	wa 和	mu'allaq-i 掛著	'īstāda◯ 站立	

永樂五年二月十二日～十四日之八（總計二十二篇-八）

漢文：3 行、波斯文：15 橫行、約 81 字、畫面：1 幅

十二日。有天花大如錢許。彌滿虛空。繚繞飛舞。日夕。佛頂見紅光。狀若虹蜺相連燭見毫髮①

有五色毫光環於②

如來壇殿。塔頂見舍利一。猶旭日東昇。周回上下傍照草木。榮華增色。已而復然③

1	rūz-i 日	dawāzdahum◯ 第十二	k(g)ul-i 花	'asmānī 天空	

2	bīdā(pīdā) shud 出現、升起	har 每	yakī 一個	barābar 每一個均等、平等	qāsh 一塊

3	dar hawā 在空氣	pur shud 充滿	kardā kard(gardā gard) 不斷地		parān 飛揚

4	shud〇 變成	’az shab 從晚上	rawshanāyī 光亮	bar sar-i 在頂端	but 佛		

5	bīdā(pīdā) shud 出現、升起	shakl-i 樣子	way 它	hamjū(hamchū) 像這種的	qaws 彩虹		

6	qazḥ (與前字相連)	peywaste 連續地	dar 在	rawshanāyī-i 光亮	way 他		

7	tār 頂峰、尖峰	xx	namūd mī shudan〇 正在顯露、出現	rawshanī-i 光亮			

8	panj 五	ranke 顏色	k(g)ardā k(g)ard 不斷地	butkhāne-i 佛寺			

9	zhūlāy 如來	mī būd〇 正(過去)是	bar sar-i 在頂端	kuldasta(guldasta) 塔			

10	yakī 一個	shīlī 舍利	bīdā(pīdā) shud 出現、升起	hamjū (hamchū) 像這種的	āftāb 太陽		

11	ke 這樣	nashriq 東方	’az 從	ṭulū‘ kunad〇 升起	bar 上面、在	suwī 地方	

12	wa 和	furū 朝下	suwī-i 地方	way 他	kardā kard(gardā gard) 不斷地		mī 正在

13	kardīd〇 你們做(過去式)	‘ilfhāyī 一種蔓藤樹	ke 這樣	nar(z)dīk 接近	xx	dīd 他看見	

14	mī shud 正在變成	baghāyat 非常、極端、異常	rawshan〇 光亮	ba‘d ’az 之後			

15	tamām shudan 完成	bāz 此外、而且	nābīdā(pīdā) shud〇 沒有-出現、升起				

永樂五年二月十三日～十四日之九（總計二十二篇-九）

漢文：6 行、波斯文：15 橫行、約 139 字、畫面：2 幅

十三日。慧光二道。一達①

孝陵。一達②

皇城。復有五色圓光環於壇殿。及③

如來所居寶樓。旋見天花飛達齋幄。風日和暢。瑞雪繼

下。晚有寶光自塔殿起。光中見塔影④

有僧赤腳。貌甚奇古。身披百衲。左手提衣。右手攜履。

步行如飛。人見其狀異。隨而視之。至於⑤

佛殿前。倏忽不見。徧求之不得。少焉。見於雲端。⑥

1	rūz-i 日	sīzdahu○[15] 第十三	dū 二	bukhār-i 蒸汽	rawshan 亮光	bīdā(pīdā) shudan 出現、升起	yakī 一個	basuwī 朝向

2	hīāw līnk○ 孝陵	wa 和	yakī 一個	basuwī 朝向	'ūrdūy-i 幹耳朵

3	bād(pād) shāh 皇帝	mī tāfat○ 正在閃爍	bāz 此外而且	rawshanī-i 亮光	b(p)anj 五	ranke 顏色	mudawwar 圓形的	dar 在	kardā kard (gardā gard) 不斷地

4	butkhāne-i 佛寺	būd 是	wa 和	bāz 此外、而且	dar 在	bālāy 高	qalame-i 寶樓

5	zhūlāy○ 如來	kul-i 花	'asmānī 天空	nazdīk 接近	khayme-i 帳篷	shāhī 帝王、君	kardā kard (gardā gard) 不斷地	mī burīd○ 正在切斷

6	bād 風	wa 和	hawā-i 空氣	khūsh 好的	wa 和	bāz 此外而且	wa 和	'az 從	bar 高	xx	khūb 好	xx	mī bārīd○ 正在下雨	shab 晚上

7	'az saqaf-i 在屋頂	butkhāne-i 佛寺	k(g)uldasta 塔	rawshanī 亮光	b(p)īdā shud 出現、升起	dar miyān 在其中	rawshanāyī 光亮

---

15 音點未全。

8	sāya-i 影子	k(g)uldasta 塔	namūd○ 出現	dīd 它看	tuyinī 僧人	xx	xx	Ṣurat-i 樣子	way 他	bas 頭

9	'ajīb○ 奇怪	jāme-i 長袍	xx	darba 之後	bar dūsh 在肩膀	kard 做	bi-dast-i 在手	j(ch)ab 左	dāman-i 襯衣

10	k(g)erefte 抓住	wa 和	bi-dast-i 在手	rāst 右	kafsh 鞋子	bar 在	dāshte○ 握住、擁有	bayān 聲明、宣告	raftan 去

11	way 它	hamjū (hamchū) 像這種的	burīdan 切斷	būd○ 是	mardān-i 人們	Ṣurat-i 樣子	way 它	rā 介詞	dīdand 他們看(過去式)

12	bas 頭	'ajab 奇怪	'āmad 來	wa 和	darpei 跟隨	way 它	shudand 成為	wa 和	tafarruj kardand 高興、愉快

13	tābeh 直到朝向	bash(s) 僅	butkhāne 佛寺	rasīd 他抵達	ba'd 'az zamāne 之後一些時間	dīkar 另一個、又

14	nākāh(nāgāh) 突然	nā bīdā(pīdā) shud 未出現、升起	beh 朝向	har 每個	jāy 地方	xx	wa 和

15	na 不	xx	zamāne 一些時間	k(g)uldast 塔	dar 在	hawā 空氣	bāz 此外、而且	namūd○ 出現

永樂五年二月十四日～十四日之十（總計二十二篇-十）

漢文：3 行、波斯文：13 橫行、約 117 字、畫面：5 幅

十四日。有青鸞白鶴。徧空旋舞。五色祥雲擁日。既而散繞壇上。變幻不一。復有圓光環①

如來所居寶樓。少頃。又有金色光一道。騰霄直上。復有紅光籠罩。踰時不散。日既夕。有毫光②

五色。中見壇場境界。復。見菩薩像十餘。東西相向而行。四旛竿上俱見金光。③

1	rūz-i 日	j(ch)ahārdahum○ 第十四	sīmurgh-i 鸞	kabūd 藍色	wa 和	kulnak-i 鶴	sabīd 白色	dar 在

2	hawā 空氣	b(p)arwāz 飛翔	'az 從	mī namūdand○ 他們正在顯露	wa 和	'abrhā-i 雲(複數)	b(p)anj 五	ranke 顏色	k(g)ardā k(g)ard 不斷地

3	'aftāb 太陽	'īstādah 站立	ba'd 'az zamāne 之後一些時間	b(p)arishān shud 成爲分散	basuwī 朝向

4	butkhāne 佛寺	kardā kard (gardā gard) 不斷地	'īstādah 站立	wa 和	mubaddal 變換、改變	k(g)ashtī-i 改變、更新	way 它	beh 朝向	yak 一

5	nū' nīst○ 總類、不是	bāz 此外、而且	rawshan 光亮	wa 和	mudawwar 圓形的	kardā kard (gardā gard) 不斷地	bālā-i 高	qalame-i 寶樓

6	zhūlāy 如來	'īstādah○ 站立	ba'd 'az zamāne 之後一些時間	yak 一個	rade 圈	bukhār-i 蒸氣

7	zarrīn 金黃色	bīdā(pīdā) shud 出現、升起	suwī 區域方向	hawā-i 空氣	rāst 右邊	bar 'āmad○ 出現	bāz 此外、而且

8	rawshanī-i 光亮	surkh 紅色	bar 在	hawā 空氣	mu'allaq-i 掛著	'īstādah 站立	khaylī 相當、多

9	waqt 時間	b(p)arīshān 散置、分散	nashud○ 沒有成爲	tā 直到	bīk(g)āhān 晚上	dar miyān 在其中

10	rawshanī-i 光亮	b(p)anj 五	ranke 顏色	'aks 相反	jāy-i 地方	nīkūyī 善	kardan 做	rā 介詞	dīd○ 看見

11	bāz 此外而且	Sūrat-i 樣子	butān 菩薩(複數)	rā 介詞	dīd 看見	dah 十	wa○ 和	j(ch)andī 幾個	ba'ḍī 部分	bidast-i 在手	rāst 右邊	wa 和	ba'ḍī 部分

12	bidast-i 在手	j(ch)ab(p) 左邊	xx	ham dīkar 處處	raftand○ 他們去	dar 在	bālā-i 高	j(ch)ahār 四

13	dār-jūb(chūb) 桿	'alam 旗幟	hame-i 所有	rawshanāyī-i 光亮	zarrīn 金色	dīdand○ 他們看

永樂五年二月十五日～十四日之十一（總計二十二篇-十一）

漢文：4 行、波斯文：13 橫行、約 88 字、畫面：4 幅

十五日。五色毫光。見①

如來壇殿及所居寶樓。既而凝結若蓮花。叢擁久之。復

徧。見五色毫光。及祥雲。雲內見金仙②

像一。有白鶴浮空而來。迴旋飛舞。少頃。有白光一道。

經③

如來所居寶樓而東。至晚。塔殿及天王殿。俱。見毫光。

又有圓光二道。交相輝暎。④

1	rūz-i[16] 日	bānazdahum (pānazdahum)○ 第十五	rawshanāyī-i 光亮	banj(panj) 五	ranke 顏色

2	bar 在	bālāy-i 高處	butkhāne 佛寺	wa 和	dar 在	qalame-i 寶樓

3	zhūlāy 如來	bīdā(pīdā) shud○ 出現、升起	sā'tī 一小時	baham peywaste 結合在一起

4	shud 成爲	mānand 它們停留	khūshe-i 一串	k(g)ul-i nīkūfar 蓮花	zamāne 一些時間

5	k(g)uldast○ 塔	bā-ham-i 所有	jā-i 地點	bāz 此外、而且	rawshanī-i 光亮	b(p)anj 五	ranke 顏色

6	wa 和	'abr-i 雲	nīk 好的、美的	shāyista 雅緻的	bīdā(pīdā)shud○ 出現、升起	dar miyān 在其中	'abr 雲

7	yakī 一個	ṣūrat-i 樣子	būdi-i 是	zarrīn 金黃色	bīdā(pīdā) shud○ 出現、升起	bāz 此外、而且

---

16 字母「ژ」（「ze」）未寫音點。

8	kulnakān-i 鶴(複數)	sabīd 白色	dar 在	hawā 空氣	'āmad 來	k(g)ardā k(g)hard 連續地	mī burīd○ 正在切斷	ba'd 'az 之後

9	zmānī (連接上一詞)	yak 一個	rade 圈	rawshanī-i 亮光	sabīd 白色	'az 從	qalame-i 寶樓

10	zhūlāy 如來	basuwī 朝向	mashriq 東方	kuldasta (guldasta)○ 塔	tābeh 直到朝向	shab 晚上

11	bar 在	bālāy-i 高	butkhānhā-i 佛寺	kuldasta (guldasta) 塔	hame-i 所有

12	rawshanānī 亮光	dīd○ 它看見	bāz 此外、而且	dū 二	rawshan-i 亮光	mudawwar 圓形的

13	wa 和	rawshannāyī 亮光	har 每個、所有	dū 二	baham peywaste 結合在一起	mī tāft○ 正在閃爍

永樂五年二月十六日～十四日之十二（總計二十二篇-十二）

漢文：4行、波斯文：9橫行、約40字、畫面：1幅

十六日。塔殿及①

如來所居樓。見五色毫光。祥雲五彩。天花徧下。充滿②

孝陵。彌布③

皇城。④

1	rūz-i 日	shānazdahum○[17] 第十六	dar 在	butkhāne-i 佛寺

2	kuldasta(guldasta) 塔	wa 和	qalame-i 寶樓

3	zhūlāy 如來	rawshanī-i 亮光	b(p)anj 五	ranke 顏色

---

17 「第十六」音點不全。

4	namūd○ 出現	wa 和	'abrhā-i 雲(複數)	b(p)anj 五	ranke 顏色

5	nīz 之後	bīdā(pīdā) shud○ 出現、升起	kulhā(gulhā) 花(複數)

6	'az 從	'asmān 天空	baghāyat 極端、非常、異常	bisyār 很多

7	beh 朝向	hame-i 所有	jā-i 地方	bārīd 下雨	dar 在

8	hīāw līnk○ 孝陵	wa 和	dar 在	'ūrdū-i 幹耳朵

9	b(p)ād shāh 皇 帝	nīz 也	xx	wa 和	bisyār 很多	bārīde 下雨	shudan○ 成為

永樂五年二月十七日～十四日之十三（總計二十二篇－十三）

漢文：4 行、波斯文：15 橫行、約 125 字、畫面：2 幅

十七日。寶塔。見無量光。其色五彩。覆蔭壇殿。夜見二人立旛竿上。既而有雲從西南來。見僧①

二於雲端。鞠躬合掌。復有雲差少。見僧一。亦鞠躬合掌隨至。俱向壇殿。下而復上。後忽不見②

復有五色毫光三道。起西南。經壇殿。互東北。有白光一道。自東直起③

如來所居寶樓。又見五色毫光。④

1	rūz-i 日	hafdahum○ 第十七	dar 在	bālā-i 高	kuldasta(guldasta) 塔	rawshanī 亮光	bī- 無

2	ḥadd 範圍	namūd 出現	rank-i 顏色	way 它	b(p)anj 五	'alwān 顏色	xx	rā 介詞	xx○

3	'az 從	shab 晚上	dū 二	kas 人	rā 介詞	dīd 看見	bar 在	bālā-i 高	dār jūb 木桿

4	'alam 旗幟	'īstādah○ 站立	zamāne 一些時間	bāz 此外、而且	'abr 雲	'az 從	suwī 區域方向	miyān 中間

5	maghrib 西邊	wa 和	janūb 南邊	'āmad 來	dar miyān 在其中	'az 從	'abr 雲

6	dū 二	tūyinī 僧人	dīd 看見	beh 朝向	tawādu'-i 友善	dast 手	bar 和	dāshte○ 手

7	bāz 此外、而且	dar 在	'abr 雲	xx	tūyinī 僧人	dīd 看見	ham 個別、所有	beh 朝向	tawādu'-i 友善

8	dast 手	bar 和	dāshte 手	dar 在	bī 無	'āmad○ 來	hame-i 所有	basuwī 朝向

9	butkhāne 佛寺	forud 'āmad 下降	wa 和	bāz 此外、而且	bar 'āmad 出現	'ākhir 最後

10	nākāh(nāgāh) 突然	nāb(p)īdā shud○ 未出現、升起	bāz 此外、而且	rawshanī-i 亮光	b(p)anj 五	ranke 顏色	sih 三	rade 圈

11	bīdā(pīdā) shud 出現、升起	'az 從	suwī 區域方向	miyān 中間	maghrib 西邊	wa 和	janūb 南邊	bar 'āmad 出現

12	'az 從	butkhāne-i 佛寺	kuldasta(guldasta) 塔	beh 朝向	suwī 區域方向	miyān 中間	mashrigh 東方	wa 和

13	shumāl 北方	mī raft○ 正在去(過去式)	bāz 此外、而且	rawshanī-i 亮光	sabīd 白色	yak 一	rade 圈	'az 從

14	suwī 方向	mashrigh 東方	rāst 右邊	bar 'āmad 出現	tābeh 直到朝向	bālā-i 高	qalame-i 寶樓

15	zhūlāy○ 如來	bāz 此外、而且	rawshanī-i○ 亮光	b(p)anj 五	ranke 顏色	bīdā(pīdā) shudan○ 出現、升起

永樂五年二月十八日～十四日之十四（總計二十二篇-十四）

漢文：6行、波斯文：21橫行、約222字、畫面：6幅

十八日。齋事圓滿。有青鸞白鶴。群飛翩躚。交錯旋舞。
天花飄空。卿雲四合。瑞氣蔥蔚。甘露眩①

月珠。靈風瀏瀏。萬神肹聚。復有祥雲如龍。如鳳。如
獅。如象。如寶塔。至夜。山門西旛竿上。距②

數丈餘。顯天燈二。其赤異常。朱汞丹砂。不足以擬其
萬一。光彩四達。遙見燈影中。有乘青獅白③

象而來者。瓔珞珠佩。煥然粲麗。少頃。塔頂舍利畢。
見。光輝朗耀。交徹天燈。忽聞梵唄空樂。④

音韻清亮。絲竹交作。金石合奏。響振壇殿。及入殿聆
之。則其音聲宛在空中。如是良久乃止。未⑤

幾。普見金色世界。⑥

1	rūz-i 日	hiz(j)dahum○ 第十八	bā tamām ras(sh)īdan 帶著完成	kār-i 工作	nīkūy 好的	kardan○ 做	sīmur'(gh)-i 鸞	kabūd 藍色	wa 和

2	kulnakān-i 鶴(複數)	sabīd 白色	bāham 共同、 一起	dīkar 另一個	xx	parwāz 飛翔	namūdand○ 顯露出來	'az 從	asmān-i 天空	k(g)ul 花

3	bārīd○ 下雨	'az 從	j(ch)ahār 四	ṭaraf 角落	'abrhā-i 雲 (複數)	mulawwan 有顏色的	bāham 共同、 一起	dīka r 另一個	k(g)ard 'āmad○ 聚集起來	bukhārāt-i 蒸氣

4	khūb 好的	bīdā(pīdā) shud○ 出現、升起	tarānkibīn 甘露	hamj(ch)ū 像這種的	xx	būd 是	bād-i 風	khūsh 好的	'andak 少量

5	'andak (連接上一詞)	farīd 僅僅、 單一	hame-i 所有	xx	jum' 所有	'āmadand○ 他們來	bāz 此外、 而且	'abrahā-i 雲(複數)	ajāyib 奇怪	b(p)īdā shudan 出現、升起

6	hamj(ch)ū 像這種的	ṣurathā-i 樣子(複數)	'azhder 龍	wa 和	sīmurgh 鸞	wa 和	shīr 獅子	wa 和	fīl 大象
	wa 和	hamj(ch)ū 像這種的	shakl-i 樣子	k(g)uldasta 塔					

7	b(p)īdā shud 出現、升起	būd○ 是	hamān 僅僅	shab 晚上	dar 在	suwī 方向	dast-i 手	rāst 右邊	dar 在	sārāh-i 通道、木椿之類

8	butkhāne-i 佛寺	bālā-i 高	dār jūb 木桿	'alam 旗幟	j(ch)end 幾個、幾	k(g)azy 約三呎	bulandtar 更高	dū 二	j(ch)arāgh 燈

9	'asmānī 天	b(p)īdā shud 出現、升起	surkhi-i 紅色	way 他	ke 這樣	xx	dīk(g)ar 另一個	xx	xx	xx

10	wa 和	xx	'az 在	ṣad 百	hizār 千	qism-i 部分	be-yak 對一	qism-i 部分	rank-i 顏色	way 它	xx○	rawshanāyī-i 亮光

11	way 它	beh 朝向	j(ch)ahār 四	ṭarāf 角落	mī tāft○ 正在閃爍	'az 從	dūr 遠	dar mīyān 在其中	sāya-i 影子	j(ch)arāgh 燈

12	xx	b(p)īdā shudand 出現、升起	bar 和	shīr-i 獅子	kabūd 藍色	wa 和	fīl-i 大象	sabīd 白色	xx

13	mī 'āmadand 他們正在來	xx	'īshān 他們	'āwīzhā 掛著	'az 從

14	xx	xx	way 它	hamj(ch)ū○ 像這種的	xx	xx	wa 和	nīk 美好

15	rawshan 亮光	būd○ 是	zamāne 一些時間	dīk(g)ar 另一個	bar sar-i 在頂端	k(g)uldusta 塔	shīlī 舍利

16	tamān 完全	dīde shūd○ 成爲看見	rawshanāyī-i 亮光	way 它	mī tāft 正在閃爍	rawshanī-i 亮光	way 它

17	beh 朝向	rawshanī-i 亮光	j(ch)arāgh 燈	'asmānī 天空	peywaste 結合在一起	shud○ 變成	nākāh(nāgāh) 突然	dar 在	hāwā 空氣

| 18 | 'āwāz 聲音 | xx | wa 和 | 'āwāz-i 聲音 | surūdhā 樂曲 | xx | nīk 好的 | xx | wa 和 | xx | xx |

| 19 | b(p)īdā' āmad○ 出現、升起 | xx | surūdhā-i 樂曲 | way 它 | dar 在 | 'az 從 | butkhāne 佛寺 | xx | mī shudan○ 正在成為 |

| 20 | waqtike 當 | dar 在 | 'az 從 | butkhāne 佛寺 | shūdī 成為 | 'āwāz 聲音 | 'az 從 | hāwā 空氣 | mī 'āmadī○ 你正在來 | hamj(ch)inīn 就是這樣、像這個樣子 |

| 21 | khaylī 相當、多 | dar 在 | xx | namūd○ 出現 | sā'ate 一小時 | dunyā 世界 | hame-i 所有 | zarrīn 金黃色 | k(g)ashta 轉變 | būd○ 是 |

永樂五年三月初三日～八日之一（總計二十二篇-十五）

漢文：4行、波斯文：21橫行、約138字、畫面：8幅

三月初三日。褒崇①

如來大寶法王西天大善自在佛。並齋天下僧二萬餘眾於靈谷寺中。有慧光五色。自西貫②

於東。煥如虹梁。其長竟天。復見祥雲。光華煥爛。變化流動。天花屢。見。復有霞光。覆蔭塔殿及③

如來寶樓。樓上。見五色毫光三道。既而復。見白毫光一道。金光三道。④

| 1 | dar 在 | rūz-i 日 | sīwam (siwam) 第三 | māh-i 月 | sih[18]○ 三 | waṣf 歌頌、稱頌 |

| 2 | kardan (連上一詞) | wa 和 | manṣab dādan 給予官銜(職位) |

| 3 | zhūlāy 如來 | dāy bāw fā wānk sī tīan 大寶法王西天 |

---

18 三月的波斯文表述應為「māh-i siwam」。

| 4 | dāy shīan za zāy fū○
大善自在佛 | wa
和 | hame-i
所有 | tūyinān
僧人們 | | | |

| 5 | rūy zamīn
上面　地面 | xx | bīst[19]
二十 | hizār
千 | ziyādat
非常過剩的、多餘的 | | |

| 6 | tar
(連上一詞) | būd[20]
是 | dar
在 | but-khāne-i
佛寺 | līnk kū ḍī(ṣī)　○[21]
靈　谷　寺 | 'az
因爲 | |

| 7 | barāya
(連上一詞) | ṣadaqe dāran○
舉行施捨、救濟 | | rawshanī-i
亮光 | b(p)anj
五 | ranke
顏色 | |

| 8 | būd
是 | 'az maghrib
從西方 | basuwī
朝向 | mashriq
東方 | k(g)ardā
不斷地 | | |

| 9 | k(g)ard
(連接上
一詞) | rawshanī-i
光亮 | way
它 | hamj(ch)ū
像這種的 | qaus qazḥ
彩虹 | | |

| 10 | shakl-i
樣子 | way
它 | hamjū(hamchū)
像這種的 | pul
橋 | darazi
長 | way
它 | beh
朝向 |

| 11 | k(g)azān-i
長度單位
(複數) | 'asmān
天空 | rasīd○
它到達(過去式) | bāz
此外、
而且 | 'abr-i
雲 | panj
五 | |

| 12 | ranke
顏色 | shāyista
雅緻的 | namūd
出現 | nīk-i
美好的 | rawshan
亮光 | | |

| 13 | wa
和 | shaffāf
透明的 | dar
在 | ta'(gh)ayyi
改變 | shudan
變成 | rank-i
顏色 | way
它 |

| 14 | shu'lhā
光線 | mī zad○
正在打、擊 | bārhā
通常 | k(g)ul-i
花 | | | |

19　字母「te」漏掉音點。
20　第三人稱單數過去式。
21　「谷」字書寫爲「ˢ」，「寺」波斯文字母誤寫多一個音點。

15	'asmānī 天空	namūd mī shud◯ 正在出現			bāz 此外、而且		bar sar-i 在頂端

16	but-khāne-i 佛寺	kuldasta(guldasta) 塔	rawshanāyī-i 亮光	shurkh 紅色

17	dar 在	hawā 空氣	mu'allaq-i 掛著	'īstādah 站立	wa 和	dar 在	qalame-i 寶樓

18	zhūlāy 如來	nīz 也	būd◯ 是	dar 在	bālā-i 高	qalame 寶樓

19	rawshanāyī-i 光亮	b(p)anj 五	ranke 顏色	sih 三	rade 圈	mī 正在

20	namūd◯ 出現	ba'd 'az 'an 之後	xx	bukhār-i 蒸氣	sabīd 白色	yak 一個

21	rade 圈	wa 和	bukhār-i 蒸氣	zarrīn 金黃色	sih 三	rade 圈	namūd◯ 出現

永樂五年三月初四日～八日之二（總計二十二篇-十六）

漢文：4 行、波斯文：9 橫行、約 61 字、畫面：3 幅

初四日。①

如來詣②

闕致謝。是日。見青白毫光五道。復有五色毫光覆蔭③

如來寶樓。樓上復。見白毫光二道。又有五色毫光。覆

蔭塔殿。復有二鶴交舞其上。④

1	rūz-i 日	jahārm(chahārm)◯ 第四

2	rūlāy 如來	beh 朝向	'ūrdū-i 幹耳朵

3	pād shāh 皇帝	b(ā)-shābāshī 帶著喜錢	'āmada 來	būd◯ 是	dar 在	'an 這個	rūz-i 日	bukhār-i 蒸氣

| 4 | sabīd-i 白色 | wa 和 | kabūd-i 藍色 | b(p)anj 五 | rade 圈 | mī namūd○ 正在顯出 | bāz 此外、而且 |

| 5 | rawshanāyī-i 光亮 | b(p)anj 五 | ranke 顏色 | bar 在 | qalame-i 寶樓 |

| 6 | zhūlāy 如來 | mu'allaq-i 掛著 | 'īstādah○ 站立 | dar 在 | bālā-i 高 | qalame 寶樓 | bukhār-i 蒸氣 | sabīd 白色 |

| 7 | dū 二 | rade 圈 | bāz 此外、而且 | mī namūd○ 正在顯出 | bāz 此外、而且 | rawshanī-i 亮光 | b(p)anj 五 | ranke 顏色 | b(p)ur 滿的 |

| 8 | sar-i 頂端 | but-khāne-i 佛寺 | k(g)uldasta 塔 | mu'allaq-i 掛著 | 'īstādah○ 站立 | bāz 此外、而且 | dū 二 |

| 9 | kulnak-i 鶴 | sabīd 白色 | dar 在 | bālāy-i 高 | way 它 | barwāz(parwāz) 飛、舞 | mī namūd 正在顯出 |

永樂五年三月初五日～八日之三（總計二十二篇-十七）

漢文：3 行、波斯文：13 橫行、約 71 字、畫面：3 幅

初五日。①

駕幸靈谷寺設齋供。是日現五色毫光。復有。卿雲五色及金光輝暎日下。②

如來寶樓。見五色毫光。已而復。見金色毫光。其夜復有紅色毫光起於南方。洞煥壇殿。③

| 1 | rūz-i 日 | b(p)anjam○ 第五 |

| 2 | b(p)ād shāh 皇帝 | basuwī 朝向 | but-khāne-i 佛寺 | līnk dī(şī) kū[22] 靈寺谷 |

| 3 | 'az barāye 因為 | xx | kay 那個 | şadaqe dāran 舉行施捨、救濟 |

---

22 「靈谷寺」翻譯成「靈寺谷」，「寺」誤寫多一個音點。

4	xx	xx○	dar 在	'an 這個	rūz-i 日	rawshanī-i 亮光		

5	b(p)anj 五	ranke 顏色	namūd○ 出現	bāz 此外、而且	'abr-i 雲	nīk 好、美	wa 和	shāyista 雅緻的

6	wa 和	rawshanāyī-i 光亮	zarrd(zarrīn)○ 黃色	dar 在	xx	xx		

7	shu'lhā 光線	mī zad 正在打、擊	qalame-i 寶樓					

8	zhūlāy 如來	rawshanī-i 光線	'az 從	banj(panj) 五	ranke 顏色	namūd○ 出現		

9	ba'd 'az 之後	'az 從	rawshnāyi-i 光亮	zarrīn 金黃色	namūd○ 出現			

10	dar 在	'ān 這個	shab 晚上	bāz 此外、而且	rawshanāyī-i 光亮	surkh-i 紅色		

11	rank 顏色	'az 從	suwī 方向	janūb 南邊	bar 'āmad○ 出現			

12	wa 和	beh 朝向	suwī 方向	but-khāne-i 佛寺	rāst 右邊			

13	xx	wa 和	'īstādah 站立	shudan○ 變成				

永樂五年三月十三日～八日之四（總計二十二篇-十八）

漢文：3 行、波斯文：13 橫行、約 64 字、畫面：1 幅

十三日。①

如來將遊五臺山文殊菩薩化現之所。是日早。發靈谷寺。

五色毫光。見於西北。紅色毫光起於②

如來寶樓。塔頂。見金色光一道。壇殿。見五色光三道。③

1	rūz-i[23] 日	sīzdahum◯ 第十三			

2	zhūlāy 如來	beh 朝向	wūtāy 五臺	xx	xx

3	būd 是	'ānjāyi 這個地方	ke 這樣	but 佛	xx

4	xx	bīdā(pīdā) shudan 出現、升起	way 它	budan◯ 他是(過去式)	

5	dar 在	'ān 現在	rūz-i 日	ṣabāḥ◯ 早上	'az 對於	but-khāne-i 佛寺

6	līnk kū ṣī◯ 靈谷寺	rawshanī-i 亮光	b(p)anj 五	ranke 顏色	

7	bar 'āmad 出現	beh 朝向	suwī 方向	miyān 中間	maghrib 西方

8	wa 和	shumāl 北方	mī 正是	namūd◯ 出現	bāz 此外、而且	rawshanī-i 光亮

9	surkh 紅色	rank 顏色	bar 在	qalame-i 寶樓	

10	zhūlāy 如來	bar 'āmad◯ 出現	bar sar-i 在頂端	kuldasta(guldasta) 塔

11	bukhār-i 蒸氣	zarrīn 金黃色	yak 一	rade 圈	namūd◯ 出現

12	rawshanī-i 亮光	b(p)anj 五	ranke 顏色	sih 三	rade 圈

---

23 「日」的音點不全。

13	bar 高	saqaf-i 屋頂	but-khāne 佛寺	namūd shudan○ 顯露、出現

永樂五年三月十五日～八日之五（總計二十二篇-十九）

漢文：2 行、波斯文：9 橫行、約 55 字、畫面：1 幅

十五日命僧閱誦大藏經。祝贊①

如來。五色雲。見。天花彌布。二鶴翔舞。寶光交暎。

是夜。空中有聲如法樂宣奏。良久乃已②

1	rūz-i 日	b(p)ānazdahum○[24] 第十五	tūyinān 僧人們	rā 介詞	farmūdam 我命令

2	xx	dāy zānk kīnk 大藏經	khānand○[25] 他們唸

3	wa 和	zhūlāy 如來	rā 介詞	xx	kunīd○ 你們(現在式)	'abr-i 雲	b(p)anj 五

4	ranke 顏色	namūd○ 出現	k(g)ul-i 花	'asmānī 天空	beh 朝向	hame-i 每個	jāy 地方

5	bar shudan○ 離去	dū 二	kulnak 鶴	beh 朝向	ham dīk(g)ar 處處

6	parwāz 飛翔	mī 正在	namūd○ 出現	rawshanāyī 光亮	baham 共同	xx

7	mī tāft○ 正在閃爍	dar 在	'ān 這個	shab○ 晚上	dar 在	hawā 空氣	'āwāz 聲音

8	bīdā(pīdā) shudan 出現、升起	hamjū(hamchū) 像這種的	surudhā 樂曲	tūyinān 僧人們

---

24 「第十五」音點不全。

25 音點不全。

| 9 | mī
正在 | xx | ba'd 'az 'an
之後 | xx | xx⃝ |

永樂五年三月十六日～八日之六（總計二十二篇-二十）

漢文：2 行、波斯文：13 橫行、約 81 字、畫面：1 幅

　　十六日早。西廡。見塔影二。大一小一。大影五級。自塔座至寶鈅徧高一丈一尺。小影五級。自塔①

　　座至寶鈅高五尺餘。光彩絢爛。金色流動。甘露降於娑羅香。毫光徧。見。②

| 1 | rūz-i
日 | shānazdahum[26]
第十六 | ṣabāḥī⃝
早上 | dar
在 |

| 2 | ṣīwū
西廡 | sāya-i
影子 | kuldasta(guldasta)
塔 | dū
二 | namūd shud⃝
顯露、出現 |

| 3 | yakī kalān
一個大的 | wa
和 | yakī khurd⃝
一個小的 | sāya-i
影子 | kalān-i
大的 | way
它 |

| 4 | b(p)anj
五 | tabaqe
層 | būd⃝
是 | 'az
從 | 'ānjā
這個地方 | ke
這樣 | ṣuffe-i
平台 |

| 5 | kuldasta(guldasta)
塔 | 'ast
是 | bulandī-i
高 | way
它 | tābeh
直到朝向 |

| 6 | qubbe-i
圓頂 | kuldasta(guldasta)
塔 | yāzdah
十一 | k(g)az
長度單位 | būd⃝
是 | sāya-i
影子 |

| 7 | khurd-i
小的 | way
它 | nīz
也 | b(p)anj
五 | tabaqe
層 | būd⃝
是 | 'az
從 | 'ānjā
這個地方 |

| 8 | ke
這樣 | ṣuffe-i
平台 | kuldasta(guldasta)
塔 | 'ast
是 | bulandī-i
高 | way
它 |

26　「第十六」音點不全。

| 9 | tābeh 直到朝向 | qubbe-i 圓頂 | xx | b(p)anj 五 | k(g)az 長度單位 | būd○ 是 | nīk-i 好的 | rawshan 亮光 |

| 10 | wa 和 | shaffāf○ 透明的 | wa 和 | rank-i 顏色 | zarrīn-i 金黃色 | way 它 | shu'lhā 火焰 |

| 11 | mī zad○ 正在打、擊 | | bāz 此外、而且 | | tarānkibīn 甘露 | bārīd 下雨 |

| 12 | barr 好的 | būy 香氣 | sūlū hīāwnk○ 蘇祿香 | rawshanānī-i 亮光 |

| 13 | way 它 | beh 朝向 | hame-i jā 每個地方 | namūd shudan○ 顯露、出現 |

永樂五年三月十七日～八日之七（總計二十二篇-二十一）

漢文：2 行、波斯文：9 橫行、約 40 字、畫面：2 幅

十七日。見五色毫光八道。復有青白紅毫光一道起於東北。黃色毫光。覆蔭塔殿。五色毫光見①

如來寶樓②

| 1 | rūz-i 日 | hajdahum²⁷○ 第十七 | rawshanī-i 亮光 |

| 2 | banj(pang) 五 | rank(g)e-i 顏色 | has(sh)t 八 | rade-i 圈 | namud○ 出現 |

| 3 | bāz 此外、而且 | bukhār-i 蒸氣 | kabūd 藍色 | wa 和 | sabīd 白色 |

| 4 | wa 和 | surkh-i 紅色 | rank 顏色 | yak 一個 | rade 圈 | 'az 從 |

| 5 | mashriq 東方 | beh 朝向 | shumāl 北方 | suwī 方向 | bar 'āmad○ 出現 |

---

27 字母「jīm」寫成「ف」。

6	bukhār-i 蒸氣	zard-i 黃色	rank 顏色	dar 在	but-khāne-i 佛寺

7	kuldasta(guldasta) 塔	mu'allaq-i 掛著	'īstādah○ 站立

8	rawshanī-i 亮光	b(p)anj 五	ranke 顏色	dar 在	qalame-i 寶樓

9	zhūlāy 如來	namūd shudan○ 顯露、出現

永樂五年三月十八日~八日之八（總計二十二篇-二十二）

漢文：1行、波斯文：9橫行、約29字、畫面：1幅

十八日青色毫光起於西南。金色毫光起於如來寶樓。既而又。見金光祥雲。①

1	rūz-i 日	hazhdahum(hajdahum)○ 第十八

2	bukhār-i 蒸氣	kabūd-i 藍色	rank 顏色

3	'az 從	suwī 方向	miyān 中間	maghrib 西方

4	wa 和	janūb 南邊	bar 'āmad○ 出現	bukhār-i 蒸氣

5	zarrīn 金黃色	'az 從	qalame-i 寶樓

6	zhūlāy 如來	bar 'āmad○ 出現

7	ba'd 'az 'ān 之後	bāz 此外、而且

8	rawshanāyī-i 亮光	zarrīn[28] 金黃色	

9	wa 和	’abr-i 雲	shāyista 雅緻的	namūd shudan○ 顯露、出現

第二節 《薦福圖》回回文
初步研究與注釋

　　《薦福圖》五種文字的順序首列是漢文，次爲回回文（波斯文），餘者是畏兀兒文（回鶻文）、藏文、畏兀兒體蒙古文（回鶻式蒙古文）。由於元代畏兀兒人崇佛，蒙古皇室延請番佛爲帝師、國師，故畏兀兒文、藏文用於承續元之後明初的《薦福圖》本不足奇。蒙古文位處最後，恐怕是明代蒙文地位下降所致。而波斯文用於說明佛教法會，且排列僅居漢文之後，說明波斯文在明初仍具重要性。然而傳統以來被視爲中國伊斯蘭教徒在宗教與世俗生活中所使用的主要語言之一的波斯文，却用來撰寫藏傳佛教相關的內容，是相當值得關注的。

　　《薦福圖》二十二篇的波斯文日誌，共計二百八十行、約一千八百餘字，但是總的來說，就其所運用的詞彙、語法（例如獨特的波斯文文法「耶札非」結構）、句法、通篇文

---

28 字母「ﻱ」（「ye」）未標出音點。

體以及流暢書跡而言，應屬波斯語爲母語者，或者是極其熟
知波斯語者所爲。筆者從其中摘取部份特殊詞句，並嘗試從
不同面相探討波斯文本身、波斯文與漢文之間的對應關係。
此外，《薦福圖》二十二篇漢文與對應的二十二篇波斯文，
除了首篇的日期永樂五年二月初五日書寫於文句中（漢文首
篇的第四行、波斯文首篇第八、九行），其餘二十一篇的漢
文日期與二十一篇的波斯文日期皆書寫於每篇的卷首，因此
以漢文的日期（月、日）加上漢文、波斯文的行數暫作爲此
文獻的編號，用以說明、對照與驗證。《薦福圖》回回文的
特性如下：

一、《薦福圖》中以波斯語字母拼音　　（拼寫）部份佛教用語、漢語　　（專有）名詞，計有十五個名詞

　　1.「大明」、「دای مينک」（「dāy mīnk」），出自二月
初五日/漢文第一行/波斯文第一行。筆者按：此字在明代許
多中國境內寫成的波斯文文獻中使用，如《回回館來文》中
的「大明」的對應波斯文均爲「dāy mīnk」。此乃漢字的波
斯文音譯，漢字「明」以「-ng」收聲之陽聲字，明代波斯文
獻則一概以「نک」（「-nk」）譯寫之。並見以下第二詞「法
王」（「fā wānk」），出自二月初五日/漢文第二行/波斯文
第二行，與第四詞「靈谷」（「līnk kūy」），出自二月初五
日/漢文第二行/波斯文第四行、第五詞「永樂」（「yūnk
lāw」），出自二月初五日/漢文第四行/波斯文第八行。

　　2.「如來大寶法王大善自在佛」、「ژولای دای باو فا وانک

داى شين زه زاى فو 」 （「 zhūlāy dāy bāw fā wānk dāy shīan za zāy fū 」），出自二月初五日/漢文第二行/波斯文第二行。筆者按：漢字的波斯文音譯。明初漢字「大」讀若「day」，猶今日稱醫生爲「day fū」（「大夫」），並見以上第一詞「大明」（「dāy mīnk」）。與第十一詞相較，僅略去「西天」二字而已。

3.「哈立麻巴」、「 کرما با 」（「karmā-bā」），出自二月初五日/漢文第二行/波斯文第三行。筆者按：似非漢字「哈立麻巴」的波斯文音譯，應直接譯自蒙古文或是藏文噶瑪巴（「karma-pa」）。

4.「靈谷寺」、「 لينک کوى سى 」（「līnk kūy sī」），出自二月初五日/漢文第二行/波斯文第四行。筆者按：漢字的波斯文音譯。《薦福圖》波斯文題記中「寺」的兩種寫法前後不一，「 صى 」（「ṣī」），出自二月初十日/漢文第二、三行/波斯文第十一行，與「 سى 」（「sī」）均爲音譯。漢字「靈」爲以「-ng」收聲之陽聲字，此處波斯文以「 نک 」（「-nk」）譯寫之，如同上文第一字「大明」（「dāy mīnk」）與第二詞「法王」（「fā wānk」）。「谷」字亦見音譯爲「kū」且寫法特殊「 ک 」，出自二月初三日/漢文第二行/波斯文第六行。

5.「永樂」、「 يونك لاو 」（「yūnk lāw」），出自二月初五日/漢文第四行/波斯文第八行。筆者按：漢字的波斯文音譯。漢字「永」爲以「-ng」收聲之陽聲字，此處波斯文以「 نک 」（「-nk」）譯寫之，如同上文第一字「大明」（「dāy mīnk」）、第二詞「法王」（「fā wānk」）、第四詞「靈谷」（「līnk kūy」）。

6.「如意」、「ژویی」（「zhūyī」），出自二月初五日/漢文第五行/波斯文第十一行。筆者按：漢字的波斯文音譯。此波斯文存在與第十二詞「如來」（「zūlāy」）同樣的問題，即其起首輔音字母棄「ر」（「re」）、「ز」（「ze」）而用「ژ」（「zhe」）。

7.「舍利」、「شالی」（「shālī」），出自二月初五日/漢文第五行/波斯文第十二行或「شیلی」（「shīlī」），出自二月十二日/漢文第三行/波斯文第十行。筆者按：此字前後譯音不一致，但均爲漢字的波斯文音譯。

8.「羅漢（複數）」、「لوخانان」（「lūkhān-ān」），出自二月初六日/漢文第二行/波斯文第十一行。筆者按：漢字的波斯文音譯。此字爲波斯文複數形式，其單數形式爲「lūkhān」；字尾爲複數後綴「آن」（「ān」），意爲「一些羅漢」、「羅漢們」。

9.「阿羅漢（複數）」、「او لو خانان」（「'ūlūkhān-ān」），出自二月初十日/漢文第二行/波斯文第八行。筆者按：漢字的波斯文音譯。複數文法規則同前述。

10.「孝陵」、「هیاو لینک」（「hīāw līnk」），出自二月十三日/漢文第二行/波斯文第二行。筆者按：漢字的波斯文音譯。漢字「陵」爲以「-ng」收聲之陽聲字，此處波斯文以「نک」（「-nk」）譯寫之，如同上文第一字「大明」（「dāy mīnk」）、第二詞「法王」（「fā wānk」）、第四詞「靈谷」（「līnk kūy」）、第五詞「永樂」（「yūnk lāw」）。

11.「如來大寶法王西天大善自在佛」、「ژولای دای باو فا وانک سی تین دای شین زه زای فو」（「zhūlāy dāy bāw fā wānk sī tīan dāy shīan za zāy fū」），出自三月初三日/漢文第二行/波斯文第三、四行。筆者按：漢字的波斯文音譯。

12.「如來」、「ژولای」（「zhū lāy」），出自三月十三日/漢文第二行/波斯文第二行。筆者按：漢字的波斯文音譯。「如來」的起首輔音「ژ」（「zhe」）似更貼近漢語「如來」的讀音，故取代字母「re」、「ze」。

13.「五臺山」、「وو　تای」（「wū tāy」），出自三月十三日/漢文第二行/波斯文第二行。筆者按：漢字的波斯文音譯，但五臺山的「山」字未音譯，亦未以波斯語書寫。

14.「大藏經」、「دای　زانک　کینک」（「dāy zānk kīnk」），出自三月十五日/漢文第一行/波斯文第二行。筆者按：漢字的波斯文音譯。漢字「藏」與「經」均爲以「-ng」收聲之陽聲字，此處波斯文均以「نک」（「-nk」）譯寫之，如同上文第一字「大明」（「dāy mīnk」）、第二詞「法王」（「fā wānk」）、第四詞「靈谷」（「līnk kūy」）、第五詞「永樂」（「yūnk lāw」）、第十詞「孝陵」（「hīāw līnk」）。

15.「西廡」、「صی　وو」（「ṣī wū」），出自三月十六日/漢文第一行/波斯文第二行。筆者按：漢字的波斯文音譯，意爲「西側厢房」。

二、《薦福圖》中將漢語詞的波斯文音譯與波斯文既有的詞彙結合的複合字，計有六個名詞

1.「皇考太祖高皇帝」、「شاه اعلی（پاد）پدرم تای زو باد」（「pidar-am tāy zū bādshāh-i 'a'lā」），出自二月初五日/漢

文第三行／波斯文第六行。筆者按：波斯文意譯是「我的父親太祖「最高的」皇帝。其中之「tāy zū」爲漢語「太祖」的波斯文音譯，亦見於明成祖致沙哈魯國王之國書的波斯文本。而「皇考」，即「我的父」（「pidar-am」）與「高皇帝」，即「最高的皇帝」（「bādshāh-i 'a'lā」），均爲波斯語詞彙。「'a'lā」此詞彙也爲阿拉伯詞彙。《薦福圖》波斯文中「皇帝」的第一個字母「پ」（「pe」）多次書寫成「ب」（「be」），十五-十六世紀字母「pe」與字母「be」不分，混用。

2.「皇妣孝慈高皇后」、「مادرم هياو هه خوانک خو」（「mādar-am hīāw ha khwānk khū」），出自二月初五日／漢文第四行／波斯文第七行。筆者按：波斯文意譯是「我的母親孝慈高（此處「高」未譯出）皇后」。其中「hīāw ha khwānk khū」爲漢字的波斯語音譯。惟「慈」不知爲何音譯爲「هه」（「ha」）。而「皇妣」，即「我的母親」（「mādar-am」）爲波斯語詞彙。

3.「靈谷寺」、「بتخانهء لینک کوی سی」（「but-khāne-i līnk kūy sī」），出自二月初五日／漢文第二行／波斯文第四行。筆者按：「but-khāne」乃波斯語，此言佛寺，由「but」（「佛」、「佛陀」）加上「khāne」（「房屋」）構成。「līnk kūy sī」爲漢字「靈谷寺」的音譯。

4.「永樂」「تاریخ یونک لاو」（「tārīkh-i yūnk lāw」），出自二月初五日／漢文第四行／波斯文第八行。筆者按：此言「永樂年號」、「永樂紀年」。永樂「yūnk lāw」前已述及，乃漢語詞「永樂」的波斯語音譯，茲不重複。「tārīkh」　譯

言「歷史」、「紀年」、「編年」。元代王士點、商企翁所撰《秘書監志》中《司天監》記載所藏回回圖書時提到一部書名《帖里黑》三部，[29]此處「帖里黑」即此「tārīkh」，《總年號國名》爲其意譯。

5.「如來寶樓」（亦爲「如來所居寶樓」、「如來所居樓」）、「قلمه‌ ژولاي」（「qalame-i zhūlāy」），出自二月初九日/漢文第一行/波斯文第八、九行、二月十三日/漢文第四行/波斯文第四、五行、二月十六日/漢文第二行/波斯文第二、三行。此字由「qalame」，意譯爲「桿狀物」、「樓」，加上述「zhūlāy」（「如來」）構成，此言「如來樓」。「qalame」這個詞見於《回回館雜字》四夷館本「宮室門」序號第 353 詞「qalame，樓，革裏默」。

6.「壇殿」（亦爲「如來壇殿」）、「بتخانه‌ ژولاي」（「but-khāne-i zhūlāy」），出自二月十一日/漢文第二行/波斯文第十二、十三行，以及二月十二日/漢文第三行/波斯文第八、九行。筆者按：此字由上述「but-khāne」（「佛寺」）加上「zhūlāy」（「如來」）構成。

三、《薦福圖》中以波斯文詮釋漢文專有名詞或佛教概念的詞彙，計有三十個名詞

1.「皇帝」、「پاد شاه」（「pādshāh」），出自二月初五日/漢文第一、三行/波斯文第一、六行。筆者按：《回回館

29　元・王士點、商企翁著、高榮盛點校，《秘書監志》(浙江：浙江古籍出版社，1992 年)，頁 130。

譯語》四夷館本「人物門」，序號第 138 詞爲「君，（杷）的沙黑」。而會同館本「人物門」序號 1402 詞爲「天皇帝，（杷）得傻」，即此。此字由「pād」（「護衛的」、「偉大的」、「堅定的」和「王權」）加上「shāh」（「國王」）構成。「shāh」（「國王」）見於會同館本「人物門」序號 1364 詞爲「君，傻諕」。「大明皇帝」（「dāy mīnk pādshāh」）這個詞彙之後還再加上一個形容詞「偉大的」（「معظم」、「mu'aẓẓam」）。「دای مینک پاد شاه معظم」（dāy mīnk pādshāh-i mu'aẓẓam），意爲「偉大的大明皇帝」。「皇帝」一詞爲純波斯語，「偉大的」一詞是阿拉伯語與波斯語兼用。出自二月初五日/漢文第一行/波斯文第一行的此短句，「pād」之後有一個原本應該是單詞「شاه」（「shāh」）的空間，然此空間似有擦拭痕跡，但由遺留下來的「ش」（「shīn」）字母的「音點」可以推測出此字應爲「شاه」（「shāh」）。

2.「普度大齋」、「dast-kīrī hame-i murda-kān wa kārhā-i nīkūy kardan」、「دستکیری ی همهء مردکان و کارهاء نیکوی کردن」，出自二月初五日/漢文第二行/波斯文第四、五行。筆者按：「kār」意譯爲「幹、做」，《回回館譯語》四夷館本「通用門」序號第 759 詞，以及「人事門」序號第 217 詞「کار」（「kār，葛爾，事」）即此。「dast-kīrī」意即「幫助、袒護、庇護」，《回回館譯語》四夷館本「人事門」序號第 271 詞「dast-kīrī」（「دستکیری」），得思忒幾裏，救」即此。筆者按：「همه」（「hame」）意譯爲「所有」、「一切」。「مردگان」（「murda-gān」）乃「مرده」（「murda」）「死者」的複數。「کارهاء نیکوی کردن」（「kārhā-i nīkūy kardan」）同第四例「藏事」，整個片語意

爲「對所有死者行庇佑與行善」。「مردگان」（「murda-gān」）的字母字母「گ」（「gāf」）都書寫成「ک」（「kāf」），十五-十六世紀，此兩字母共通。

3.「天下一切幽靈」、「همهء مردگان روی زمین」（「hame-i murda-gān rūy zamīn」），出自二月初五日/漢文第四行/波斯文第七、八行。筆者按：此字由「hame」（「所有」、「一切」）加上「murda-gān」（「murda」的複數）。「rūy」爲名詞「臉」、「面部」之意，以及介詞「在某物上面」之意。按此字即《回回館譯語》四夷館本「身體門」序號第 302 詞「روی（「rūy」），面，羅衣」，及會同館本「身體門」序號 1474 詞「羅衣，面」。最後加上「zamīn」（「地面」、「大地」），按此字即《回回館譯語》四夷館本「地理門」序號第 46 詞「زمین（「zamīn」），地，即米尹」。整個片語意爲「大地之上的一切人類」。

4.「藏事」、「کار نیکوی کردن」（「kār-i nīkūy kardan」），出自二月初五日/漢文第四行/波斯文第九行。筆者按：「kār」如上述。整個「藏事」片語「kār-i nīkūy kardan」，意爲「行善」、「施善行」。出自二月十八日/漢文第一行/波斯文第一行的「齋事」亦爲「kār-i nīkūy kardan」，故兩者漢文互異，但波斯文譯文相同。

5.「無量」、「بی شمار」（「bī-shumār」）。筆者按：使用否定前綴「bī-」（「無」、「沒有」）。此前綴見於四夷館本《回回館譯語》「聲色門」序號第 603 詞「بی رنک（「bī-rank」），淡，別朗克」。會同館本「聲色門」序號第 1592 詞「淺淡，乩郎革」，即此。另又見於四夷館本《回

回館譯語》「通用門」序號第 759 詞「بى كار」（「bī-kār」），無用，別噶兒」。「shumār」此言數量，見於會同館本「數目門」序號第 1618 詞「暑媽兒，數」。「bī-shumār」直譯爲「沒有數量」。「阿羅漢不可數計」（出自二月初十日/漢文第二行/波斯文第八行）的波斯文翻譯與「無量阿羅漢」（出自二月初六日/漢文第一行/波斯文第三行）相同，皆爲「lūkhān-ān bī-shumār」，意爲「無數的羅漢」。「無量阿羅漢」的「bī」字似乎與前一個字「阿羅漢」的波斯字的末尾字母「ن」（「nun」）重迭，故未見「ب」（「be」）的「音點」，又在「lūkhān-ān」與「shumār」間有一個難以辨識的小筆劃，或者就是「bī」。

　　6.「味香而美」、「شيرير طعم و خوش بوى」（「shīrīn-i ṭaʿm wa khūsh-i būy」），出自二月初七日/漢文第一行/波斯文第四、五行。筆者按：其中「shīrīn」譯言「甜美的」；《回回館譯語》四夷館本「飲食門」序號第 561 有「شيرير（「shīrīn」），甜，石裏尹」，同時《回回館雜字》會同館本「飲食門」序號第 1538 詞「濕林，甜」即此。「طعم」（「ṭaʿm」）的意譯爲「口味」、「滋味」。「خوش」（「khūsh」）是「好的」、「愉快的」；《回回館譯語》四夷館本「通用門」序號第 702 詞「خوش（「khūsh」），好，或石」；而《回回館雜字》會同館本「人事門」序號第 1432 詞「好，或」，即此。「بوى」（「būy」）意譯爲「香」；《回回館譯語》四夷館本「器用門」序號第 64 有「بوى（「būy」），香，鉢衣」；《回回館雜字》會同館本「花木門」序第 1156 詞「香，跛亦」，即此。此句形容甘露。

7.「天花」、「آسمانی گل」和「'āsmān-i gul」（「'āsmān-i gul和 gul-i 'āsmānī」），前者出自二月初九日/漢文第一行/波斯文第二行，後者出自二月十二日/漢文第一行/波斯文第一行。筆者按：此字由「'āsmān」加「gul」構成。「'āsmān」即《回回館譯語》四夷館本「天文門」序號第一詞「اسمان」（「'āsmān」），天，阿思媽恩」。「gul」即《回回館譯語》四夷館本「花木門」序號第 431 詞「گل」（「gul」），花、故勒」，亦爲《回回館雜字》會同館本序號第 1154 詞「花，谷力」。會同館本《河西譯語》中亦有「花，谷立」。[30]但「'āsmān-i gul」的譯法是漢語式的，即違返波斯語修飾語置於被修飾語之後的規律，將「天」「آسمان」（「'āsmān」）置於「花」「گل」（「gul」）之前，其實，這種詞序倒置使「آسمان گل」（'āsmān-i gul）在波斯語中意爲「花之天」。《薦福圖》波斯文中「花」的第一個字母「گ」（「gāf」）幾乎都書寫成「ک」（「kāf」），十五-十六世紀，此兩個字母不分，混用。

8.「第一禪林」、「اوّل بتخانه」（「'awwal but-khāne」），出自二月初十日/漢文第三行/波斯文第十五行。筆者按：其中「'awwal」意爲「第一」、「首先」；「but-khāne」即前述之「佛寺」。此短語意譯爲「第一佛寺」。

9.「赴供」、「طلب صدقات」（「ṭalab-i ṣadaqāt」），出自二月初十日/漢文第三行/波斯文第十一行。筆者按：波斯文意譯爲「要求施捨」、「救濟」、「討撒花」。

10.「毫光」、「روشنی」或「روشنایی」（「rawshanī、

rawshanāyī」），出自二月十一日/漢文第二行/波斯文第十一行、二月初八日/漢文第一行/波斯文第七行。筆者按：意譯爲光亮、明亮。

11.「慧光」、「بخار روشن」（「bukhār-i rawshan」），出自二月十三日/漢文第一行/波斯文第一行。筆者按：其中之「bakhār」意爲「霧」，《回回館譯語》四夷館本「天文門」序號第 15 詞「بخار（「bakhār」），烟，卜哈兒」即此。「rawshan」意譯爲光亮的、明亮的。因此與慧光對應的波斯文「bakhār-i rawshan」直譯爲霧氣光。

12.「皇城」、「اوردوی پاد شاه」（「'ūrdūy-i pādshāh」），出自二月十三日/漢文第三行/波斯文第二、三行。筆者按：直譯「皇帝的宮帳」。此字以前述「pādshāh」加上「'ūrdū」（譯言「斡耳朵」）構成。

13.「齋幄」、「خیمه شاهی」（「khayme-i shāhī」），出自二月十三日/漢文第四行/波斯文第五行。筆者按：此字由「khayme」加上「shāhī」構成，直譯「君主之帳幕」。此字之第一部分「khayme」見於《回回館譯語補》四夷館本「通用門」序號第 1005 詞「خیمه（「khayme」），帳房，海默」。其第二部分意爲「皇室的」、「御用的」。

14.「菩薩像」、「صورت بتان」（「ṣūrat-i but-ān」），出自二月十四日/漢文第三行/波斯文第十一行。筆者按：其中「ṣūrat」意爲「臉」、「面孔」；《回回館譯語》「身體門」序號第 324 詞「صورت（「ṣūrat」），形，蘇勒忒」，即此。而「but-ān」爲上文提到的「but」（「佛」）的複數。《回回館譯語》四夷館本「人物門」序號第 170 詞「بت」、

「but」），佛。葡忒」，即此。「ṣurat-i but-ān」意爲「眾佛之像」。

15.「塔殿」、「بتخانهء گلدسته」（「but-khāne-i gul-daste」），出自二月十六日/漢文第一行/波斯文第一、二行。筆者按：此字由上述「but-khāne」（「佛寺」）加上「gul-daste」（「尖塔、高塔」）構成，直譯「佛寺之塔」。

16.「無量光」、「روشنى بى حدّ」（「rawshanī bī-ḥadd」），出自二月十七日/漢文第一行/波斯文第一、二行。筆者按：「rawshanī」意爲「光芒」。「bī-ḥadd」此言「無邊」，此處使用否定前綴「bī-」（「無」、「沒有」），如前述。此爲純波斯語譯法。

17.「瑞氣」、「بخارات خوب」（「bukhārāt-i khūb」），出自二月十八日/漢文第一行/波斯文第三、四行。筆者按：直譯爲「好的霧氣」。其中「bukhārāt」爲上文提及之「bukhār」「霧」的阿伯文的複數，波斯文的複數爲「ابخره」（「'abkhere」）。而「khūb」即《回回館譯語》「通用門」序號第 717 詞「خوب（「khūb」），俊，乎葡」，此言「好的」、「愉快的」。

18.「齋事」、「كار نيكوى كردن」（「kār-i nīkūy kardan」），出自二月十八日/漢文第一行/波斯文第一行，華言「行善」、「施善行」。筆者按：意義如同上述之「藏事」。

19.「褒崇」、「وصف كردن و منصب دارن」（「waṣf kardan wa manṣab dāran」），出自三月初三日/漢文第一行/波斯文第一、二行。筆者按：「waṣf kardan」意即「稱頌、歌頌、描寫、形容」，「manṣab dāran」意即「有官銜的、官員、

官吏」，而「wa」即「和、與」。此短句意爲「稱頌有官銜
的（如來大寶法王西天大善自在佛）」。

20.「（並）齋天下僧二萬餘衆」、「صدقه دارن」（「ṣadaqe
dāran」），出自三月初三日/漢文第二行/波斯文第七行，以
及「（設）齋供」「صدقه دارن」（「ṣadaqe dāran」），出自
三月初五日/漢文第二行/波斯文第三行，此兩短語的波斯語
意譯皆爲「施捨、捐獻、布施、贈與」。筆者按：其中「ṣadaqe」
意即爲「施捨、捐助、救濟、慈善事業」，《回回館譯語》
「通用門」序號第 741 詞「صدقه（「ṣadqe」），施，塞得革」
即此。

21.「法樂」、「سرودها توينان」（「surūd-hā-i tūyin-ān」），
出自三月十五日/漢文第二行/波斯文第八行，即僧樂。筆者
按：其中「surūd-hā」爲「surūd」之複數，意爲「樂曲」；
而 「tūyin-ān」爲「tūyin」複數，指僧人。其原本爲漢字「道
人」的波斯文音譯。《回回館譯語》四夷館本「人物門」序
號第 162 詞爲「توين（tūyin），僧，脫因」；此字在突厥語、
蒙古語中指佛僧，在明朝火原潔所編《華夷譯語》「人物門」
中蒙古字「toin」音譯亦爲「脫因」，旁譯「和尙」。[31]在《高
昌館譯書》中，畏兀兒字「toin」譯音爲「土因」，旁注漢
義「釋」。[32]此字由此中介傳入波斯語。

22.「鉢雲」、「ابرهاء كشكول」（「'abr-hā-i kashkūl」），
出自二月六日/漢文第一行/波斯文第一行。筆者按：「'abr」

---

31 《北京圖書館古籍珍本叢刊》，6，經部《華夷譯語》（北京：書目文
獻出版社，1987），頁 32。
32 《北京圖書館古籍珍本叢刊》，6，經部，《高昌館譯書》，（北京：
書目文獻出版社，1987），頁 383。

意譯爲「雲」，複數爲加上字母「hā」，表示無生命的複數。「kashkūl」漢譯爲「伊斯蘭教托鉢僧行乞用的鉢、頭陀袋、萬寶囊」，然作者寫成「كژكول」（「kazhkūl」）。此處作者完整寫出波斯文文法獨特的「耶札非」，即修飾語在被修飾語之後，由於「雲」的複數結尾字母爲長音「hā」，所以「耶札非」加在被修飾語結尾之處時，必須加上一個「ء」（「hamza」）符號。

23.「使之成爲核心負責人」、「ولی لبّ كردن」（「walī-i lubb kardan」），出自二月初五日/漢文第二行/波斯文第一行。筆者按：「walī」漢譯爲「保護人、監護人、負責人、（宗）聖徒、老爺、主子」。「lubb」漢譯爲「中心、核心、本質、精隨、精選的、純的等」。「kardan」漢譯爲「作」。而此複合字漢譯可爲「使之成爲核心負責人」，然此字並未有相對應的漢文，但是寫在「如來大寶法王大善自在佛哈立麻巴領天下僧衆」之前，應爲解釋此稱號的由來，整句的漢譯可爲「偉大的大明皇帝接待宣布爲核心負責人（的如來大寶法王西天大善自在佛）」。

24.「不死鳥、神鳥、鳳凰」、「سیمرغ」（「sīmurgh」），出自二月十四日/漢文第一行/波斯文第一行，此處指的就是禽類「鸞」。

25.「爲了」、「از برای」（「'az barāye」）。例如出自二月初五日/漢文第四行/波斯文第四行。此字並未有相對應的漢文，但是寫在「度天下一切幽靈。」（漢譯）之前，應爲「爲了、因爲」之意。

26.「它的樣子是」、「شكلهاء وی همجو」（「shaklhā-i way

hamjū」）。例如出自二月初五日/漢文第五行/波斯文第十一行。此字並未有相對應的漢文，但是寫在「狀若如意。」（漢譯）之處，應說明「像如意的形狀」。筆者按「hamjū」應爲「همچو」（「hamchū」），漢譯爲「這樣的、類似的、像……一樣」。十五-十六世紀字母「ج」（「jīm」）與字母「چ」（「che」）不分，混用。又《薦福圖》文中常用「它的樣子是」，即波斯文「way hamjū」，例如出自二月初七日/漢文第一行/波斯文第三行，「甘露降。色如凝酥。」（漢譯）。筆者按：波斯文「way hamjū」即是漢文「色如」的譯文。

27.「再、又、還、仍（在）、依然、進一步、但是」、「باز」（「bāz」）。例如出自二月初八日/漢文第一行/波斯文第七行，「復有五色毫光起於」（漢譯）。筆者按：「bāz」即爲「復」的譯文。

28.「喜錢」、「شاباش」（「shābāsh」），出自三月四日/漢文第三行/波斯文第三行的「如來詣闕致謝。」而此句的波斯文意譯爲「如來朝向幹耳朵（去），皇帝給予喜錢」，與漢文稍异。「喜錢」的波斯文爲「shābāsh」，意譯爲「（婚禮上撒給新娘、新郎的）隨喜錢、（慶祝會上給予演員或是琴師的）賞錢」。此種風俗應爲中亞地區所有，《克拉維約東使記》中曾有三次提及類似的喜錢，例如「參加帖木耳的宴會，飯罷，由宮內高級長官捧來銀盤一隻，盤內滿盛銀錢，帖木兒取之以拋灑在座個人之身上。」[33]、「臨辭出之際，

---

33 西班牙·羅·哥澤來滋·克拉維約、楊兆鈞譯（1997），《克拉維約東使記》（北京：商務印書館），頁131。

有內侍像我們周身撒擲銀錢，其中亦有不少鑲有寶石的小金錢。照例犒賞頒發之際，即表示筵席終了，賓客應該詞出。」[34]以及「帖木兒爲了大夫人之母所建的禮拜寺操勞常親往營地。爲了獎勵工人努力工作，有時且向工人散擲銀錢。」[35]。

此外，明臣陳誠奉命出使西域，於永樂十三年十月返京覲見成祖時，呈現所備錄周覽山川與民俗之異《西域行程記》，其中記載哈烈(Herat)時，提及「凡宴會之際，尊者飲酒，則下人皆跪。酒進一行，則陳幣帛，次進珍寶及金銀錢，雜和爲一，分散四座，餘者亂撒座間及前後左右，觀望執服事之人，使之競拾，喧嘩叫笑，以示豪奢，名曰喜錢。」[36]

29.「一塊、一片」、「قاش」（「qāsh」），出自二月十二日/漢文第一行/波斯文第二行，「有天花大如錢許。」之處。筆者按：作者是用「一塊、一片」（「qāsh」）代替漢文中的大小如「錢」的概念。「قاش」（「qāsh」）同「قاچ」（「qāch」）。

30.「甘露」、「ترانكبين」（「tarānkibīn」）同「ترنجبين」（「taranjabīn」），出自二月初七日/漢文第一行/波斯文第二行，「初七日。甘露降」之處。筆者按：此字意譯爲甘露蜜、輕瀉藥，目前僅能在明朝《回回藥方》[37]中見到漢文音

34 西班牙‧羅‧哥澤來滋‧克拉維約、楊兆鈞譯（1997），《克拉維約東使記》，頁137。
35 西班牙‧羅‧哥澤來滋‧克拉維約、楊兆鈞譯（1997），《克拉維約東使記》，頁137。
36 明‧陳誠、李暹著、周連寬校注，《西域番國誌》（北京：中華書局，2000），頁74。
37 宋峴考釋（2000），《回回藥方考釋》（北京：中華書局）上冊，頁334、下冊，頁459。

譯「他蘭古賓」，但並無波斯字原文，而《回回館譯語》、《回回館雜字》均未見著此字。

四、《薦福圖》中阿拉伯文與波斯文通用的單詞，計有六個

1.「偉大的、尊敬的」、「معظّم」（「mu'aẓẓam」），出自二月初五日/漢文第一行/波斯文第一行。筆者按：此字爲形容詞，阿、波文兼用。接續在「大明皇帝」（「dāy mīnk pādshāh」）之後，意譯爲「偉大的」大明皇帝。此字並未有相對應的漢文，但是並不影響文句的意譯，應屬波斯文作者自己添加之詞。

2.「歡迎、迎接、接待」、「استقبال」（「'istiqbāl」），出自二月初五日/漢文第一行/波斯文第一行。筆者按：此字爲名詞，阿、波文兼用。加上動詞(「kardan」)爲複合動詞，相對應的漢文爲大明皇帝迎請的「迎請」。文中此單詞的字母「ب」（「be」）漏掉音點。

3.「高舉、升起、提高」、「اعلى」（「'a'lā」），出自二月初五日/漢文第三行/波斯文第六行。筆者按：此字波斯文爲名詞，意譯爲「高舉、升起、提高」，此字阿拉伯文爲形容詞，意譯爲「最高的、至高無上的」。此字對應漢文「皇考太祖高皇帝」的「高」字。

4.「一些、部分、若干、某些人、有些人」、「بعضى」（「ba'ḍī」），阿波兼用。出自二月十四日/漢文第三行/波斯文第十一行，「見菩薩像十餘。東西相向而行」之處。筆者按：此字此處指部份菩薩像向東，而另外又有部份菩薩像

向西。然此處「東西相向而行」的波斯文意譯爲「部份向右手、部分向左手」，轉寫爲「ba'ḍī bi-dast-i rāst wa ba'ḍī bi-dast-i jab」，原文爲「بعضى بدست راست و بعضى بدست جب」。此處「左」（「jab」、「جب」）應爲「چپ」（「chap」）。十五-十六世紀「ج」（「jīm」）與「چ」（「che」）、「ب」（「be」）與「پ」（「pe」）字母不分，混用。

5.「顏色」「الوان」（「'alwān」），阿波兼用。出自二月十七日/漢文第一行/波斯文第二行。「見無量光。其色五彩。」之處，筆者按：應爲「五彩」的「彩」對應的波斯文。

6.「瑞氣」、「بخارات خوب」（「bukhārāt-i khūb」），出自二月十八日/漢文第一行/波斯文第三、四行。筆者按：直譯爲「好的霧氣」。其中「bukhārāt」爲「bukhār」「霧」的阿伯文的複數形式，波斯文的複數形式爲「'abkhere」（「ابخره」）。

五、《薦福圖》中較常出現、較特殊的 波斯文動詞，計有八個

1.「顯現、出現、發生、被找到」、「بيداشدن」（「bīdā shudan」）是一個複合動詞，例如出自二月初五日/漢文第四行/波斯文第十行。此字並未有相對應的漢文，但是寫在「有五色卿雲」（漢譯）之後，應說明五色卿雲的「出現」。筆者按：原型應爲「پيداشدن」（pīdā shudan），十五-十六世紀字母「ب」（「be」）與「پ」（「pe」）不分，混用。《薦福圖》中「pīdā」幾乎全書寫爲「bīdā」。

2.「出現、上升」、「برآمدن」（「bar 'āmadan」）是

一個複合動詞（第三人稱單數），例如出自二月初五日/漢文第五行/波斯文第十行。此字並未有相對應的漢文，然寫在「有五色卿雲。絢爛紛騰涌凝聚。狀若如意」（漢譯）之處，應說明雲彩「騰涌、顯現」之後，形成的樣子爲如意。

3.「來、降臨、發生、出現」、「آمدن」（「'āmadan」），例如出自二月初六日/漢文第一行/波斯文第四行。筆者按：此字爲「自西南乘雲而來。」（漢譯）的「來」字的波斯文動詞第三人稱單數。

4.「幹、做」、「کردن」（「kardan」）。此單詞多與其他名詞、形容詞結合，形成複合動詞。例如「藏事」、（kār-i nīkūy kardan）（「کار نیکوی کردن」），例如出自二月初五日/漢文第四行/波斯文第九行。

5.「上升」、「طلوع کردن」（「ṭulū' kardan」），例如出自二月十二日/漢文第三行/波斯文第十一行。「猶旭日東升」之處。筆者按：此動詞爲漢文「升」的波斯文譯文。

6.「達」、「تافتن」（「tāftan」），例如出自二月十三日/漢文第一、二行/波斯文第三行。「慧光二道。一達孝陵一達皇城」。筆者按：此字爲漢文「達」的波斯文譯文，意譯「照耀、閃爍」。

7.「覆蔭」、「معلق ایستاده」（「mu'allaq-i 'īstādah」），例如出自三月四日/漢文第三行/波斯文第六行的「毫光覆蔭塔殿」之處，筆者按：「mu'allaq-i 'īstādah」爲「覆蔭」的波斯文譯文。第一個單詞「mu'allaq」爲形容詞、名詞，意譯爲「垂下的、懸挂的」，阿拉伯文、波斯文兼用。第二個單詞「'īstādah」爲形容詞，意譯爲「站立的、站著的」。

8.「命令」、「فرمودن」（「farmūdan」），出自三月十五日/漢文第一行/波斯文第一行的「命僧閱誦大藏經」，此處波斯文動詞「命令」（「farmūdan」）的人稱詞尾變化爲第一人稱的「我」，即在動詞字尾加上字母「م」（「mīm」），意即「我命令」「فرمودم」（「farmūdam」）。筆者按：此處意指「明成祖」命令，然漢文中並未寫出主詞「明成祖」，而波斯文的表述也並未使用「皇帝」（「pādshāh」）一詞作爲動詞「命令」的主詞。此處是整篇《薦福圖》中第三次以「明成祖-我」爲主詞，另兩處爲「皇考太祖高皇帝」（「pidar-am tāy zū pādshāh-i 'a'lā」）中的「我的父親」（「pidar-am」），出自二月初五日/漢文第三行/波斯文第六行，以及「皇妣孝慈高皇后」（「mādar-am hīāw ha khwānk khū」）中的「我的母親」（「mādar-am」），出自二月初五日/漢文第四行/波斯文第七行。此外，《薦福圖》中若所指「明成祖」時，皆是用「皇帝」（「pādshāh」）一詞代替。例如出自三月五日/漢文第二行/波斯文第二行的「駕幸靈谷寺設齋供」中的主詞用的是「皇帝」（「pādshāh」）。

六、《薦福圖》波斯文所傳達的信息

《薦福圖》本身並未言明幾種文字譯者的身份。細細體味《薦福圖》中的波斯文，可以發現與這位波斯文撰寫者身份有關的一些信息。

首先，波斯文譯者僅略知漢語。上述第一組十五個詞彙全部是漢語的波斯文音譯詞，說明他主要依靠漢語來與周圍人與事的交往，並經由漢語或是漢語理解佛教，此外，並以

此爲工具來理解一些明朝政治用語的概念。例如上述第一組純漢語音詞中的「大明」（「dāy mīnk」）、「永樂」（「yūnk lāw」）；第二組漢－波混合詞中的「太祖」（「tāy zū」）、「高皇后」（「khwānk khū」，筆者按：「高」字音、意未譯）、「孝慈」（「hīāw ha」。筆者按：「慈」字音譯爲「ha」）。同時波斯文譯者對宮廷和官場有一定的瞭解，他可以以波斯語表述與此有關的漢文化的某些較爲深入的概念，例如上述第一組中之「孝陵」（「hīāw līnk」）、第二組漢－波混合詞彙六個詞中第一個中的「皇考」（「pidar-am」），華言「我父親」；第二個詞「皇妣」（「mādar-am」），漢譯爲「我的母親」；以及上述第三組中之「天下」（「rūy zamīn」），筆者按：此言「地面上」、「大地之上」；「皇城」（「'ūrdūy-i pādshāh」），直譯「皇帝的宮帳」。

　　波斯文譯者懂漢語不僅表現在音譯漢語詞彙上，而且某些譯法反映出他有時採用漢語習慣組織波斯文詞組，如上述第三組中之「天花」，有一種譯法爲「'āsmān-i gul」的譯法是漢語式的，即違返波斯語修飾語在被修飾語之後的規律，將「天」（「'āsmān」）置於「花」（「gul」）之前。具有波斯語思維的人不可能將「'āsmān-i gul」理解爲「天花」，只會理解成「花之天」。波斯文譯者對某些漢文化概念的理解是膚淺的，如第二組漢－波混合詞彙六個詞中第一個中的「高皇帝」（「pādshāh-i 'a'lā」），譯言「最高的皇帝」。其實「高皇帝」乃在位皇帝對其父「先皇帝」的尊稱，並非「最高的皇帝」。

　　波斯文譯者應當是伊斯蘭教徒，對佛教相當陌生，一些

重要的佛教概念，例如「如來」（「zhūlāy」）、「大寶」
（「dāy bāw」）、「法王」（「fā wānk」）、「西天」（「sī
tīan」）、「大善」（「dāy shīan」）、「自在佛」（「za zāy
fū」）、「靈谷寺」（「līnk kūy sī」）、「如意」（「zhuyī」）、
「舍利」（「shālī」或「shīlī」）、「五臺」（「wū tāy」）、
「大藏經」（「dāy zānk kīnk」）等，沒有意譯，而是完全
照搬漢字讀音。說明譯者並不懂其意義，不瞭解佛教，僅知
其讀音，但無法意譯爲波斯語，所以徑直採用漢語讀音。在
明初，漢字「大」的讀音爲「day」，故有「大明」（「dāy mīnk」）、
「大寶」（「dāy bāw」）、「大善」（「dāy shīan」）與「大
藏經」（「dāy zānk kīnk」）等音譯法。

　　波斯譯文中一個值得注意的詞是「羅漢」（「lūkhān」）
與「阿羅漢」（「'ūlūkhān」）。其實羅漢是阿羅漢（梵文
Arhat）的簡稱，意譯爲「應供」，義即「當受眾生供養」，
是小乘佛教修行四果位之最高果位。此處無論「羅漢」還是
「阿羅漢」均未按梵文音譯，而完全是根據漢字讀法，但譯
者給出的波斯文形式分別是「羅漢」（「lūkhān-ān」）與「阿
羅漢」（「'ūlūkhān-ān」），採用的是波斯文複數形式，意
爲「一些（阿）羅漢」、「（阿）羅漢們」，與漢文中「羅
漢數十」與「阿羅漢不可數計」相對應。但波斯文譯者並非
對佛教一無所知，故文中對一些普通的佛教概念以波斯語表
述的情況也相當多，如第上述二組漢－波混合詞中的「寺」
有時音譯爲「sī」，有時意譯爲「but-khāne」；但同一個
「but-khāne」又用來表示「壇殿」，如「如來壇殿」（「but-khāne-i
zhūlāy」），出自二月十二日/漢文第三行/波斯文第八、九

行；第三組中之「幽靈」（「murda-gān」），譯言「死者們」、「藏事」（「kār-i nīkūy kardan」），意爲「行善」或「施善行」、「無量」（bī-shumār），直譯「沒有數量」、「阿羅漢不可數計」（「lūkhān-ān bī-shumār」），意爲「無數的羅漢」、「無量光」（「rawshanī bī-ḥadd」）、「天花」（「gul-i 'āsmānī」），華言「天空之花」、「赴供」（「ṭalab-i ṣadaqāt」），譯言「要求施捨」、「討撒花」、「第一禪林」（「'awwal but-khāne」），譯言「第一佛寺」、「慧光」（「bukhār-i rawshanī」），華言「霧氣光」、「齋事」（「kār-i nīkūy kardan」），「做善事」、「瑞氣」（「bukhārāt-i khūb」），直譯「好的霧氣」、「法樂」（「surūd-hā-i tūyin-ān」），意譯爲「僧樂」。

　　應當指出的是，儘管譯者可以用波斯文表述一些佛教的概念，但他對佛教的瞭解畢竟十分有限，如「菩薩像」波斯文譯爲「ṣūrat-i but-ān」），意爲「衆佛之像」，將菩薩與佛混爲一談；譯者還將寺院中的「壇殿」、「寶塔」、「高塔」都譯爲「but-khāne-i gul-daste」，意爲「佛寺之塔」，不加區分。幾乎所有有關佛教法會的「普度大齋」、「齋事」、「赴供」，全都理解被翻譯爲「做善事」和「要求救濟」等非常直接且簡單的陳述，既未準確意譯，也未採取直接音譯。此外，在「靈谷寺」的波斯文音譯之前，還加上波斯文「佛寺」（「but-khāne」）一字，透視出譯者可能不理解靈谷寺的「寺」是寺廟、廟堂之意，所以才會在靈谷寺之前加上波斯文寺廟一字。然而，他肯定會漢語，前面提到他在翻譯「大明」、「永樂」、「無量」、「如來」、「西天大寶法王大

自在佛」、「太祖」和「孝慈」、「五臺」、「羅漢」、「如意」、「大藏經」等時，他幾乎無一例外的直接將漢語轉寫爲波斯語。

他在翻譯「自塔座至寶缾徧高一丈一尺」（出自三月十六日/漢文第一行/波斯文第六行），運用的不是漢語「丈」、「尺」的音譯，而用的是域外的長度單位「گز」（「gaz」）[38]，譯爲「十一個 gaz」，而此字可以在《中亞蒙兀爾史－拉失德史》[39]的文中「……上面的人舉起手來離那個釘子還有一加茲（「gaz」）遠。」找到同樣的用法，此字「加茲」（「gaz」）應爲中亞地域性的長度單位。此舉透露出譯者的民族身份，即他是波斯人，或操波斯語居民的後裔。譯者在音譯漢語中有後鼻音的詞彙時，幾乎無一例外地區別出後鼻音的「-ng」，如「靈谷」（「līnk kūy」），詳見前文。這一點顯示他不是京都（南京）本地人，南京方言中將「-ang」讀爲「-an」。

這二十二篇波斯文書寫不規範、誤寫、漏寫之處，就是在於漏掉「音點」。例如二月十三日/漢文第一行/波斯文第一行，單詞「第十三」的字母「ز」（「ze」）未書寫音點，而成爲字母「ر」（「re」），以及二月初五日/漢文第一行/波斯文第一行的「پاد」（「pād」）寫成「باد」（「bād」）。又新增的四個波斯字母「گ」（「gāf」）、「چ」（「che」）、「پ」（「pe」）、「ژ」（「zhe」），與極其相近的阿拉伯文字母，例如「ک」（「kāf」）、「ج」（「jīm」）、

38，等於 3 英吋。

39，中亞・米爾咱・馬黑麻・海答兒著、新疆社會科學院民族研究所譯、王治來校注（1986），《中亞蒙兀爾史 —— 拉失德史》第二篇（新疆：新疆人民出版社），頁 240。

「ب」（「be」）、「ز」（「ze」）的分別並非特別明顯，反而常有混用，於此可知十五-十六世紀字母，波斯文新增的四個字母與相近的阿拉伯文字母不區分。例如「ک」（「kāf」）與「گ」（「gāf」）不分，「花」（「gul」）寫成「kul」。此外，不該連寫的字母却連寫，例如「日子」（「روز」、「rūz」）的「و」（「wāw」）與「ز」（「ze」）、「從、自」（「از」、「'az」）的「ز」（「ze」）與「ا」（「alif」）都是不可連寫的字母，但是在此波斯文譯文中却多次連寫。有些應該分開寫的單詞，却連寫，例如不應該連寫的一個單字「塔」應爲「گل دسته」（「gul daste」），但是却連寫成「گلدسته」（「guldaste」），出自二月初十日/漢文第一行/波斯文第三行，而且文中「گ」（「gāf」）寫成「ک」（「kāf」）。

在這二十二篇波斯文中展現了波斯文法的最大特色－「耶札非」（「اضافه」、「ezafe」），即所謂的連接修飾語與被修飾語之間的音素，[40]類似文法中「所有格」的關係。例如「靈谷寺」（「but-khāne-i līnk kūy sī」）、「如來寶樓」（「qalame-i zhūlāy」），以及「它的火焰」（「shu'le-i way」），出自二月初十日/漢文第一行/波斯文第四、五行，在「ه」（「he」）作爲元音字母結尾時的耶扎非，則必須再加上一個「ء」（「hamza」）符號來表示與下一個單字的互屬關係。不過「它的樣子（複數）」（「shaklhā-i way」），出自二月初五日/漢文第五行/波斯文第十一行，此字的「耶扎非」應該是在字尾加上字母「ye」，而不是「ء」（「hamza」）符

---

40 李湘主編（1991），《波斯語基礎教程》（北京：北京大學出版社），頁 31，「耶札非」，即修飾語在被修飾語之後，「耶札非」加在被修飾語結尾。

號，原因在於「樣子」（「shakl」）的複數形式的結尾字母是長音「hā」。[41]此外，複數形式亦符合波斯文法的規律，對於有生命者的複數，例如「阿羅漢」加上兩個後綴字母「ا」（「alif」）和「ن」（「nūn」），而無生命者的複數，例如「雲」（「'bra」，出自二月初六日／漢文第一行／波斯文第二行）則加上後綴「ها」（「hā」）。至於動詞人稱亦按波斯文法，例如動詞第三人稱複數是在動詞後面加上「ند」（「nd」），例如見無量阿羅漢，自西南乘雲而「來」（「mī 'āmadand」，出自二月初六日／漢文第一行／波斯文第四行）。

　　綜合上述所言，這二十二篇書體流暢的波斯文在詞藻、文法，以及文句表達各方面，符合波斯文的文法與敘述方式，除去少數無法辨識的筆觸或是無解的單詞之外，並未有難以解讀、語句不通的句法，也難以看出硬由漢語翻譯的鑿痕，可以推測爲母語是波斯語／熟稔波斯語者所爲。此譯者／書寫者極可能爲第一代入仕明朝的回回，或爲已居住中國的第二代回回人，此作品間接反映出其雙語狀況：波斯語當爲母語，其程度優於漢語。此外，這是目前中國發現存世運用波斯文撰寫與藏傳佛教相關唯一一件十五世紀初期明朝波斯文／（藏傳）佛教文獻，極具特殊性與珍貴性。

---

41 轉寫的符號仍是「-i」。

第四章 《薦福圖》回回文的可能作者

　　依據上述對於《薦福圖》回回文（波斯文）的分析，推測回回文應是此書寫者的母語。此人可能進入漢地不久，知道一些漢語，疑似第一代入華進入明廷爲仕者，也可能是已居住中國一代的回回人。《薦福圖》順暢且自然鋪陳的回回文，應該不是入華後的第二、三代，或者以波斯語爲外語的人的語言能力所能達到的。

　　《明史列傳》並未明顯地記載具有類似通曉「夷文」的人物，明史學者張鴻翔的《明代各民族人士入仕中原考》研究中，[1]可以見到非漢族的大量不同殊風異俗的民族進入明廷爲官者，例如來自西番、高麗、暹羅、吐魯番、天方諸部族、別失八里、哈密、韃靼、女真人、瓦剌、交趾、阿速、洮北等，筆者於其中檢索到一個「通譯」人物，即「哈的，回回」，或可由此勾勒出《薦福圖》回回文的可能作者的狀況。

　　《明實錄》[2]記載永樂二十二年（1424）十月「陞錦衣衛

---

1 張鴻翔（1999），《明代各民族人士入仕中原考》，頁 1。
2 明‧董倫等修，《仁宗實錄》卷三下，中央研究院歷史語言研究所影印本，頁 114、121。張鴻翔（1999），《明代各民族人士入仕中原考》，頁 209。

指揮僉事徐晟爲本衛指揮同知；鴻臚寺左少卿哈的爲指揮僉事。晟韃靼人，初名七十五；哈的，回回人。二人自永樂初以翻譯外夷文字召用，後凡西北二虜及南夷之事，二人悉與聞之。晟頗機警，哈的誠確，屢見收用，至是以其更事久，故復陞之」。[3]永樂二十二年十月即成祖在位最後一年，「哈的」在長期從事既有事務後，由鴻臚寺右寺丞晉升爲左少卿，之後隨即再升爲錦衣衛指揮僉事。這位第一代入仕明廷的通譯 —— 以翻譯外夷文字受到重用 —— 是名回回人。由其名字「哈的」分析，應爲伊斯蘭世界官職稱謂「qādī」的阿拉伯文與波斯文的音譯，意譯爲法官，是指伊斯蘭世界中具有司法權與審判權的代表，中央或是地方單位皆有此職位，[4]中國穆斯林亦譯爲「噶最」、「卡迪」。[5]

　　推測「哈的」應該是名穆斯林，通曉伊斯蘭教的宗教語言阿拉伯語；此外，若以十三世紀之後波斯文已是中亞（內陸亞洲）伊斯蘭教信仰者與城市居民的通用語言，並且通行於波斯文明與貿易所及之處研判，他絕對通曉波斯文。

　　《太宗實錄》卷十七記載明成祖「遣司禮監少監侯顯，賫書幣往烏斯藏征尚師哈立麻，蓋上在藩邸時，素聞其道行

3　除了徐晟、哈的之外，《明實錄》亦載數名入仕明廷的通譯角色。例如永樂四年三月「庚子陞鴻臚寺序班哈只爲本寺右寺丞。哈只回鶻氏，諳通西域言語文字，故進用之。」（明・董倫等修，《太宗實錄》卷五十二，中央研究院歷史語言研究所影印本，頁 778。）以及永樂四年夏四月「陞鴻臚寺序班劉帖木兒不花爲本寺右寺丞，以其諳通北虜語言文字，故進用之。」（明・董倫等修，《太宗實錄》卷五十三，中央研究院歷史語言研究所影印本，頁 790。）

4　Bearman, P.J. & Bosworth, C. E.(Eds.)(1979). *The Encyclopaedia of Islam*（ New Edition., Vol.IV ）. Leiden: Brill. p. 379.

5　鄭勉之主編、安士偉審定（1993），《伊斯蘭教簡明辭典》，「噶最」條，頁 83、「卡迪」條，頁 144。

卓興，至是遣人征之。」[6]邀約哈立麻至京城爲其父母舉行祈
福法會。成祖必定愼重其事，在驚訝於哈立麻在靈谷寺的法
術以及祥瑞景象之後，明成祖命精於繪畫者，將此歷程繪製
成圖，以告後代子孫。[7]推測五體合璧題記的宗教畫卷《薦福
圖》應該書寫於事件發生的同時或是不久之後，即永樂初年
（五年）左右，而其中回回文的作者爲何人是一個謎，亦未
見任何文獻提及，筆者認爲成祖極有可能將書寫回回文的重
任委以已歸附明廷「自永樂初以翻譯外夷文字召用」，且以
「誠確」見長的通譯「哈的」爲之，然而史冊中並無直接證
據。

第一節　以《沙哈魯遣使中國記》爲對照

　　筆者此處以另一個例子來審視明朝「回回通譯」的角色。
《薦福圖》發生於明成祖在位（1402-1422）的第五年，即十
五世紀初年（1405），審視十四世紀中葉至十五世紀中葉的
100 年間，關於中國與域外，尤其是與中亞伊斯蘭世界交流
的非漢文史料相當罕見。這段期間之前計有元代的鄂多立克
（Friar Ordoric the Pordenone，1286-1331）的《鄂多立克東

---

6 明‧董倫等修，《太宗實錄》卷十七，中央研究院歷史語言研究所影印
　本，頁 310。
7 周潤年（2004），〈噶瑪巴德行協巴的晉京活動及其影響〉，《西藏研
　究》，4，頁 82，此內容轉引自巴臥‧祖拉陳哇（1986）《賢者喜宴》
　（北京：民族出版社）（藏文版），頁 1010。

遊錄》（*The Eastern Parts of the World Described by Friar Ordoric*，1316-1330）、伊本‧白圖泰（Ibn Battuta，1304-1368 /1377)的《伊本‧白圖泰遊記》(*The Adventures of Ibn Battuta*，1325-1354）與馬黎諾里（John de Marignolli）的《馬黎諾里遊記》（*The Travels of John de Marignolli*，1339-1353），而之後主要計有十六世紀米兒咱‧馬黑麻‧海答兒（Mirza Muhammad Haidar, Dughlat 的《中亞蒙兀兒史 —— 拉失德史》（*Tarikh-i Rashidi*），以及十六世紀前二十五年的明中葉阿里‧阿克巴爾（Ali Akbar）的《中國紀行》（*Khitainameh*）、十六世紀下半葉明末歐洲人在中國南部的四個行紀為葡萄牙人伯來拉（Pereira）《中國報導》、葡萄牙人克路士（da Cruz）《中國志》與西班牙人拉達（de Rada）《記大明的中國事情》與《出使福建記》等。[8]而這一百年間幾乎是個空白，唯有火者‧蓋耶速丁‧納哈息（Ghiyath al-Din Naqqāsh）的《沙哈魯遣使中國記》（*A Persian Embassy to China*，1419-1422）與十五世紀帖木兒時期（1470-1506）的歷史學家哈肥子‧阿卜魯（Hafiz-i Abru，卒於 1430）的《歷史之精華》（*Majma' Tavarikh*， *The Compendium of History*），以及陳誠（1365-1457）《西域行程記》、《西域番國志》三者所記載相關事宜與明成祖時代直接相關。

筆者從域外史料《沙哈魯遣使中國記》中檢視到明成祖旁側的一個人物。他是做為皇帝與這批亞洲腹地來訪的使臣之間最重要的關鍵聯繫角色 —— 直接聽命於皇帝，再傳至下

---

8 英國‧博克舍編、何高濟譯（1990），《十六世紀中國南部行紀》（北京：中華書局）。

屬者——哈只・玉速甫（Hājji Yusuf，「هاج يوسف」）。目前雖然無直接證據指出哈只・玉速甫就是《薦福圖》回回文的作者，但是他所處的時空與所作所為，至少已經呈現出永樂朝高級通譯的語言能力、執掌與官職地位，尤其可以顯示「回回文通譯」的情況。

《沙哈魯遣使中國記》（另譯為《出使紀要》）的作者火者・蓋耶速丁・納哈息受命於沙哈魯之子貝孫忽兒・把哈都兒（Baysunghur），將整個出使明朝的使團的整個過程記錄下來（1419-1423）。此書曾收錄於五本史冊中，分別是之一：火者蓋耶速丁・納哈息好友哈肥子・阿卜魯呈給貝孫忽兒的《（貝孫忽兒的）歷史之精華》（*Majma ʿTavarikh, The Compendium of History*）。之二：帖木兒的史學家怯馬魯丁・阿伯特拉柴克（Jamal al-Din Abd al-Razzaq，1413-1482）的史書《雙福星座的升起處和雙海的匯合處》（*Matla'-i sa'dayn va matla'-i bahrayn*）。之三：洪德米爾（Mirkhond 或是 Mirkhawand，1433-1498）的《情人的故事》（*Habīb as-Siyar*）。之四：完成於 1425 年的阿里・亞茲迪所著（Sharaf al-Din Ali Yazdi）的《帖木兒傳》（即第一部《武功紀》）（*Zafarnama*）。之五：沙哈魯之子亦不剌金（Mirza Ibrahim Sultan）時期，匿只馬丁・薩迷（Nizam al-Din Shami）所著的第二部《武功紀》（*Zafarnama*）。

始於十九世紀至今，《沙哈魯遣使中國記》七次由波斯文手抄本翻譯為法文與英文，依序為第一：1843 年法國東方學者郭氏（Quatremère）的法文節譯與波斯原文，刊於《皇家圖書館及其它圖書館所藏抄本拔萃和評注》（*Notices et*

Extraits des monuscrits de la Bibliothèque du Roi et autres bibliothèques, XIV（巴黎，1843），第一卷，頁 308-341、387-426）。第二：阿斯雷（Astley）之《遊記叢書》（Voyages），節譯本。第三：1873 年英國人柴氏（Edward Rehatsek）依據波斯文翻譯爲英文，刊於《印度考古錄》（Indian Antiquary, March, 1873, pp. 75-83），節譯本。第四：亨利·裕爾（H. Yule）依郭氏的法文節譯本翻譯成英文節譯，而考氏（H. Cordier）所修訂的裕爾的《東域紀程錄叢》（*Cathay and the Way Thither*，另譯爲《中國及通往中國的道路》）一書中的《沙哈魯遣使中國記》（題名爲《1419-1422 年沙哈魯遣使中國宮廷記》）曾將柴氏譯本中多出者，列入注釋。第五：1934 年拉合爾迪爾·辛格學院（Dyal Singh College）波斯語教授麥氏（K. M. Maitra）將此書翻譯成英文，題名「一次出使中國的波斯使節，錄自哈肥子·阿卜魯的《歷史精華》」。第六：1970 年哥倫比亞大學教授古德瑞奇（L. Carrington Goodrich）依據英國博物館版本再次翻譯爲英文本。第七：此爲最近的翻譯版本。1983 年法國東方學者阿里·瑪札海里（Aly Mazahèri）的《沙哈魯遣使中國記》載於《絲綢之路·中國 —— 波斯文化交流史》。此次譯本依據四個不同版本的手抄本互相校對而成。四個手抄本爲巴黎國立圖書館第 106 號波斯文手抄本《雙福星座的升起處和雙海之匯合處》、巴黎國立圖書館新增波斯文藏卷第 296 號（來自印度）、巴黎國立圖書館新增波斯文藏卷第 1818 號《情人的故事》、博德林

圖書館藏埃利奧特第 422 號抄本。[9]

　　《沙哈魯遣使中國記》目前具有四種漢文翻譯，來源依據三個版本：第一種漢譯爲：《絲綢之路‧中國 —— 波斯文化交流史》法國‧阿里‧瑪札海里著、耿升譯，中華書局，1996 年，以下稱【瑪版】。第二種漢譯爲：《沙哈魯遣使中國記》，古德瑞奇（Goodrich）翻譯，何濟高譯，中華書局，2002 年，以下稱【何版】。第三、四種漢譯爲裕爾版本的兩種漢譯，分別是張星烺譯爲《沙哈魯之遣使中國》收錄在《中西交通史料彙編》第二冊，頁 1240-1260，中華書局，2003 年，此爲最早之漢譯版本，然僅譯出主要內容，以下稱【裕爾 1 版】；以及張緒山譯《東域紀程錄叢》，英國‧H. 裕爾撰、法國‧H.考迪埃修訂，雲南人民出版社，2002 年，以下稱【裕爾 2 版】。

第二節　七個相關的情節

　　筆者從《沙哈魯遣使中國記》的四種漢譯版本中，挑揀出與哈只‧玉速甫相關的記載，即文章中提及此人名字的相關情節有七個 —— 情節一：「謁見與遞國書」、情節二：「御座金漆」、情節三：「禁著白衣」、情節四：「明成祖摔下馬且遷怒使臣」、情節五：「臣子們的求饒」、情節六：「報

---

9 上述參考何濟高譯（2002），《海屯行紀、鄂多立克東遊錄、沙哈魯遣使中國記》（北京：中華書局），以及法國‧阿里‧瑪札海里著、耿升譯（1996），《絲綢之路‧中國 —— 波斯文化交流史》（北京：中華書局）。

喜皇上赦免使臣們」。情節七：「玉速甫與大臣們簇擁明成祖離去」。

一、情節一：「謁見與遞國書」[10]

　　【瑪版】內容爲：「當他（即大臣 —— 筆者添）剛剛讀完他的木板之後，推事哈只·玉速甫便走上前來。此人操波斯語、突厥語、蒙古語、阿拉伯語和漢語。此人官居「公」位，作爲皇帝的謀士同樣也在重要的時刻充任翻譯。他主持皇帝的十二部之一。他率領其僚屬迎上前來，這些人也是操波斯語和突厥語等語言的中國-穆斯林語言學家。這些翻譯們圍著使節們，提醒他們首先要上身參拜，然後再三次以前額觸地。……。推事大人於是向前走了幾步，從他（使臣-筆者添）的手中取過國書，然後再遞給站在御座腳下的一名太監。」

　　【何版】內容爲：「當這篇奏文整個讀畢，判官穆拉納·哈只·玉速甫（他是萬戶之一，接近皇帝本人的一名官員，懂得阿拉伯語、波斯語、突厥語、蒙古語和漢語，充任皇帝和使臣之間的翻譯，也是十二部首腦之一）就上前來，跟隨著幾個通阿拉伯和波斯等語的木速蠻，他們是他（哈只·玉速甫-筆者添）的部下，站在回教徒旁邊，……。」「判官穆拉納向前，收下國書，把它們交給一個太監……。」【裕爾

10　【瑪版】(法國·阿里·瑪札海里著、耿升譯(1996)，《絲綢之路·中國-波斯文化交流史》(北京：中華書局)，頁 56。【何版】何濟高譯(2002)，《海屯行紀、鄂多立克東遊錄、沙哈魯遣使中國記》(北京：中華書局)，頁 126。【裕爾 1 版】張星烺編著、朱杰勤校訂(2003)，《中西交通史料彙編》第二冊(北京：中華書局)，頁 1251-1252。【裕爾 2 版】英國·H.裕爾撰、法國·H.考迪埃修訂、張緒山譯，《東域紀程錄叢》(2002)，(雲南：雲南人民出版社)，頁 247。

1 版】內容爲：「回教判官哈智玉索甫（Hājji Yusuf）者，管軍萬戶，皇帝近臣，十二部長官之一，偕回教徒數人，來至座前。其人皆知吾國語言。……。回教判官來前，取國書呈交，遞交於座前太監，……。」【裕爾 2 版】內容爲：「哈吉·玉速甫（Hājji Yusuf）推事是掌千戶的艾米爾之一，皇帝臣，皇室內閣十二部首領之一，亦由幾個通曉數種語言的穆斯林陪同前來。他們對諸使節說……。哈吉·玉速甫前來，接過信函（國書 — 筆者添），交給侍立於皇座旁的太監；太監轉呈皇帝……。」

二、情節二：「御座金漆」[11]

　　【瑪版】內容爲：「推事哈只·玉速甫大人對使節們說該台座是在八年之前上漆的，但其高質量的油漆在如此之久的時間內尚從未剝落。」【何版】內容爲：「判官穆拉納說，自從御座塗金以來已有八個年頭，但這個時期金都沒有褪色。」【裕爾 1、2 版】內容缺。由此可以推敲出哈只·玉速甫曾經目睹御座髹漆前後的變化，因此他至少已經在明朝廷待上八年，也就是說在最遲在永樂十二年（1414）他已入仕明廷，或者已擔任類似目前的官職，因此得以目睹御座漆金一事。

三、情節三：「禁著白衣」[12]

11　【瑪版】，頁 59。【何版】，頁 129。【裕爾 1、2 版】缺。
12　【瑪版】，頁 64。【何版】，頁 132。【裕爾 1 版】，頁 1252-1253。
　　【裕爾 2 版】，頁 247-248。

【瑪版】內容為：「皇帝要利用這一機會遷居其新宮。使節們當然要應邀前往，但皇帝讓人告訴他們，他們於這一天千萬不要像波斯人那樣穿白色的衣服，也不要扎白色的頭巾或蹬白色靴子，因為中國人看來，白色是一種喪服的標誌。」

【何版】內容為：「判官閣下遣一名使者對使臣說：『明天是新年。皇帝要往他的新宮，有詔不許人穿戴白色的頭巾、服裝、帽子或襪，因為在這些人中習慣是服喪時穿白衣服。』」

【裕爾 1 版】內容為：「回教判官來書云：『明日為新年。皇帝將往新宮。有令不許白衣。』蓋其國以白為喪服也。」

【裕爾 2 版】內容為：「一月二十七日，伊斯蘭教推事（哈吉・玉速甫）派人對使節說：『明日為新年，皇帝將往新宮，下令不許穿白色服裝。（因為契丹人以白色服裝為喪服）。』」

四、情節四：「明成祖摔下馬且遷怒使臣」[13]

【瑪版】內容為：「他們於是就詢問他（推事大人 —— 筆者添）深沉沮喪的原因。他以隱晦的語言告訴他們說，皇帝在狩獵時騎上了由算端陛下（沙哈魯）剛剛奉獻給他的那匹馬，但馬把他摔了下來，造成了大腿損傷。皇帝憤怒得滿臉通紅，剛剛詔令逮捕穆斯林使臣們已把他們放逐到中國最東部的省份去。」【何版】內容為：「他們（使臣們－筆者添）在驛館門口看見判官閣下和他身邊許多人因憂傷而面帶十分悲悽之容。經過詢問，他低聲回答說：『皇上打獵時從君主陛下（全能真主使他的統治和權力垂之永久）所獻的馬上摔

13　【瑪版】，頁 70。【何版】，頁 138。【裕爾 1 版】，頁 1255。【裕爾 2 版】，249 頁。

下來，傷了他的足。因此他大爲震怒，命令逮捕使臣，送往中國東部省份去。』」【裕爾 1 版】內容爲：「（大使等－筆者添）抵驛館時，見回教判官形色甚爲懊喪。大使等問你何故若是。判官低聲曰：『皇帝陛下出獵時，即乘沙哈魯王所獻之馬。不意馬躓，皇帝墜地，大怒，諭令將大使等看守，加鐐，流至契丹國東鄙。』」【裕爾 2 版】內容爲：「（使節們－筆者添）到達驛館時，發現哈吉・玉速甫推事表情甚爲沮喪。諸使節問何以精神如此不振，推事悄聲告訴他們：『皇帝外出行獵時乘沙哈魯陛下所贈之馬躓，馬將皇帝摔下。皇帝大怒，諭令拘捕諸位使節，流放契丹國東部。』」

五、情節五：「臣子們的求饒」[14]

　　【瑪版】內容爲：「當推事大人來到營門的時候，他在那裡發現了被中國穆斯林們稱爲“李達宅”和“張達宅”，也就是說一個是“李達之宅院”，另一個是“張府”。在皇帝召對他們時，談到了逮捕和放逐使臣們的問題。突然間，李達臣和張大人以及推事大人立即叩頭，祈求饒恕使臣們。」【何版】內容爲：「然後，李大人、楊大人和判官閣下在地上叩頭，表示敬禮說：『陛下生使臣的氣，他們卻是無辜的，因爲⋯⋯』」【裕爾 1 版】內容爲：「李大人及楊大人與回教判官玉索甫皆叩首至地，請曰：『使人無罪，不可責⋯⋯』」【裕爾 2 版】內容爲：「皇帝咎之拘囚使節事。李大人、張大人及推事叩首於地。」

---

14 【瑪版】，頁 71。【何版】，頁 138、139。【裕爾 1 版】，頁 1256。
　　【裕爾 2 版】，249 頁。

六、情節六：「報喜皇上赦免使臣們」[15]

【瑪版】內容爲：「當推事大人前來爲使臣們帶來這一喜訊時，全場爆發出一片歡呼。推事還補充說，至高無上的和仁慈的陛下剛才對失落在不信真主者之中的可憐的穆斯林教徒們表示了寬恕，因爲他突然間開導了中國君主的心。」【何版】內容爲：隨後判官閣下高興地前來通報這個喜訊，說：「至高真主用他的仁慈和恩典向這隊穆斯林異鄉人表示憐憫，把仁愛之光罩在皇帝的心上。」【裕爾 1 版】內容爲：判官大喜，前來告諸使曰：「皇帝陛下已施恩於外國人矣」。【裕爾 2 版】內容爲：推事玉速甫興高采烈來向諸位使者告知這一消息，說：「聖上已寬外國人了」。

七、情節七：「玉速甫與大臣們簇擁明成祖離去」[16]

【瑪版】內容爲：「在隊伍的中間走著大明汗，由推事大人的 10 名"大臣"以及李達臣和張大臣簇擁。到了此時，推事便對使臣們說：『當大明汗經過你們面前時，應下馬行大禮參拜。』」【何版】內容爲：「皇帝由十位大人、判官穆拉納、李大人、楊大人陪同，騎在中間。然後判官向前，對使臣們說：『下馬，皇帝來時跪拜！』」【裕爾 1 版】內容爲：「皇帝之騎在中央。同伴者爲達大人。回教判官則與李大人、楊大人同行。判官前來，謂大使等曰：『可下馬，

---

15 【瑪版】，頁 71。【何版】，頁 139。【裕爾 1 版】，頁 1256。【裕爾 2 版】，頁 249。
16 【瑪版】，頁 72。【何版】，頁 139。【裕爾 1 版】，頁 1257。【裕爾 2 版】，250 頁。

叩首至地。』使者從之。」【裕爾 2 版】內容爲：「皇帝騎在馬上，居於隊伍中央，達大人與之相伴，而推事（玉速甫）與李大人和張大人騎馬並行。推事走上前來，對諸使節說：『下馬叩首參拜！』各位使節依言行事。」

綜觀上述七個情節的詳細描述，得以知曉這個來自中亞使節團與明廷的外族大臣哈只・玉速甫之間的交流，以及所傳遞出來一些訊息。其中情節一：「謁見與遞國書」與情節二：「御座金漆」，透露出玉速甫的背景、宗教信仰與語言能力。

「玉速甫」是一個屬於伊斯蘭教的名字，與基督教《聖經》中的「約瑟」（Joseph）同名。中國穆斯林譯爲玉速（素）甫。而「哈只」（「哈吉」)是一個伊斯蘭世界的頭銜，是指曾經履行過伊斯蘭教「五功」[17]之一 —— 至麥加朝覲 —— 的伊斯蘭教信徒（穆斯林），皆可於其名字之前添加「哈吉」（另譯爲「哈志（智）」、意義爲「朝覲過的人」）[18]稱號，意謂著已實踐朝覲而享有的令譽、尊稱。由此得知「哈只・玉速甫」確實是一名已具備履行伊斯蘭教功課的虔誠伊斯蘭教徒。至於【何版】所言「穆拉納」在阿拉伯語或是波斯語中的對應文字與意義待議，不過筆者疑爲官職頭銜或是伊斯蘭教宗教稱謂。《明實錄》所載翻譯外夷文字召用的「哈的，回回人」與《沙哈魯遣使中國記》所載的「哈只・玉速甫」皆任文官職位，這類具有學問、知識者且通曉伊斯蘭教教義

---

17 「五功」是指伊斯蘭教的五項基本功課，即唸誦做證詞、履行拜功、齋戒、繳納天課、朝覲。鄭勉之主編、安士偉審定（1993），《伊斯蘭教簡明辭典》，「五功」條，頁 299。

18 鄭勉之主編、安士偉審定（1993），《伊斯蘭教簡明辭典》，「哈吉」條，頁 99。

與文學語言者，向來就是在伊斯蘭世界中，以入仕各省或是
中央行政官僚部門爲其抱負。[19]因此，針對玉速甫而言，他
入仕於一個非伊斯蘭世界。

　　據十四世紀成書，今存於葉門的《國王之字典》記載當
時東地中海地區，各民族之間交往的語言爲希臘語、亞美尼
亞語、阿拉伯語、波斯語、突厥語與蒙古語。除希臘語、亞
美尼亞語用於西亞之外，阿拉伯語、波斯語、突厥語與蒙古
語均與東亞的交往中使用。依據譯自三本外文版本而成的四
本《沙哈魯遣使中國記》漢譯本中，對於推事（判官）哈只・玉
速甫所能掌握的語言爲「波斯語、突厥語、蒙古語、阿拉伯
語和漢語」，其中除去漢語外，全部符合東亞與西亞之間交
往的關鍵語言。或由此推論出哈只・玉速甫屬於內陸亞洲的
城市定居者且受過一定程度的宗教或是文書的養成教育。

　　此外，由玉速甫的「哈只」頭銜推測出玉速甫是曾至麥
加朝觀過的穆斯林。依此推理出他懂得伊斯蘭教的《古蘭經》
宗教語言 —— 阿拉伯文。又，在得知成祖因騎沙哈魯所獻馬
匹摔落受傷之後，不再追究亦也不遷怒使臣之際，哈只・玉
速甫轉告使臣們的時候，曾經說出對於真主的感謝（即情節
六：「報喜皇上赦免使臣們」）；而情節三：「禁著白衣」
則透露出哈只・玉速甫非常清楚中亞的民情風俗（或者就是
他本人的故土原鄉），故及早通知中亞使節團勿穿白衣以免
破壞宮中喜事。

---

19 俄國・巴托爾德著、張錫彤、張廣達譯（2007），《蒙古入侵時期的
　　突厥斯坦》，頁 263-268。

八、鴻臚寺

由《沙哈魯遣使中國記》所載，哈只‧玉速甫掌不僅隨侍於君側，還執行國書的呈遞與傳達皇帝的命令，身分與權勢相當，次要官員則掌理謁見禮節，另有最低層「寺人」負責聯繫勤務。事實上，他們所執行的事項，完全符合「鴻臚寺」的職掌。《明史‧志第五十‧職官三‧鴻臚寺》載「鴻臚掌朝會、賓客、吉凶儀禮之事。凡國家大典禮、郊廟、祭祀、朝會、宴饗、經筵、冊封、進曆、進春、傳制、奏捷，各供其事。外吏朝覲，諸蕃入貢，與夫百官使臣之復命、謝恩，若見若辭者，並鴻臚引奏。歲正旦、上元、重午、重九、長至賜假、賜宴，四月賜字扇、壽縷，十一月賜戴煖耳，陪祀畢，頒胙賜，皆贊百官行禮。司儀典陳設、引奏，外吏來朝，必先演儀於寺。司賓典外國朝貢之使，辨其等而教其拜跪儀節。鳴贊典贊儀禮。凡內贊、通贊、對贊、接贊、傳贊咸職之。序班典侍班、齊班、糾儀及傳贊。」[20]

依據【瑪版】情節一「謁見與遞國書」所述「推事哈只‧玉速甫官居「公」位，作為皇帝的謀士同樣也在重要的時刻充任翻譯。他主持皇帝的十二部之一。」查《明史‧志第五十‧職官三》記「鴻臚寺。卿一人，正四品；左、右少卿各一人，從五品；左、右寺丞各一人，從六品。其屬，主簿廳，主簿一人，從八品；司儀、司賓二署，各署丞一人，正九品；鳴贊四人，從九品，後增設五人。序班五十人，從九品。」[21]由

---

20 清‧張廷玉，《明史‧志第五十‧職官三‧鴻臚寺》，頁489。
21 清‧張廷玉，《明史‧志第五十‧職官三‧鴻臚寺》，頁489。

此推斷推事哈只・玉速甫的職稱極可能為「鴻臚寺卿」之等
級。

　　明代「鴻臚寺」處理「夷人」相關事宜之外，另有「四
夷館」亦為之，專事翻譯語言文字。依據《明史・志第五十・職
官三・太常寺附提督四夷館》「提督四夷館。少卿一人，正
四品，掌譯書之事。自永樂五年，外國朝貢，特設蒙古、女
直、西番、西天、回回、百夷、高昌、緬甸八館。置譯字生、
通事，通事初隸通政使司，通譯語言文字」，而「初設四夷
館隸翰林院，選國子監生習譯。宣德元年兼選官民子弟，委
官教肄，學士稽考程課。」此外「譯字生，明初甚為重視。
與考者，與鄉、會試額科甲一體出身。後止為雜流。其在館
者，陞轉皆在鴻臚寺。」[22]

　　然而專事回回文翻譯的通譯未必固定一職，明代歷史具
有數例。上述永樂朝來歸的哈的回回，於永樂二十二年（1424）
十月「升鴻臚寺左少卿哈的為指揮僉事」，此處說明他從通
譯性質的官職調升至武職。查《明史・志第四十八・職官一・兵
部》載「歲凡六選。有世官，有流官。世官九等，指揮使，
指揮同知，指揮僉事，衛鎮撫，正千戶，副千戶，百戶，試
百戶，所鎮撫。皆有襲職，有替職。其幼也，有優給。其不
得世也，有減革，有通革。」[23]

　　由上述說明至此可以確定推事哈只・玉速甫並非「翻譯
外夷文字召用」的哈的回回，因為他的官銜為「鴻臚寺左少

22　清・張廷玉，《明史・志第五十・職官三・太常寺附提督四夷館》，
　　頁 488。
23　清・張廷玉，《明史・志第四十八・職官一・兵部》，頁 477。

卿」，並非「主持皇帝的十二部之一」；此外，並無直接證據證明上述兩者 —— 哈的回回與哈只·玉速甫就是《薦福圖》回回文的作者。但是從對哈的回回的描述是「誠確屢見收用」，以及《沙哈魯遺使中國記》所記哈只·玉速素甫在朝廷中的作用，至少已可得知明永樂朝回回人通譯的大致形象。

第五章　礬紅回回文瓷器初步研究

　　本部份擬以明武宗正德年間（1506-1521）由景德鎮御窯廠所燒造、器表帶有回回文款識的礬紅瓷器為研究對象，探討由文物本身所帶出的關於回回文與瓷器之間的協調、回回文書體結構，以及款識出處與意涵，進而探索礬紅回回文瓷器的特色，以及在整個中國伊斯蘭發展史上的定位。

第一節　回回文瓷器定義與類別

　　「回回」一詞最早出現在北宋沈括（約 1031-1095）《夢溪筆談》（卷之五樂律一）中提及他本人曾經製作過的數十曲軍樂「凱歌」，其中一首是「旗隊渾如錦繡堆，銀裝背嵬打回回，先教淨掃安西路，待向河源飲馬來。」[1]此處「回回」是指當時西北的少數民族回鶻。蒙古人西征之後，「回回」一詞漸由眾多組成份子且具備各種身分入華的西域人（色目

---

1 北宋・沈括，《夢溪筆談》（台北：新文豐出版，1984）叢書集成新編第 11 冊，頁 250。

人），[2]逐漸成爲信仰伊斯蘭教的穆斯林的正式名稱。元代還
設有許多與回回人有關的機構與官職，例如回回司天監、回
回藥物局、回回國子學、回回譯史、回回令史、回回椽史、
回回炮手與軍匠上萬戶府等。[3]明朝，「回回」已成爲信仰伊
斯蘭教的穆斯林的他稱與自稱。見於史載的有關以「回回」
爲名稱的物質則有回回炮、回回石頭、回回曆、回回豆、回
回胭脂（壁畫顏料）、回回果、回回曲、回回墳等。就是在
這樣一個背景下，具有回回文字款識的瓷器被歸爲回回（文）
瓷器。從概念上而言「回回瓷器」是一種泛稱，可以泛指回
回人所使用的陶瓷器，尤其是回回人因爲宗教儀式之需，在
日常生活中備置許多特定器皿，例如香爐、爐瓶三設等。然
而在器表上書寫回回文字之後，這件陶瓷器就應該歸類爲回
回人的器物體系。

　　明朝官窯瓷器器表與器底落款處的「回回文字」共計三
種，即波斯文、阿拉伯文與小經（文字），如前所述，它們
都與信仰伊斯蘭教的穆斯林有密切關係，爲中國伊斯蘭教徒
在宗教與世俗生活中所使用的主要語言之一。據筆者研究，
明朝官窯回回文瓷器基本上具有礬紅回回文瓷器與青花回回
文瓷器兩種，本文僅就極爲罕見的正德朝礬紅回回文瓷器做
出初步探討。

　　至今公認典藏於中國最早的一件具有回回文瓷器是江蘇

2　身分可以是軍人、商人、匠人，而構成者爲阿拉伯人、波斯人與突厥種，
　　以及黑回回、占城回回，還有非信仰伊斯蘭教者的阿速人、術忽回回、
　　囉哩回回。見丘樹森主編（1996），《中國回族史》，頁 130-144。
3　李興華等（1998），《中國伊斯蘭教史》，頁 189-190。

揚州博物館的「唐代阿拉伯文背水瓷壺」，[4]白瓷器表以不易辨識的阿拉伯文草書書寫「真主至大」。此件器物見證揚州作爲唐朝港口之一，成爲匯聚當時外來伊斯蘭教徒的聚集點之一，代表中西文明交流史中的穆斯林物質遺緒，此外，此器物複本圖像存放在中國伊斯蘭教重要遺址之一的揚州普哈丁墓展覽館中，由此可知它是得到中國穆斯林的認可。中國近代首篇相關於「回回文」瓷器的漢文文章爲河北博物館（今日爲天津市藝術博物館）《明正德青花捧回文帽筒》，出自1933.7.25、45 期第 2 版的《河北第一博物院半月刊》，[5]然而內容並非此館所典藏傳爲永樂的青花回回文瓷器「無檔尊」，而是原器藏於英國博物館的青花回回文「七孔香熏」。[6]

筆者將明朝回回文瓷器依其燒造、功能性、目的分爲四大類：首先是官用回回文瓷 —— 於景德鎮御窯廠燒造，專供御用與朝廷中回回人使用的官窯瓷器。最早的一件是傳爲永樂朝的無檔尊。[7]絕大多數的明朝官窯回回文瓷器集中燒製於正德朝，具有礬紅回回文瓷器與青花回回文瓷器兩個系統，後者明顯地量大且多過前者。其次是民用回回文瓷 —— 民間民窯燒造的陶瓷器，其中最早兩件明朝民窯回回文的紀年落款爲「天順年」（1457-1464）、[8]「天順七年大同馬」（1463）

---

4 揚州博物館、揚州文物商店編（1996），《揚州古陶瓷》（北京：文物出版社），頁 159，圖 54。
5 徐榮編著（1988），《中國陶瓷文獻指南-清朝-1985 年，300 年間》（北京：輕工業出版社）。
6 此文章爲一圖搭配圖說「高七‧七英吋，原器藏英國博物館」的七孔香熏。
7 周鑾書主編（1998），《中國歷代景德鎮瓷器 —— 明代卷》（北京：中國攝影出版社），頁 45。
8 黃宣佩等著（1995），《文物考古論叢 —— 敏求精舍三十周年紀念論文集》（香港：敏求精舍、兩木出版社），頁 138。三杉隆敏（1982），

的香爐。[9]第三類是具有回回文的殘片，例如景德鎮曾發掘出明朝宣德青花波斯花紋器座殘片二塊，[10]以及礬紅器底回回文落款的殘片一件（見後文）。

第四類是明朝外銷瓷器中的回回文瓷器。明朝的外銷瓷器分爲賞賜瓷器與貿易瓷器兩種類型；十六世紀中葉以前從中國出口至域外的瓷器幾乎皆爲「賞賜瓷器」，十六世紀中葉之後，開啓明朝陶瓷產業的真正貿易意義上的「外銷貿易瓷器」。「賞賜陶瓷」是指明朝帝王賜贈予進貢國，或是經由明廷使臣攜帶至他國，時段爲明朝中期之前。然而暹羅、三佛齊、爪哇、蘇門答臘、滿刺加、安南等都曾向日本贈送過明朝的賞賜青瓷，例如洪熙元年（1425），暹羅贈予日本青瓷大盤 20 件、小盤 400 件、小碗 2000 件，宣德元年（1426）又贈青瓷大盤 20 件、小盤 400 件；[11]此外，琉球和朝鮮還曾將明朝的賞賜品轉運往日本及東南亞販賣，尤其是琉球，將各類織品、麝香、瓷器等賞賜品運至馬六甲交換香料，[12]之後再將香料帶至明廷朝貢。故明朝對各國的賞賜瓷器（包含伊斯蘭國度）、在域外轉手流通的賞賜瓷器，以及明朝中期至明末之間的「外銷貿易瓷器」，三者構成今日海外明朝傳

《世界的染付 3 明後期・清》（京都：同朋舍），頁 175。

9　黃宣佩等著（1995），《文物考古論叢 — 敏求精舍三十周年紀念論文集》，頁 138。

10　劉新園（1998），《景德鎮出土明宣德官窯瓷器展》（高雄：高雄市美術館），頁 121，圖 F14。

11　李金明（1990），《明朝海外貿易史》（北京：中國社會科學出版社），頁 49、50。此資料轉引自朱培初（1984），《明清陶瓷和世界文化的交流》（北京：輕工業出版社），頁 171。

12　李金明（1990），《明朝海外貿易史》，頁 64。此資料轉引自《托姆・皮來資的東方概述》，頁 129、130。

世瓷器的主要來源，而其中最集中且最大量的典藏處爲土耳其炮門宮博物館（Topkapi Saray Museum）與伊朗阿爾達比爾寺（Ardabil Shrine，部分器物後遷至伊朗考古 Bastan 博物館），餘者爲印尼、印度所藏與海底沉船，極少部份存於境內。而域外傳世的回回文瓷器應屬此類瓷器之一，幾乎爲青花回回文瓷器。[13]

第二節　礬紅工藝概述

礬紅器器表的紅色稱爲紅彩、赤繪、鐵紅、描紅、朱紅、油紅（爲宣德窯紅彩的名稱），[14]其工藝屬於釉上彩，簡言之就是在已具有釉料（可以是透明釉、單色釉或是彩釉）且燒製爲成品的瓷器（可以是白瓷、各種色釉瓷器，或是屬於釉下彩瓷的青花瓷器；但若以礬紅回回文瓷器而言，這個燒製而成的胎體就是白瓷器）器表塗繪將會呈現紅色的彩料，再經過較爲簡單的工序燒炙而成，彩料成爲黏附在原本瓷器釉料（可視爲底釉）上面的色彩，所以稱之爲釉上彩，由於彩料本身暴露於外，並未再覆蓋釉料層的保護，故時間、環境因素，以及人爲觸碰，皆能使彩料較易於脫落（本文所討論的部份礬紅回回文瓷器的紅彩即是如此）。

依據清黃矞撰《瓷史》記載「礬紅色則用青礬鍊紅，每一兩加鉛粉五兩，用廣膠合成」，又「描金用燒成白坯上貼

---

13 部份域外傳世的回回文瓷器另爲清朝的外銷貿易瓷器。
14 耿寶昌（1989），《明清瓷器鑒定》（北京：中華書局），頁82。

金過色，窯如礬紅過爐火二次。」[15]由此得知礬紅瓷器是在已燒製成功的白瓷上，使用調製好的紅彩塗料書寫之後，經過兩次的燒烤才得以完成的釉上彩瓷。正德朝礬紅回回文瓷器選用的白瓷可以是正德本朝的瓷器，或者前朝傳世的白瓷（例如傳世量多的宣德素白釉盤、碗、高足碗），再加上彩料，此稱白瓷加彩，[16]或者爲後掛彩器。

至於白瓷加彩後的燒烤工序過程爲何，清藍浦於康熙年間撰寫的《景德鎮陶錄》「彩器的燒爐」中曾有說明「白瓷加彩後，復須燒煉，以固顏色，爰有明暗爐之製。小器則用明爐，口門向外，周圍炭火，置鐵輪其下，托以鐵叉，以鈎撥輪，使轉以勻火氣。大件則用暗爐，高三尺，徑二尺餘，週圍夾層貯炭火，下留風眼，將瓷器貯於爐，人執圓板，以避火氣，爐頂泥封，燒一晝夜爲度，幅中形情備悉。」[17]不過時至乾隆初，方式却有所改變，景德鎮出售彩器的「紅店」爐戶已經「皆不用古法明暗爐之製，但以磚就地圍砌如井樣，高三尺餘，徑圍三兩尺，下留穴，中置彩器，上封火而已，謂之燒爐。亦有期候。若問以明爐暗爐，多不知爲何。」[18]

據當代學者的科學研究得知，中國彩瓷分爲釉下彩和釉上彩兩大類。釉上彩的呈色就是鉛粉再加上各種著色劑，礬紅彩即爲鉛粉加上青礬（即綠礬），又因爲青礬多含氧化鐵，

---

15 國家圖書館古籍文獻叢刊(H)編委會編(2003)，《中國古代陶瓷文獻輯錄》伍(北京：全國圖書館文獻縮微複製中心)，頁2578-2579。

16 余繼明、楊寅宗主編（1992），《中國古代瓷器鑒賞辭典》（北京：新華出版社），頁110。

17 傅振倫著、孫彥整理（1993），《景德鎮陶錄詳注》（北京：書目文獻出版社），頁22。

18 傅振倫著、孫彥整理（1993），《景德鎮陶錄詳注》，頁53。

故又稱鐵紅。若要得到鮮艷礬紅彩則必須掌握青礬粉末的細度，以及燒烤溫度、時間；其窯溫約在 800℃-850℃，屬低溫燒製。[19]由此得知正德朝礬紅回回文瓷器即屬於低溫釉上彩瓷。明朝的釉上紅彩瓷器後來發展成較為著名者，計有南京赤繪[20]與汕頭窯（Swaton ware），多屬外銷瓷器，運往東南亞諸地。此外，礬紅彩瓷器的低溫釉上彩，與中國彩瓷系統中的高溫鮮紅器在發色劑、燒製溫度等皆不同，後者是運用氧化銅發色，屬較難掌握的窯燒技術。而明朝高溫紅彩器之開端，[21]始於發現於南京的洪武官窯紅彩雲龍盤。[22]《景德鎮陶錄》載《邑志》評鑒「**嘉靖二十六年（1547）上取鮮紅器，造難成。御史徐紳奏以礬紅代。隆慶五年（1571）詔造裏外鮮紅器，都御徐栻疏請轉查改礬紅器。**」[23]所以從嘉靖朝之後就用低溫氧化鐵礬紅代替高溫氧化銅的鮮紅器。

　　由上述得知，本文探討的正德朝九件礬紅回回文瓷器的工藝皆是在白瓷上書寫紅彩回回文字，其中兩件罐器另添加紅彩繪製的花葉紋飾，皆歸屬於中國彩瓷系統的低溫燒造釉上彩。

---

19 張福康、張志剛（1982），〈中國歷代低溫色釉和釉上彩的研究〉，中國矽酸鹽學會編，《中國古陶瓷論文集》（北京：文物出版社），頁23-43。李國楨、郭演儀（1988），〈中國名瓷工藝基礎〉，《陶瓷釉上彩》第十章（上海：上海科學技術出版社），頁169-176。明清釉上彩是在歷代低溫色釉的基礎上發展而來，低溫色釉的玻璃相組成屬於PbO-SiO2 系統，低溫釉上彩再加入氧化鉀的成分，即為 PbO-SiO2-K2O 系統。明嘉靖礬紅盤的某些特點而言，礬紅釉和礬紅彩在製備工藝與顯微結構都極為相似。
20 日本人稱之為南京赤繪。
21 耿寶昌（1989），《明清瓷器鑒定》，頁 54。
22 馮先銘（1995），《中國陶瓷》（上海：上海古籍出版社），頁 475。
23 傅振倫著、孫彥整理（1993），《景德鎮陶錄詳注》，頁 120。

第三節 正德朝窯業

明朝官窯高檔瓷器的生產以景德鎮爲中心,其燒造技術在宋元基礎上全面發展。洪武二年開始於景德鎮設立「御器廠」燒製宮廷御用瓷器,以解京供用。陶瓷學者依明朝瓷器的製作與風格分爲三個時期:早期兩個階段,洪武、建文;永樂、洪熙、宣德。中期兩個階段,正統、景泰、天順;成化、弘治、正德。晚期爲嘉靖、隆慶、萬曆;泰昌、天啓、崇禎。[24]

清朝朱琰《陶說》與清梁同書《古窯器考》皆載明英宗正統時期(1436-1449)罷專監督陶工之臣,值代宗景泰五年(1454),減饒州歲造瓷器三之一,是謂「既罷督造之官,又減歲供之數也」,故宣宗(宣德,1426-1435)之後「幾二十年窯事不著」。後英宗復辟於天順年間(1457-1464)仍委中官燒造如故,然憲宗成化二十二年(1486)「裁饒州燒造官」,之後的孝宗弘治時期(1488-1505)接續如故,「故終孝宗十八年,不言窯事。正德初置御器廠,專管御器者,復用中官也」,[25]且兩次委派宦官至景德鎮監督稍造大量瓷器。

正德朝瓷器(1506-1521)上承成化、弘治,[26]下啓嘉靖新貌。品種繁多,諸如釉裏紅、青花地黃綠彩、黃釉青花、

---

24 耿寶昌(1989),《明清瓷器鑒定》,頁 8-9。

25 清・朱琰撰、傅振倫譯注,《陶說譯注》(北京:輕工業出版社,1984),頁 119。李雪梅主編(1993),《中國古玩辨僞全書》(北京:北京燕山出版社),頁 330,「正德窯」。

26 耿寶昌(1989),《明清瓷器鑒定》,頁 78。

鬥彩、五彩（白釉器上直接加繪五彩紋飾）、青花加五彩、青花紅彩、黃綠紫三彩、白釉紅彩（器型多爲夢鬥、高足碗、碗、盤）、白釉綠彩、黃釉綠彩、紅釉白花（此指霽紅釉，較少見，計有以紅釉爲地，留出白魚的紅釉白花魚紋盆等）、礬紅地金彩（始於正德，嘉靖、萬曆較多）、孔雀綠釉（突破宋朝的技法，成爲正德時期彩釉的典型）、白釉醬花、白釉火石紅（常見於弘治、正德，以後朝代罕見）、紅釉（正德朝少見，但以碗盤爲主）、黃釉、藍釉、豆青釉等。而書寫回回文的礬紅瓷器即是上述正德瓷器品種之一的白釉紅彩，弘治、正德與嘉靖三朝皆有之；較多者爲紅彩四魚盤，色調純正鮮亮，紋飾簡單，弘治、正德的白色釉面細白勻淨。27

第四節　礬紅回回文瓷器的收集、研究難點與角度

　　筆者至今僅搜尋到本文所探討的正德礬紅回回文瓷器八件完整的瓷器，以及一件器底殘片，此類課題具有客觀的難處，回回文瓷器的研究仍尙在初步階段（包括青花回回文瓷器）其一是量少。由於回回文瓷器本身相對於明朝瓷器，原本數量就屬極少量，而正德落款的回回文瓷器本身僅占正德

---

27 耿寶昌（1989），《明清瓷器鑒定》，頁 100-104。

一朝所燒製的三十餘萬件瓷器[28]之極少部份，且散置中外各處，偶而典藏於清真寺中，例如北京牛街禮拜寺「部分帶有阿拉伯文經文的古瓷」與東四寺的明朝青花「清真言」瓷板，[29]而考古出土回回文瓷器僅有四例（礬紅回回文瓷器一例、青花回回文瓷器三例）。[30]此外，中西私人收藏少，[31]亦少見出版印行，更何況回回文瓷器中罕見的礬紅回回文瓷器。其二是回回文書寫有誤、字跡潦草或是（青花）鈷釉暈染，導致難以解讀。其三是缺乏主幹文獻史料。陶瓷文獻、史冊罕見記載回回文瓷器，另少見回回文款識的專門論述，[32]故僅能從瓷器本身著手。

　　西方所收藏的中國回回文瓷器是兼具官窯、民窯與外銷貿易瓷器，早期稱呼具有阿拉伯文或是波斯文款識的陶瓷器

---

28 「在正德一朝中，包括弘治以來未燒造的，共燒瓷器三十餘萬件。」見江西省輕工業廳陶瓷研究編（1959），《景德鎮陶瓷史稿》（北京：三聯書局），頁 98。

29 吳建偉主編（1995），《中國清真寺綜覽》上冊（銀川：寧夏人民出版社），頁 2、4。筆者疑兩者皆為民窯瓷器。

30 考古界目前僅得四例：其一北京首都博物館的青花「穆聖言」阿拉伯文的完整罐器，出自高大倫、蔡中民、李映（1991），《中國文物鑒賞辭典》（廣西：灕江出版社），頁 88，北京市出土。其餘三例為殘片，其一是礬紅器底殘片，出自莫千里編（2004），《中國歷代陶瓷款識》上冊（杭州：浙江大學出版社），頁 111，出土處不明。其二是青花回回文瓷器宗教性器物《古蘭經》經文瓷板殘片，出自劉良佑（1991），《中國歷代陶瓷鑒賞 4-明官窯》（台北：尚亞美術出版社），頁 168，出土處景德鎮官窯遺址。其三是宣德朝的無檔尊殘片二，出自劉新園（1998），《景德鎮出土明宣德官窯瓷器展》，頁 121，圖 F 14，1993 年出土於景德鎮珠山東院。

31 例如西方瑞士收藏家鮑爾（Baur）、伊斯蘭世界收藏家沙魯丁·阿迦·汗親王（Prince Sadruddin Aga Khan），以及香港徐氏基金的中國瓷器收藏，皆僅典藏正德款青花回回文瓷器一至二件。

32 中西陶瓷學者較多針對回回文瓷器聯繫伊斯蘭金銀器器型、外銷貿易陶瓷等議題。

爲「穆罕默德陶瓷器」（「Muhammadan ware」）。二十世紀初布歇爾《中國藝術》（S. Bushell, *Chinese Art*, London, 1904 & 1906）、霍伯森《中國陶與瓷》（R.L. Hobson, *Chinese Pottery and Porcelain*, London, 1915）等所刊載的回回文瓷器圖錄是首次發表於西方的中國回回文瓷器。據筆者調查，大英博物館所藏中國明正德朝落款的官窯青花回回文瓷器是西方世界最多者，約計九件。[33]總之，西方對於明朝回回文瓷器關注少，僅視其爲中國（明朝）陶瓷之一，或是青花瓷器的類別之一。十五世紀域外史料論及明代瓷器者，目前僅見阿里·阿克巴爾（Ali Akbar）的《中國紀行》中相關於「中國瓷器」，[34]作者雖是穆斯林，但是文中並未針對與伊斯蘭相關的回回文字的「回回文瓷器」特別說明。

　　筆者認爲明正德落款的官窯回回文瓷器（礬紅回回文瓷器與青花回回文瓷器）最主要的來源與典藏處就是清宮舊藏，共計約近六十件，然少見刊布。「（北京）故宮博物院庋藏正德時期飾有阿拉伯文、波斯文的瓷器二十餘件，其中紅彩書阿拉伯文（應爲波斯文，見後述）的瓷盤僅一件」，[35]故爲明代官窯回回文瓷器最大數量典藏處。而台北故宮博物院共計二十件，其中正德礬紅回回文瓷器共計三件，另有十

33 Harrison-Hall, Jessica（2002）. *Ming Ceramics in the British Museum-Catalogue of Late Yuan and Ming Ceramics in the British Museum.* London: The British Museum Press.
34 波斯·阿里·阿克巴爾著、張至善編（1988），《中國紀行》（北京：三聯書店），頁98。
35 李毅華（1984），〈兩件正德朝阿拉伯文波斯文瓷器 —— 兼談伊斯蘭文化的影響〉，《故宮博物院院刊》，3，頁49-51。

七件的青花回回文瓷器。[36]其餘典藏於各大博物館的未具落
款,或是其他落款,以及民窯陶瓷器者疑共計少於二十件(例
如上述所言青花回回文「天順年」香爐、青花回回文「天順
七年大同馬」香爐)。至今絕大多數的回回文瓷器未見刊布,
[37]故難以窺得全貌並全面深入研究。

筆者透過書目與期刊,[38]搜集到九件明朝正德落款的礬
紅回回文官窯瓷器,作為課題研究的材料,具有以下特點:
其一是首次全面收集明朝正德款礬紅回回文瓷器,計有六件
盤器、二件罐器與一件殘片。其二是梳理礬紅回回文瓷器,
並依器型、款識內容、紋飾、開光造型與功能性予以分門別
類,進而了解燒窯工序、特色與款識出處。

其三是基本上完全解讀所有礬紅回回文瓷器的回回文款
識,修正部份歷史性的錯誤翻譯。中外伊斯蘭學界、陶瓷學
界甚少論述明朝礬紅回回文瓷器,絕大多數僅書其域外款識
為「阿拉伯文或是波斯文」,並未針對回回文款識做出意譯
或是解釋,若附回回文意譯,也多以傳抄為主,中西皆然,
甚至傳抄的回回文意譯有誤,例如台北故宮唯一刊布的礬紅
回回文瓷器「薩迪盤」(見後述)的盤心與盤壁的款識至今

---

36 國立故宮、中央博物院聯合管理處編印(1963、1966),《故宮瓷器
　　錄》第二輯明(乙)、明(丁)。抹紅波斯文盤(即礬紅回回文瓷器)
　　三件、青花回回文瓷器共計十七件,僅刊布其中的五件,計有尊、七
　　孔圓型花插、圓罐、盤器與淺碗五種形制。
37 未見刊布者絕大部分是青花回回文瓷器,但疑尚有礬紅回回文瓷器亦
　　未見刊布。
38 書目與期刊的範疇為明瓷器、釉上彩瓷(紅彩)、青花瓷器,中國器
　　物(例如銅器、漆器、景泰藍、玻璃等)、中國工藝美術、明朝(斷
　　代史)歷史圖錄、明朝藝術史、中國外銷貿易瓷器、各國博物館藏品
　　目錄、伊斯蘭書法和陶瓷、中國古董等相關書目、期刊與專論。

皆錯。另論述的觀點也幾乎一致,像是「明廷回回中官使用」、「正德具有權勢的回回官吏使用」等。

　　其四是將礬紅回回文官窯瓷器的陶瓷研究納入中國伊斯蘭宗教與文化體系中探討。由於回回文款識與特定民族、穆斯林兩者相關聯,因此筆者嘗試將回回文的款識放入伊斯蘭教的宗教與文化語境中,企圖理解款識背後的宗教意涵與書寫目的,並進一步理解這批回回文瓷器的書寫者或是使用者的思維。事實上,就中國瓷器發展史而言,正德朝的回回文瓷器,或者所有具有回回文的中國陶瓷,皆屬於陶瓷中稀少且罕見的品種,然而對於所有具有非漢文款識的陶瓷而言,這批回回文瓷器可算是數量最為龐大且種類相當豐富,因此它們足以形成一個體系,並反映出明朝瓷器燒造的特性,以及使用者的部份文化面貌。然而研究特定且數量較多的非漢文款識,進而探討款識與使用者的文化內涵的聯繫,此舉在陶瓷界少見。

第六章　正德朝礬紅回回文瓷器個別研究

第一節　「薩迪盤」

圖 1-1：正德礬紅回回文瓷器「薩迪盤」。
典藏處／編號：台北故宮博物院。
器底落款：器底朱書「大明正德年製」
小經年款，外加雙紅圈。
尺寸：高 4.5、深 3.5、口徑 20.1、足徑
12.3、口緣厚 0.15。
圖片出處：國立故宮博物院編纂
（1977），《故宮明瓷圖錄-成化窯弘治
窯正德窯》（日本東京市：株式會社學
習研究社），頁 285，圖版 107。

　　筆者搜尋到台北故宮博物院典藏三件礬紅回回文瓷盤，
此件爲最早刊布者（圖 1-1），[1]據稱「侈口窄唇，淺壁，矮

1　此瓷器曾發表於下列圖書：國立故宮、中央博物院聯合管理處編印
　　（1963），《故宮瓷器錄》，第二輯明（乙）上編（台中市：國立故宮、
　　中央博物院聯合管理處），頁 58；國立故宮、中央博物館共同理事會編
　　（1966），《明彩瓷二》（香港：開發股份有限公司），頁 36-37；國
　　立故宮博物院編（1977），《故宮明瓷圖錄-成化窯弘治窯正德窯》（日
　　本東京市：株式會社學習研究社），頁 285，圖版 107。本文瓷器尺寸
　　單位爲公分，略去，本文皆同。

圈足。白底朱紅書波斯文，盤心文爲「始終吉凶」四字，其
四周分列右左下上亦爲「始」、「終」、「吉」、「凶」，
隙地加畫雙紅綫三周，外壁書詩一首，文曰「滿腹皆文章，
璣珠寶庫藏，敵人不用問，朋友來沾光。」[2]經筆者查核認爲
上述盤心、盤緣與盤底的盤壁款識的釋文，即此盤器所有的
回回文款識長久以來的漢文意譯是錯誤的，應予修正。

　　盤器正面以三組各爲兩圈的同心圓，將盤面空間區隔爲
兩塊環狀與盤器中心的圓形開光，開光內「拼字圓塊」書寫
的文句，經筆者比對之後得知，正好就是內圈環狀的四組文
字所組成的文句，即以正東方爲首，依序以逆時鐘方向圍成
一圈，在正北方、正西方與正南方的位置上書寫四組文字（共
計五個不同單詞）的組合，除正南方具有兩個單詞之外，其
它各爲一個單詞。最外圈的環狀爲空白，未書任何文字。

　　換言之，這五個單詞組成的詞組出現兩次，分別是在圓
形開光與內圈環狀，此種款識的重複書寫是目前唯一一次見
於明正德礬紅回回文瓷器。據筆者查核這組文字並非出自伊
斯蘭教相關的《古蘭經》或是《聖訓》，疑爲純粹的波斯文
表述語句，或可漢譯爲「始於幸福，終於吉慶」，或可引申
爲穆斯林「兩世吉慶」的波斯文說法，[3]後者的觀念與實踐屬
於伊斯蘭教的道德規範，爲此提出從善去惡的理論學說與倫
理道德準則。[4]

2　國立故宮、中央博物院聯合管理處編印（1963）《故宮瓷器錄》，第二
　輯明（乙）上編，頁58。
3　筆者曾就此短語詢問過中國西北地區的穆斯林阿訇，其中一名曾提及是
　可以作爲「兩世吉慶」的講法，然而筆者仍未見到書面記載。
4　楊懷中、余振貴主編（1996），《伊斯蘭與中國文化》（銀川：寧夏人
　民出版社），頁568。

一、盤心與盤緣款識

款識（1）：「الابتداء مامون」
轉寫：「al-'ibtidā'u māmūn」
意譯：開始是幸福的。
說明：第一個字「開始」（「al-'ibtidā'u」）阿、波兼用。第二個字「幸福的」（「māmūn」）爲波斯文。
款識（2）：「الانتهاء و همايون」
轉寫：「al-'intihā'u wa humāyūn」
意譯：結束是吉慶的。
說明：第一個字「結束」（「al-'intihā'u」）阿、波兼用。第三個字「吉慶的」（「humāyūn」）爲波斯文。

　　筆者對於瓷盤圓心開光內的文字組合命名爲「拼字圓塊」，意即開光內的回回文字在有限的空間內將字形結構設計爲特殊的排列組合，相對於「拼字方塊」，後者常見於今日清真寺內的菱形，或是方形框內的阿拉伯文文字組合。瓷器上的「拼字圓塊」目前僅見於明正德朝的礬紅回回文瓷盤，部分明朝青花回回文瓷器器表的回回文句亦放置在圓形開光內，然僅是單純的單詞堆砌，嚴格而言不能算是精心處理單詞之間的空間，或是單詞字母字形之間的互相嵌合。

　　此盤心開光內的文字就是將內圈環狀五個單詞重新組合於此一圓形空間內。盤心「拼字圓塊」的文字與語意是從下向上堆砌，最底層是第一句話的第二個單詞「māmūn」接著在此字的右上方和左上方分別坐落第一句話的第一個單詞「al-'ibtidā'u」的定冠詞的兩個字母「alif」（「ا」）、「lām」（「ل」），以及連寫的此字的第一個字母「alif」（「ا」），而左側則是此單詞的長音「alif」（字型是「ا」）；其餘的

三個字母坐落在單詞「māmūn」左上方，而最後一個字母「hamza」（「ء」）則填空「māmūn」（「مامون」）正上方的空間。

　　第二句話之首坐落在最高處，而第三個字母「humāyūn」則在其下方，不過此單詞分爲兩半，前後互置，而二個字母「wāw」則位於字母「humā」（「هما」）的下方，貼著圓壁。筆者認爲書家此時是有意地將「humāyūn」的字母「humā」擱置後面，因爲書家特別強調字母「alif」（「ا」）下筆的第一個「筆觸」，而且「筆觸的形狀」正好顯示出書家所使用的是具有斜切面的「木筆」的痕跡，再者這個「alif」字母的「斜切面」正好配合同心圓的弧度。

　　除此之外，書家特意地將單詞中的所有定冠詞「alif」（「ا」）和「lām」（「ل」），以及長音「alif」（「ا」），共計三個字母都特別突顯並加以強調「豎式」的力度與斜面的綫條，甚至還將其它字母，像是「humāyūn」的「ye」（「ي」）和「nūn」（「ن」）、「māmūn」的「nūn」（「ن」）和「al-’ibtidā’u」的「be」（「ب」）、「dāl」（「د」）都被特別地加重第一筆「筆觸」的力度與角度。這樣有企圖的作法，使得整幅「拼字圓塊」除了錯綜複雜、字母糾葛之外，其中看似還有許多「直綫條」臨危不亂的感覺。不過此處意譯爲「幸福的」的波斯文「māmūn」的字母「alif」（「ا」）和第二個字母「mīm」（「م」）之間的下方多出兩個音點，誤書爲「māymūn」（「مايمون」），內圈環狀的此字亦若是。

　　由上述字母與單詞之間的互相嵌合、拼組得知，回回文書家（設計者）的處心積慮，於此展現其視覺審美的特殊造

型與喜好，尤其是針對文字結構與空間之間的密切結合。而此點為此款礬紅瓷器回回文最重要的特色之一，完全不同於中國瓷器器表的漢字與其它非漢文的文字（例如藏文）。「拼字圓塊」外圈的四組單詞就是圓心內的詞組。以正東為起首，以逆時鐘方向，依序在正北、正西和正南書寫。如果面視瓷器，則正北和正南方向的單詞是橫式且兩者書寫的方向相反，正東和正西則是豎式，也互為反向。

　　此外，筆者在另外兩款礬紅回回文瓷罐的器表款識上找到與「薩迪盤」相同的單詞，即「和吉慶的」（「wa-humāyūn」），且書跡幾乎一致，但是意譯因為上下文關係而不同（見後文「拍賣大、小雙罐」）。又，筆者在乾隆朝二十四年（1759）的一塊穆斯林碑刻上見到與「薩迪盤」盤心的「拼字圓塊」完全相同的語句。

二、乾隆朝回回文碑刻一通

　　與明正德礬紅「拼字圓塊」相同的「始於幸福，終於吉慶」波斯文的碑刻拓本（下圖），是由劉迎勝先生於 2003

標題：乾隆朝回回文碑刻一通局部（拓本）。
出處：此碑曾坐落在西安的回民公墓旁側的「馬氏祖塋」。
收藏者/提供者：白文平先生/劉迎勝先生。
尺寸：待考。
參考書目：王宗維（1993），《元代安西王及其伊斯蘭教的關係》（蘭州：蘭州大學出版），頁 123。

年至中國西北進行「小經」調研時，得自曾任職西安大學習巷清真寺寺管會的白文平先生，筆者經研究對照，發現距離正德朝二百五十年的這塊穆

斯林碑銘上有著與「薩迪盤」瓷器器表完全相同的文字。

此碑曾坐落在西安的回民公墓旁側的「馬氏祖塋」,[5]長方形碑體最右側碑文之始處刻「大清乾隆二十四年歲[己]卯□月」,因此得知此碑雕刻的年限為 1759。碑體[6]分為四個部分:碑額,即標題,此處的銘文與礬紅瓷器盤心「拼字圓塊」內的款識相同。碑額之下的碑體分為三個部分:右側約五分之四的板塊,由上層的阿拉伯文十五行與下層的漢文碑文組成,漢文字跡模糊,難以辨識,然依稀可見各地坊名與掌教姓名。整塊碑體的左側是三行漢字,筆者僅識出第一行為「廣西蒼梧□□道□轄桂平梧加三級李現坊」,第二行為「賜進士出身」,第三行為「御前侍衛陝西延綏榆林挂印總兵官□□」。

碑額碑文的題書方式是經過精心設計,為右側、中間、左側三部分。中間書寫的是阿拉伯文「奉普慈特慈真主之名」(轉寫為「bismi Allahi al-Rahmāni al-Rahīmi」,原文為「بسم الله الرحمان الرحيم」),於其右側是礬紅瓷盤盤心的首句話兩個字「開始是幸福的」(「al-'ibtidā'u māmūn」),採上下疊架,左側是第二句話「結束是吉慶的」(「al-'intihā'u wa humāyūn」)也採上下疊架,又由於兩句話的最後結尾的字母為「nūn」(「ن」),因此各將此結尾字母「nūn」插入上下疊架之中,形成左右均衡、對等的擺置,此為一種頗具巧思的書法裝飾與設計的標題。標題的阿拉伯文與波斯文

---

5 王宗維(1993),《元代安西王及其伊斯蘭教的關係》(蘭州:蘭州大學出版),頁 123。
6 以下描述皆為目測所得,非實際測量,故不具準確的科學數據。

書體流暢、快意成熟，與碑體略顯拙劣書跡的阿拉伯文應非出自相同之筆，因此兩者是否同時雕刻有待驗證。若是標題爲後世增補，那麼「始於幸福，終於吉慶」的碑銘距離正德瓷盤款識（1506-1521）不止二百五十年，或者碑刻上限就是乾隆二十四年。

這兩句波斯語爲何曾先後出現於上述正德礬紅回回文盤心與乾隆年碑石。事實上，筆者曾就瓷盤圓心款識「始於幸福，終於吉慶」或是「兩世吉慶」的波斯文短語，詢問過中國西北、南方的數名阿訇，又曾對比過清真寺內眾多的楹聯匾額，[7]但皆無所獲，無從得知此文的出處根源，可見此句並未流行於今日中國漢地穆斯林的宗教或是生活的語境中。這兩句波斯語有可能是元、明之際，因歷史性而隨中亞等地的穆斯林帶入中國境內，或者是已經接受本土漢化之後的回回人（後裔）自我創造的語句。

三、盤底的盤壁款識 ── 完整出自薩迪《真境花園》詩句

「薩迪盤」礬紅回回文瓷器的盤底（圖 1-2）具有與其它五款正德朝礬紅回回文瓷盤類似的佈局。位於緣口、圈足內，以及器底落款處的各爲兩圈的同心圓，將盤底的空間分割爲三個環狀，在落款處與最外圍的環狀分別書寫小經拼音文字和波斯文，後者爲約略等長的四組文句，若以正面觀之，

---

7 余振貴、雷曉靜主編（2001），《中國回族金石錄》（銀川：寧夏人民出版社）。

圖 1-2：正德礬紅回回文
瓷器「薩迪盤」
盤底。

[8]起首的句子約處於正北方的位置，之後其它三組文句以逆時鐘的方向依序且間隔平均地擺置。

依據筆者的檢索，查出此盤盤壁一圈的四句短語出自十二世紀末波斯詩人薩迪（Saʻdī Shaikh Muslih al-Dīn，1184-）的《薔薇園》（另譯爲《真境花園》、《古洛斯坦》、「Gulistan」，波斯原文爲「گلستان」）。薩迪[9]生於波斯南方的城鎮設拉子（Sirāz），約九十九歲歿，也葬於此。一生分爲四個階段，學習（曾至著名的巴格達尼贊米亞經學院 Nizamiya College），並從謝赫‧阿布都‧卡迪爾‧迪里（Shaikh ʻAbd al-Kādir al-Dīlī）學習蘇菲神秘主義、遊歷伊斯蘭世界（約1226-1255，曾至印度、中亞、叙利亞、埃及、摩洛哥等地），以及宗教性的隱居與寫詩，最後的階段是旅行並從事神秘主義論道。

薩迪最著名的兩本書，分別是 1257 年完成的《果園》（Bustān，「بستان」）、[10]1258 年完成的《薔薇園》。此兩書可稱爲「薩迪詩集」（「Saʻdī nāmā」），爲涉及波斯文學必讀之冊。旅行給予他的世界性性格是其它波斯作者未有的特質，再加上他的詩文中少有諷刺與挖苦，而盡是言無不

8　以紀年落款文字書寫、閱讀爲主。

9　Heinrichs, W.P. & Bosworth, C. E.（Eds.）（1995）.*The Encyclopaedia of Islam*（New Edition., Vol.XIII）. Leiden: Brill, pp.719-723.「薩迪」條。

10　波斯‧薩迪著、張鴻翔譯（1989），《果園》（布斯坦）（北京：北京大學出版社）。

盡的道德規勸與忠告，因此薩迪被視爲道德倫理家，在波斯境內與各地受到歡迎。《薔薇園》主要內容就是以散文說故事，以及詩句的形式闡述「道德觀點」。薩迪的影響廣而深刻，即便是今日許多伊朗人依舊能背誦出薩迪的幾句詩句，中亞、伊朗與土耳其、印度的文學作品受其巨大影響。

薩迪在其生活的年代就已受到伊斯蘭世界的喜好，他的作品應該是由故土爲中亞腹地的穆斯林帶入中國境內，而傳誦至今。在正德時期，薩迪展現在瓷盤壁上；於民間，《薔薇園》被中國伊斯蘭教經師選爲中國伊斯蘭教經堂教育十三本經典之一（計有語言、宗教與哲學三類），屬於哲學三冊書籍中的波斯文著作。[11]經堂教育興盛於明末，一般認爲是陝西咸陽渭城人胡登洲（1522-1597）提倡，[12]爲培養從事宗教活動與講經教學的穆斯林人才與經師。研讀《薔薇園》可深化伊斯蘭信仰，並學習伊斯蘭文化中的智慧、勸忠、勸戒、勸言、戒告、利導等。[13]

中國的回回文瓷器中不僅此件礬紅回回文瓷器與薩迪有關，據筆者所知另有兩件回回文青花瓷器香爐皆書寫薩迪的《果園》詩句。第一件是北京故宮典藏的「天順年」（1457-1464）紀年落款的香爐，此件回回文香爐應爲至今所發現明朝最早具有年款的回回文瓷器之一，[14]通體三圈回回

11　另兩冊爲《米爾薩德》與《來目阿台》。見前述。
12　李興華等（1998），《中國伊斯蘭教史》，頁 505-512。
13　此些爲《真境花園》的標題與內容概要。見波斯・薩迪著、于志海譯（1993），《真境花園譯解 —— 經堂語中阿波對照》（甘肅平涼：民族教育出版社）。
14　事實上，傳爲永樂朝的無檔尊器亦爲明代最早的回回文瓷器之一，雖無確實落款，然陶瓷學者歸爲永樂朝瓷器。例如典藏於天津市藝術博物館的青花回回文無檔尊，出自天津市藝術博物館編（1993），《天

文字。第二件爲山西博物館典藏具有「天順七年（1463）大
同馬」落款的回回文香爐。其器表回回文與前者相同，亦同
樣地爲三圈回回文字，然釉色流淌，難以辨識。

薩迪的詩句從十五世紀中葉首次出現在中國境內的明朝
民窯香爐之上，歷經明朝正德瓷盤、明末伊斯蘭經堂教育至
近代的西北經堂教育，貫穿五百五十來年未見中斷，薩迪作
品的意義不僅在於經堂教育中有關伊斯蘭教信仰與哲理的探
討，也是官方（朝廷）穆斯林宗教思想與民間穆斯林伊斯蘭
教經堂教育之間確實聯繫的證據。

四、盤底的盤壁款識

由於筆者檢索瓷盤上的文字時，是對照于志海所著《真
境花園譯解 —— 經堂語中阿波對照》[15]的波斯文文本，故於
此抄錄書中所載經堂語翻譯。此「于版」雖非勘定與常用的
版本，但是此書流通西北，呈現現實使用的經書原貌。

盤壁的這四句話或可翻譯爲「啊！對於神秘的寶庫，你
要慷慨些，儘量給予拜火教徒和基督教徒填塞（食物），當
你對敵人尊敬之際，要將朋友排斥到何方。」然而選用《薔
薇園》中這四句短語的背景與目的，以及是否與盤心文字

津市藝術博物館藏瓷》（北京：文物出版社、兩木出版社），頁 192，
圖版 79。

15 波斯・薩迪著、于志海譯（1993），《真境花園譯解 —— 經堂語中阿
波對照》（此書由劉迎勝先生提供。爲筆者撰文之際所能找到《真境
花園》唯一的波斯文版本。不過此書仍有錯誤，並非校訂考證過的版
本。另，此書的漢文譯本共計三種版本：王靜齋（1943），《真境花
園》（北京：北平牛街清真書報社印行單行本）、水建馥（1958），
《薔薇園》（北京：人民文學出版社）、楊萬寶（2003），《真境花
園》（銀川：寧夏人民出版社）。以上三書皆未具備波斯文原文。

──「始於幸福，終於吉慶」具有內在聯繫，目前仍未解。
不過可以確定的是，這件瓷盤上面的文字全部是波斯文，也
是目前唯一一件官窯礬紅回回文瓷盤上面的題記出自伊斯蘭
波斯文學作品。

這四組文句依次爲：

款識（1）：「ای کریمی که از خزانه غیب」

轉寫：「'ay karīmī ke 'az khizāne-i ghayb」

經堂語翻譯：哎胡達呀！你是由غیب的庫房給吃口糧的那
個کرم的主。[16]

意譯：啊！對於神秘的寶庫，你要慷慨些。

說明：「'ay」是感嘆詞，意爲「噯、喔」。「karīmī」
意爲「慷慨的（人）、仁慈的、寬宏大量的、高尚的」。
字尾加上第二人稱的後綴「ye」。「ke」是用來引導各
種類型的副句的副詞。「'az」是介詞。「khizāne」是名
詞，意爲「國庫、寶庫、庫、倉庫、出納處等」。「ghayb」
是名詞、形容詞，意爲「秘密（的）、隱密（的）、消
失（的）、不在等」。此處「khizāne」是以短元音「he」
（「ه」）結尾，因此與後面接續的字「ghayb」形成文
法的「耶札非」，即修飾與被修飾關係之際，必須加上
一個「hamza」（「ء」）符號，讀音爲「ye」，所以正
確的寫法應爲「خزانهء غیب」。

款識（2）：「کبر و ترسا وظیفه خورداری」

轉寫：「k（g）abr wa tarsā waẓīfe khūrdārī」

經堂語翻譯：中給（拜火教）及猶太教。

意譯：你儘量給予拜火教徒和基督教徒填塞（食物）。

說明：「gabr」（گبر）是名詞，意爲「拜火教徒、祆教

---

16 于志海所著《真境花園譯解 —— 經堂語中阿波對照》中的漢文譯文表
述非常特殊。筆者於此轉錄的目的僅是藉以參照穆斯林傳統經堂教育
（中國伊斯蘭教的宗教養成教育）中的「經堂語」面貌，由於此爲另
一範疇，本文未探討。

徒、異教徒、信仰不虔誠者。瓷器上面書寫成「kabr」
（「کبر」，十六世紀波斯字母「kāf」（「ک」）與「gāf」
（「گ」）互通。「wa」是連接詞，意譯爲「和、與」。
瓷器上書寫的「waḍīfe」（「وضیفه」）是錯的，因爲第
二個字母漏掉一個豎筆劃，應該是「waẓīfe」（「وظیفه」），
意譯爲「任務、工資、每天糧食的定量、口糧」。「khūr-dārī」
是兩個字組成的複合動詞，意譯爲「你填塞（食物）」。
「tarsā」是名詞與形容詞，意譯爲「督教徒、膽小的（人）、
膽小鬼、懦夫」，此單詞在《長春真人西遊記》中寫成
「迭屑」，具有較狹義的「基督教徒」，也有廣義的「兼
指祆教徒（拜火教徒）、偶像教徒與佛教徒」。[17]

款識（3）：「دوستانرا کجا کنی محروم」
轉寫：「dustān rā kujā kunī maḥrūm」
經堂語翻譯：那位你在那裏把一切朋友轉出無份的。
意譯：你要把朋友們排斥到何方？
說明：「dūstān」（「دوستان」）是名詞，意爲「朋友、
心愛的人、知心、相識的」，今日中國穆斯林常稱爲「多
斯（士）提」。「kujā」是副詞、代詞，意爲「在哪裏、
往哪裏、怎樣、怎麼、如何、什麼地方、哪裏」。「kunī」
是動詞「kardan」（「کردن」）的現在詞幹，意爲「幹、
做」，加上第二人稱詞尾「ye」（「ی」），意爲「你
做、你幹」。「maḥrūm」是形容詞，意爲「被剝奪的、
被排斥的、失去的、不幸的、受苦難的」。

款識（4）：「تو که با دشمنان این نظر داری」
轉寫：「tū ke bā-dushmanān ’īn naẓar dārī」
經堂語翻譯：你光顧了一切仇家的。
意譯：你看重敵人。

---

17 中亞‧米爾咱‧馬黑麻‧海答兒著、新疆社會科學院民族研究所譯、
王治來校注（1985），《中亞蒙兀爾史 —— 拉失德史》第二篇（新疆；
新疆人民出版社），頁 199。

說明:「tū」是人稱代詞,意為「你」。「bā」是介詞,意為「具有、帶有、(表示使用的工具、手段等)用或使」。「dushmanān」是名詞,意為「敵人、仇人」,此字是複數形式。「'īn」是代詞,意為「這(個),他」。「naẓar」是名詞,意為「眼光、目光、視力、意見、看法、觀點、檢查等」。「naẓar dār」是複合動詞,詞尾加上第二人稱字尾的「ye」。

第二節 「母子雙盤」

台北故宮典藏的第二件和第三件礬紅回回文瓷器,具有相同的設計佈局、書體、書跡,以及幾乎相同的文句,應可視為兩件同樣的作品,或稱之為「母子雙盤」,[18]此種「一式兩款」的情況為首次出現在明正德朝礬紅回回文瓷器。

「母子雙盤」盤器正面的佈局結構相同於其它四件礬紅盤器,以三組各為兩圈的同心圓將盤面空間區隔為兩塊環狀外圍與中心的圓形開光。雖然開光內書寫著相同文句的「拼字圓塊」,但是「母子雙盤」各自字母的安插擺置有所不同;內環在正東、正南、正西與正北的方向書寫著四個不同的單詞,而雙盤的單詞排列位置亦互異;最外圍的環形為空白,未書寫任何文字。

一、「母子雙盤」之異

---

18 此瓷器曾發表於下列圖書:國立故宮、中央博物院聯合管理處編印(1966):《故宮瓷器錄》,第二輯明(丁)上篇(台中市:國立故宮、中央博物院聯合管理處),頁114。

圖 2-1：正德礬紅回回文瓷器「母子雙盤」之「有三角飾」。

標題：正德礬紅回回文瓷器「母子雙盤」。

典藏處/編號：台北故宮博物院。

器底落款：器底朱書「大明正德年製」小經年款，外加雙紅圈。

尺寸：高 4.1、深 3.1、口徑 21、足徑 13.7。

圖片出處：台北故宮博物院提供。

圖 2-2：正德礬紅回回文瓷器「母子雙盤」之「無三角飾」。

「母子雙盤」這兩件看似相同的回回文瓷器最明顯的區別點，在於其中一件的盤心「拼字圓塊」的七點半鐘的位置有一個實心的三角形形狀的裝飾物，填空所處的這塊小空間，遂暫稱此器爲「母子雙盤」中的「有三角飾」盤（圖 2-1），而另一件在相同的位置處，並無較大的空間以容下這樣添加的小設計物，暫稱爲「無三角飾」盤（圖 2-2）。[19]

「母子雙盤」各自掌握自己的空間設計。「拼字圓塊」內的單詞先後位置的擺放是由下往上堆砌。「有三角飾」盤只有三層文字，「和-安拉」（「wa-Allahu」、「وَاللَّهُ」）墊底，接著是「無求的-和」（「al-ghaniyyu」、「wa」、「الْغَنِيُّ」、「و」，「wa」已挪至底層）、「你們」（「'antumu」、「أَنْتُمُ」），最後一層是字體未見相對縮小的「有求的」（「al-fuqarā'u」、「الْفُقَرَاءُ」）。單詞「無求的」（「al-ghaniyyu」、「الْغَنِيُّ」）的重音 shadda（「ّ」）未見

---

19 由於攝影角度不同，故無法比較兩件「母子盤」回回文字體的大小關係，僅能就單一瓷器字體與所處空間疏密度作出說明。此外，盤心的紅彩文字似有「水漬」的現象。

標記，單詞與單詞之間充滿填空的「開口符」（＇）記號，這些符號並非都是正確的標音，其功能應是填空與妝點爲主。

「無三角飾」盤中面積最大的詞組是墊底的「和-安拉」（「wa-Allahu」），第二層是「無求的-和」（「al-ghaniyyu wa」），此字標上了重音「shadda」的符號，但字母「ye」（「ی」）並未標上「音點」；第三層是「你們」（「'antumu」），第四層是字體最小的「有求的」（「al-fuqarā'u」）。

「母子雙盤」另一個特色就是凸顯回回文中的字母「alif」（「ا」）和「lām」（「ل」）。「安拉」（Allahu）的定冠詞「alif」、「無求的」（「al-ghaniyyu」）與「有求的」（「al-fuqarā'u」）的定冠詞「alif」和「lām」，以及特別把「你們」（「'antumu」）的第一個字母「alif」挪至圓心右半邊。上述共計四組並列，形成特意製造出來且極爲醒目的「豎筆劃」的書法筆法裝飾效果。此兩件盤器的「豎筆劃」裝飾是正德礬紅回回文瓷器中最爲突顯者，疑源自伊斯蘭本土的器物，尤其是伊斯蘭金屬器與陶瓷器表的款識。也許瓷盤回回文書寫者曾經看過或是擁有過某個伊斯蘭器物，而視爲「原型」祖本，因此「模仿」其書體，進而設計出「拼字圓塊」的書法、字型與擺置，然而此種想法仍待印證。強烈裝飾性的「豎筆劃」影響了十七世紀末以後的中國伊斯蘭文物，大量表現在（外銷貿易）瓷器，或是金屬、琺琅等質材的香爐器物上，至今仍可見著。

二、盤心款識完整出自伊斯蘭教經典《古蘭經》[20]

　　盤心開光內的文字經筆者查核，完整出自《古蘭經》經文第 47 章第 38 節的一段話，內容為人類事事求於安拉，故因需求眾多而為「貧窮者」（此為阿拉伯文字面意譯，《古蘭經》經文是以上下文關係而作出解釋，後述），而安拉是給予者、施捨者，所以他是「富有者」（此為阿拉伯文字面意譯，《古蘭經》經文是另以上下文關係而作出解釋，後述）。

　　盤底是感謝安拉的讚語、《古蘭經》經文與一般性的表述，整個款識的意思為「感謝安拉！頌揚安拉！恩賜已足够與寶石已充足，我的主啊！求你饒恕，求你憐憫，你是最憐憫的。」若由字面推敲，則可以推測出瓷盤的主人際遇頗佳，生活富裕，尤其是不缺「寶石」，其語意似乎與盤心款識連貫並且互相呼應，似乎述說自己（此處疑為瓷盤的主人）在獲得安拉的賞賜之後，感謝安拉，並祈求安拉的饒恕。

> 款識：「وَاللَّهُ الْغَنِيُّ وَأَنْتُمُ الْفُقَرَاءُ」
> 轉寫：「wa Allahu al-ghaniyyu wa-'antumu al-fuqarā'u」
> 意譯：你們這等人啊！有人勸你們為主道而費用，你們中却有吝嗇的。吝嗇的人自受吝嗇之害。<u>安拉確是無求的，你們確是有求的。</u>如果你們違背命令，他就要以別的民族代替你們，然後，他們不像你們樣（下畫線為本

---

20 依照學術規範，全文內文引用的《古蘭經》漢文經文全部出自馬堅翻譯的版本：馬堅譯（1986），《古蘭經》（北京：中國社會科學出版社）。但是筆者另於注釋中添入的《古蘭經》漢文譯文，則是出自閃目氏·仝道全編譯（1999），《古蘭經中阿文對照詳注譯本》（江蘇：江蘇省伊斯蘭教協會）。《古蘭經》原文參考、轉寫的出處網站為www.quran.net.其餘注釋同。

句經文的譯文）。[21]

出處：《古蘭經》第 47 章「穆罕默德」（此章共計 38
節、4 段）的第 4 段第 38 節的其中一句話。第 4 段的標
題是心志懦弱的人（下），指出有人認為這歷史性的正
當的戰爭是一場災難，所以他們採取了偽信者的態度，而
逐漸變成不信了。結尾叫穆斯林在真理的大道上盡最大的
力量，倘若他們自私、吝嗇，另外的人就會起而代之。[22]

三、盤緣款識

款識：「قال الله سبحانه تبارك وتعالى」
轉寫：「qāla Allahu subḥānuhu tubārakun wa taʻālā」
意譯：至高至大的安拉說。
出處：一般穆斯林用語。

中間環形內的詞組由六個字組成，分成四塊。「有三角
飾」盤依順時鐘方向，依序在正北、正東、正南與正西的方
向分別書寫著「安拉說」（「qāla Allahu」）、「他的讚美」
（「shubḥānuhu」）、「被祝福的」（「tubārakun」）、「和
至高的」（「wa taʻālā」），如果面視瓷器，則正北和正南
方向的單詞是豎式且兩者書寫的方向相反，正東和正西則是
橫式、同向。「無三角飾」的正西與正南的單詞與「有三角
飾」的對調，正南的「和至高的」（「wa taʻālā」）的書寫
方向則與正北的同向、皆豎式，正東和正西是同向、橫式。

---

21 「你們被命（以你們的生計）在安拉道上使用，但是你們當中却有些
人是吝嗇的。吝嗇的人只是對他自己吝嗇，<u>安拉是無求的，而你們才
是需求的</u>。如果你們避開（正道），他就將讓另外的人群來代替你們，
那時他們就不會像你們一樣了。」（下畫綫為本句經文的譯文）
22 與本句類似的另一句經文是出自《古蘭經》第 35 章「創造者（法替爾）」
的第 3 段第 15 節，馬堅翻譯《古蘭經》漢譯為「世人啊!是你們需要安
拉，而安拉却是自足無求的、最受讚美的。」

圖 2-3：正德礬紅回回文瓷器「母子雙盤」盤底。

這一對「母子雙盤」礬紅回回文瓷器的盤底（圖 2-3）同樣具有相同佈局與幾乎相同的文句。[23]位於緣口、圈足內外，以及落款處的四組各爲兩圈的同心圓，將盤底的空間分割爲二個環狀與落款處。落款處與最外圍的環狀分別書寫小經拼音文字和阿拉伯文，後者具有約略等長的五組文句，若以正面觀之，起首的句子處於正北方的位置，之後其它四組文句以逆時鐘的方向依序平均地擺置。

四、盤底的盤壁款識

起首短句與第二句短句皆爲讚嘆、感恩的語句，第三句是一般陳述句，最後兩句是完整出自《古蘭經》經文。這五組文句依次爲：

款識（1）：「الحمد لله حمد الشاكرين」
轉寫：「al-ḥamdu lillahi ḥamdu al-shākirīna」
意譯：讚美安拉。
出處：一般用語。

款識（2）：「حمد الذاكرين حمدًا كثيرٌ」
轉寫：「ḥamdu al-dhākirīna ḥamdan kathīran」
意譯：感謝讚頌。
出處：一般用語。

款識（3）：「يوافى نعمه و يكافى فريد」
轉寫：「yuwāfī niʻamatun wa yukāfī farīdun」
意譯：恩賜已足夠，且寶石已充裕。

---

23 目前無從得知這兩件「母子雙盤」瓷器各自搭配的盤底，故待查。

說明：此處「恩賜」與「寶石」為主語，而兩個動詞是當被動語態，直接的語意是「恩賜已經（被給予）足夠了」、「寶石已經被（給）充裕了」。

出處：經筆者查詢此短語並非出自《古蘭經》，有可能是回回人自己撰寫。

款識（4）、（5）： 「وَقُل رَّبِّ اغْفِرْ وَارْحَمْ وَأَنتَ خَيْرُ الرَّاحِمِينَ」

轉寫：「wa-qul rabbi ʼighfir wa-ʼirḥam wa ʼanta khayru al-rāḥimīna」

意譯：你說：「我的主啊！求你饒恕，求你憐憫，你是最憐憫的。」（下畫綫為本句經文的轉寫、譯文）。[24]

出處：《古蘭經》第 23 章「信仰者（牧民農，或是慕米農）」（此章共計 118 節、6 段）的第 6 段第 118 節的一句話，即此章最後一節。第 6 段的標題是惡人抱憾終生，敘述邪惡的人將會因為受到報應而懊惱，那時無人理他們。

「母子雙盤」之一的瓷盤因為將第五句的前兩個字，即「而你」（「wa-ʼanta」）提前寫到前面的第四個句子之末，可能由此造成句子長短不均勻，故於第五句句尾，即《古蘭經》經文結束之後，再在句末後面加上一句短語。由於瓷器器表所書寫的回回文常見「音點」不準確，因此可能導致多種解釋。而此處的短語就是因為「音點」之故，故有兩種意義：第一種單詞可能為連接詞「thumma」（「ثُمَّ」），後接續的詞組為「bi-khayrin」（「بخير」）意譯為「就憐憫了」；而第二種單詞可能為動詞「tamma」（「تَمَّ」），後接續的詞組為「bi-khayrin」，意譯為「完成憐憫了」。

---

24 整句的意思為，你（要）說：「我的主啊！（求你賜給我）饒恕和慈憫吧！因為你是無上的慈悲者。」（下畫綫為本句經文的轉寫、譯文）

第三節　「上海盤」

　　上海博物院典藏的礬紅回回文瓷器曾多次發表。[25]此器的整體空間佈局、流暢書體與回回文字的擺置如同其它五件礬紅回回文瓷盤，應屬同一系列。盤心正面也是以三組各為兩圈的同心圓將盤面空間區隔為兩塊環狀外圍與中心圓心的圓形開光。回回文集中在開光內，書寫成「拼字圓塊」的裝飾效果，而內環在正東、正南、正西與正北的方向書寫四組不同的單詞；外環為空白，未書寫任何文字。

圖 3-1：正德礬紅回回文瓷器「上海盤」。
典藏處／編號：上海博物院。
器底落款：器底朱書「大明正德年製」小經年款，外加雙紅圈。
尺寸：高 3.9、口徑 15.9、底徑 10.1。
圖片出處：中國上海人民藝術出版社編（1992），《中國陶瓷-景德鎮彩繪瓷器》（上海：上海人民美術出版社），圖版 14。

　　經筆者查核，得出盤心文字（圖 3-1）完整出自《古蘭經》第 2 章第 212 節的最後一句話「真主將無量地供給他所意欲者」。此句話在整個 212 節的上下文句中的意思，是一句關於信仰者與非信仰者之間的對比與最終的後果，而通道

25　此瓷器曾發表於下列圖書：中國上海人民美術出版社編（1992），《中國陶瓷 ── 景德鎮彩繪瓷器》（上海：上海人民美術出版社），圖版 14。同鑾書主編（1998），《中國歷代景德鎮瓷器明代卷》（北京：中國攝影出版社），頁 222-224。景戎華、帥茨平編（2000），《中國明代瓷器圖錄》（北京：中國商業出版社），頁 88。

者最終將被賜福。筆者認爲這是一句對伊斯蘭教信仰者的鼓
舞與激勵之言。瓷器背面盤壁的回回文字爲重複的兩句讚美
安拉之詞。

一、盤心款識完整出自伊斯蘭教經典《古蘭經》

款識：「الّلهُ يَرْزُقُ مَن يَشَاءُ بِغَيْرِ حِسَابٍ」
轉寫：「Allahu yarzuqu man yashā'u bi-ghayri ḥisābin」
意譯：不通道的人，爲今世的生活所迷惑，他們嘲笑通
道者，復活日，敬畏者將在他們之上；真主將無量地供
給他所意欲者。（下畫線爲本句經文譯文）。[26]
出處：《古蘭經》第2章「黃牛（巴格拉）」（此章共
計286節、40段）的第26段第212節的最後一句話。
第 26 段的標題是戰鬥的必需，說明安拉對以色列的恩
典，接著說明不信者的無知和妄想，然後說明施捨的對
象並責成戰鬥。

　　「拼字圓塊」內的單詞先後位置的擺放是由下往上堆
砌，整體看來，文字的設計與安置正好滿佈圓心，並未留下
多餘的空隙，不過仔細分析，圓心三點到五點鐘位置的空間
裏，充填著多出的定冠詞字母「alif」（「ا」）和「lām」（「ل」），
或許這個「定冠詞」是屬於最後一個名詞「ḥisābin」的，但
是《古蘭經》經文中的此字並未加上「定冠詞」。
　　第一個單詞「Allahu」和第二個單詞「yarzuqu」墊底，
形成一個半圓形，半圓形內由下往上依次填入「man」、
「yashā'u」和「bi-ghayri」，最後是頂端「ḥisābin」。筆者

---

26 「對於那些不信的人，今世的生活看來是美麗動人的，他們嘲笑有信
　　仰的人們。但是敬畏安拉人在復活日是高於他們的。安拉賜給他所喜
　　歡的人無限的上賞。」（下畫綫爲本句經文的譯文）

認爲書家利用最上面兩個單詞上下排列的方式，而使
「bi-ghayri」（「بغَيرِ」）的字母「ghayn」（「غ」）的「音
點」和「ḥisābin」的字母「be」（「ب」）的「音點」共享，
因此「拼字圓塊」內無漏掉或是多出一個「音點」。此外，
「bi-ghayri」的第一個字母「be」（「ب」）的「音點」位於
第一個單詞「Allahu」（「اللّٰه」）的定冠詞「alif」（「ا」）
的左側，而「yashā'u」（「يَشَاءُ」）的第一個字母「ye」（「ي」）
的「音點」則位於單詞「bi-ghayri」的右側。再一次地，定
冠詞「alif」（「ا」）和「lām」（「ل」）的「豎筆劃」仍
是醒目。

二、盤緣款識

　　內環的詞組由七個字組成，分成四塊與上述的台北故宮
「母子雙盤」礬紅的盤緣文字幾乎一樣，於此不再重複。但
是此處多出一個單詞「kamā」（「كما」，意譯是如、像、就
像……一樣、正如……那樣、），它是此句的首字，連接位
於正北方的「qāla Allahu」（「قال الله」）。整個詞組意譯爲
「就像至高至大的安拉說」。此處的詞組的「單詞」豎式、
橫式排列位置與「母子雙盤」中的「有三角飾」瓷盤一致，
是依順時鐘方向放置在正北、正東、正南和正西，但是書寫
的方向、「橫、豎」排列方式不同。若面視瓷器，則正北和
正南方向的單詞是橫式且兩者書寫互爲反向，正東和正西則
是豎式且兩者書寫互爲反向。

三、盤底的盤壁款識

圖 3-2：正德礬紅回回文瓷器「上海盤」盤底。

盤底（圖 3-2）與其它礬紅回回文瓷器的盤底具有相同佈局。位於緣口、圈足內外，以及落款處的四組各爲兩圈的同心圓，將盤底的空間分割爲三個環狀與落款處。落款處與最外圍的環狀分別書寫小經拼音文字的紀年落款，以及阿拉伯文、波斯文的款識，而此處的款識爲重複的兩組文句，共計四句，若以正面觀之，正北、正南是一組阿拉伯文，東西向則爲一組波斯文。

款識（1）：「صدّق الله العظيم」

轉寫：「ṣaddaqa Allahu al-'aẓīmu」（阿拉伯文）

意譯：偉大的安拉證明。

款識（2）：「راست　لغت　خذای　تعالی　بزرک」

轉寫：「rāst-i lughat-i khudhā-i ta'ālā buzurk」（波斯文）

意譯：至高至大真主（音譯「胡達」）的實話。「rāst」（「راست」）意譯爲「直的，右的、正直的、誠實的、正確的、對的、確實的、實話、實情」，第二個單詞「lughat」（「لغت」）的意思是「語言、單詞、詞彙、詞典」。兩字合起來的意譯就是「確實的話、實話、正確的話」。

其實，款識（1）與款識（2）是用兩種不同的語言，表達出相同的概念，第一句爲阿拉伯語的表述，通常的表達方式與場合爲「念畢安拉的話 ——《古蘭經》經文」之後所補充的文句，即「ṣaddaqa Allahu al-'aẓīmu」，意思爲剛剛所講

述的安拉的話是得到「偉大的安拉證明」，意譯爲「偉大的
安拉證實、確認上述的言論」。第二句是波斯語的表述，意
思是「安拉的話是真實的」。此句基本上與另一組的阿拉伯
文文句的意思非常接近，可以視爲用兩種不同的語言 —— 阿
拉伯文與波斯文表述同樣的概念與意義，即用雙語的形式互
述同樣的意思。

　　筆者認爲此舉證明明朝朝廷中的回回人擁有掌握兩種不
同文字的能力，展現出書寫者的雙語背景與能力，以及宗教
的信仰程度。阿拉伯文的表述應該是最原始與根本的，因爲
《古蘭經》是以阿拉伯文書寫，而最先信仰伊斯蘭教者爲阿
拉伯人，因此對於宗教用語的表述最先也是用阿拉伯文。之
後伊斯蘭教東傳入波斯與中亞，當地信仰者則運用當地的語
言 —— 波斯語作出宗教表述，因此才産生相互呼應的阿拉伯
語/波斯語的「宗教用語」。

　　對於「安拉」有兩個表述，一個是阿拉伯文的「Allahu」
（「الله」），另一個則是波斯文的表述「khudhā」（「خذا」），
音譯爲「胡大、胡達」。此外，對於「安拉」的形容詞也有
兩個，一個是阿/波語通用的「ta'ālā」（「تعالى」），意譯
爲「至高無上的」，另一個則是純粹的波斯語「buzurk」
（「بزرک」），意譯爲「偉大的」，兩者的意思類似。「安
拉」之後爲「至高的、偉大的」，運用兩個形容詞的表述可
能是加强語氣之故。至於安拉到底說過什麽話，之後需要盤
背面的阿/波文的「確認」呢，筆者認爲安拉的話應該就是
盤心的「真主將無量地供給他所意欲者」。

第四節　國外拍賣「僞聖訓盤」

　　依據西方佳士得（Christie's）拍賣目錄記載，這款瓷盤（圖 4-1）直徑 19.7 公分，器底雙圈足內有「大明正德年製」六字款的阿拉伯音譯落款。而此件瓷盤就器形、紅彩款識、整體佈局、小經紀年落款，以及款識書法等，就如同其它五件正德朝礬紅回回文瓷盤一樣，確定屬於礬紅盤器系列。

圖 4-1：正德礬紅回回文瓷器「僞聖訓盤」。
典藏處／編號：不明。
器底落款：器底朱書「大明正德年製」小經年款，外加雙紅圈。
尺寸：直徑 19.7。
圖片出處：*Christie's New York-Fine Chinese Ceramics and Works of Art*, Thursday, 21 March, 2002.

　　此件正德朝礬紅回回文瓷盤曾歷經數次現身西方拍賣會。最近的一次是 2002 年三月佳士得拍賣公司的紐約拍賣目錄[27]上第 170 號標的物，標題爲「一件罕見的鐵紅阿拉伯文瓷器」（「*A Rare Iron-Red Arabic Inscribed Dish*」）。並依此得知這件瓷器的收藏過程爲 1974 年蘇富比倫敦拍賣目錄[28]，15 年之後又出現在 1989 年蘇富比香港拍賣目錄。[29]此外，

---

27 *Christie's New York-Fine Chinese Ceramics and Works of Art*, Thursday, 21 March, 2002.

28 Sotheby's, London, 2 December, 1974, lot 289.亦見於 Carswell, John（2000）. *Blue and white-Chinese porcelain around the world*. London: British Museum Press, p.125, fig.139 a,b.（此文並載明出處是 Sotheby's London 2.12.74/287）

曾於 1986 年公開展示。[30]針對這件瓷器的文章目前僅有兩篇，一是 1975 年 P.J. 董奈利（P.J. Donnelly）〈附有阿拉伯文題記的中國瓷器〉（*Chinese Porcelain With Inscriptions in the Arabic Script*），[31]以及 1990 年朱里亞・湯普生（Julia Thompson）〈英國鐵路退休基金收藏品具有題款的中國瓷器〉（*Inscribed Chinese Porcelain From The British Rail Pension Fund Collection*），[32]此為 1989 年英國鐵路退休基金拍賣文物所做的說明文章，而此件礬紅盤為其中之一。

此盤特殊之處在於款識。盤心的款識並非如同其它礬紅盤器一樣地出自《古蘭經》經文，而是一般的「讚美真主」、感謝安拉的「恩典」詞。而瓷盤背面的款識雖然寫著出自穆罕默德的言論集 ── 《聖訓》，但是經筆者檢索，[33]亦未能找出此四句話的出處，因此只能視為假托穆罕默德之言的「偽聖訓」，不過此處的「偽聖訓」為至今所有礬紅盤中唯一的一次穆聖之言。

29 Sotheby's, Hong Kong, 16 May, 1989, lot 23 Collection of the British Rail Pension Fund.

30 On loan at the Dorchester International Ceramics Fair, London, June, 1986. （1986 倫敦多切絲特國際陶瓷展）筆者未見。

31 Donnelly, P.J.（1975）. *Chinese porcelain with Inscriptions in the arabic script*. Cnnoiosseur, 1, pp.7-13.

32 Thompson, Julia（1990）. *Inscribed Chinese Porcelain From The British Rail Pension Fund Collection*. Oriental Art, Spring, pp.4-6.

33 筆者透過網絡搜尋。http://www.ihsanetwork.org.此網站是由英國劍橋大學東方研究之中東、伊斯蘭研究中心的伊斯蘭辭典基金會製作的具有學術性質的「聖訓」網站（The Thesaurus Islamicus Foundation at the Centre of Middle Eastern and Islamic Studies （CMEIS）, Faculty of Oriental Studies, University of Cambridge.）。此外，筆者亦用英文譯文、阿拉伯文於數網站交叉檢索此「聖訓」，然皆無所得。

一、盤心款識

款識：「الحمد لله على كل نعمته」
轉寫：「al-ḥamdu lillahi 'alā kulli ni'matihi」
意譯：感謝安拉所有的恩澤。
出處：經由筆者的搜尋，此句並非完整出自《古蘭經》的章節。

不過經文中具有類似的例子，試舉兩例如下，第一個例子：

經文（1）：「حَمْدُ لِلَّهِ رَبِّ الْعَالَمِينَ」
轉寫：「ḥamdu lillahi rabbi al-'ālamīna」
意譯：一切讚頌，全歸真主，全世界的主。（下劃線的字與盤心內的文字一樣，在《古蘭經》中出現過 26 次）[34]
出處：《古蘭經》第一章「開端，或是開宗明義（法諦哈，或是法諦海）」（此章共計 7 節）的第 2 節的前半段。

第二個例子：
經文（2）：「فَانقَلَبُوا بِنِعْمَةٍ مِّنَ اللَّهِ وَفَضْلٍ لَّمْ يَمْسَسْهُمْ سُوءٌ وَاتَّبَعُوا رِضْوَانَ اللَّهِ وَاللَّهُ ذُو فَضْلٍ عَظِيمٍ」
轉寫：「bi-ni'matin」（此處僅轉寫相關單詞）
意譯：他們帶著安拉的慈愛和恩典回來，不曾受到傷害，因為他們追求安拉的喜悅，安拉是有宏恩的主。（下劃線的字與盤心內的款識一樣，在《古蘭經》中出現過 12 次）
出處：《古蘭經》第 3 章「伊姆蘭家族」（此章共計 200 節、20 段）的第 18 段第 174 節。第 18 段的標題是「敵人一無所獲」，首先敘述前信者對安拉的熱愛和信賴，然後叫信仰者不要畏懼魔鬼，不要不信，安拉不會不顧信仰者，他為了他們選擇他所喜愛的使者穆聖，最後告誡貪戀者和把持安拉的恩賞的人。

---

34 「一切讚頌都屬於安拉 —— 眾世界的主。」（下劃線的字與盤心內的文字一樣，在《古蘭經》中出現過 26 次）

　　盤心圓形開光的「拼字圓塊」內，仍是以由下往上堆砌
的方式，排列出單詞先後位置。整體看來，文字的設計與安
置正好滿佈圓心，並未留下多餘的空隙。第一個單詞和第二
個單詞「讚頌安拉」（「al-ḥamdu lillahi」）墊底，第二層
是一個巧妙的結合，即單詞「所有」（「kulli」、「كل」）
的最後一個字母「lām」（「ل」），位於右側，而介係詞「'alā」
（「على」）的最後兩個字母「lām」（「ل」）和「ye」（「ى」）
連寫並往右側拉長，與上述「kulli」的字母「lām」（「ل」）
兩者連在一起。頂端是單詞「恩典」（「ni'matihi」、「نعمته」），
但是最後兩個字母「te」（「ت」）和「he」（「ه」）則另
外書寫且「te」的兩個「音點」不在原位，而是放置在「ha」
的下面填空。

　　「拼字圓塊」內單詞的定冠詞字母「alif」（「ا」）和
「lām」（「ل」）再一次地被強調與凸顯，尤其是「讚頌安
拉」（「al-ḥamdu lillahi」、「الحمد لله」）的被拉長字母「lām」
（「ل」）；此外，書寫者（或是設計者）有意地將另外三
個不是「定冠詞」的字母也特別地予以誇張竪式「筆觸」：
「讚頌安拉」的最後一個字母「dāl」（「د」）、「恩典」
（「ni'matihi」、「نعمته」）的第一個字母「nūn」（「ن」），
以及將第三個字母「mīm」（「م」）向上拉長，使之看似字
母「alif」（「ا」），而得以凸顯。這樣的結構透露出書寫
者是經過深思熟慮的設計與巧思佈局，意欲在極其有限的空
間內施展文字綫條，並予以變化，其結果是再次展現出書家
對於書法工藝、文字掌握，以及空間規劃的技能。

二、盤緣款識

環形內的詞組由六個字組成，分成四塊分據正東、正西、正南與正北的位置。

款識：「لا يعصى الله الشكران بنعمته」
轉寫：「lā-ya'ṣī Allaha al-shukrāni bi-ni'matihi」
意譯：不違背安拉，感謝他的恩典。
出處：並非出自古《古蘭經》經文，或許是一句常用的宗教表達句。就意義而言，環形內的阿拉伯文似乎呼應「拼字圓塊」內的經文「感謝安拉所有的恩澤」。

「感謝」（「al-shukrānī」、「الشكران」）是竪式，位於正西，接續的單詞「他的恩典」（「bi-ni'matihi」、「بنعمته」）是橫式，位於南方。正北「不違背」（「lā-ya'ṣī」）是橫式，接續的單詞是正東竪式的「Allaha」（「الله」）。如果面視瓷器，正北和正南皆爲橫式、書寫的方向相反，正東和正西則是竪式、兩者書寫亦反向。這樣的排列方式與上海博物院的礬紅回回文瓷器的盤心圓環文字的排列方式是一樣的。

此外，筆者僅在《古蘭經》經文中搜索到關於「不違背」（「lā-ya'ṣī」）此字的唯一出處，列舉於下：

經文：「وَلَا يَعْصِينَكَ فِي مَعْرُوفٍ فَبَايِعْهُنَّ وَاسْتَغْفِرْ لَهُنَّ اللَّهَ إِنَّ اللَّهَ غَفُورٌ رَّحِيمٌ」
轉寫：「wa lā ya'ṣīnaka」（此處僅轉寫相關單詞）
意譯：不違背你的合理的命令，那末，你當與她們誓約，你當爲她們像真主告饒。真主確是至赦的，確是至慈的（下劃綫的字與盤面環內的文字一樣，在《古蘭經》中

僅出現一次）。[35]

出處：《古蘭經》第 60 章「受考驗的婦女（穆姆他哈納，或是慕姆太哈奈）」（此章共計 13 節、2 段）的第 2 段的第 12 節的最後一句話。本段教穆斯林對非穆斯林要保持公平和友善，對於投奔正教的婦女也要秉公處理。

三、盤底的盤壁款識

圖 4-2：正德礬紅回回文瓷器「僞聖訓盤」盤底。

盤壁文字（圖 4-2）共計五句長短均等的短言。起首句始自正北的位置，第二句至第五句短語則順著逆時鐘方向依序平均擺置。首句爲「穆聖言」（穆罕默德，即穆聖的言論）之外，其於對仗的四句短語，其內容類似「座右銘」或是「勸戒之言」，然經多次交叉檢索後確定爲假借穆聖之語。瓷盤款識書寫流暢，字跡清楚易識，字母與音點皆正確。

《聖訓》（「al-Hadith」、「الحديث」）爲穆聖-穆罕默德創教過程中的那些非啓示的言論和穆聖的種種行爲，通過門弟子和再傳弟子的輾轉相傳，後經考證、輯錄而成。穆聖生前即已有人編造「僞聖訓」，其產生原因應爲伊斯蘭教內部政爭、哲學和法學派別之爭、逢迎邀寵，以及強調各家的經訓等導致，僞託者假借「僞聖訓」之名，爲己謀利。

---

35 「和在正事上不違背你，那麼你就接受她們的誓言，並向安拉爲她們求饒恕。安拉是多恕的、至慈的。」（下劃綫的字與盤面環形內的文字一樣，在《古蘭經》中僅出現一次）。

　　穆聖曾說「誰捏造我的講話，給我編謊，那他就自備位置於火獄中了。」《聖訓》的輯錄是經過完整的審核標準，對於各地流傳、個人收藏，以及傳述系統，進行考證、辨偽和澄清，以取得最真實的穆聖言，而公認六大聖訓[36]實錄最具權威。「偽聖訓」數量驚人，罕百里（Hanbal, 780-855，創遜尼派四大教法的罕百里學派）曾收集聖訓數千段，但是無一真實，而布哈里（al-Bukhār□，810-870，《布哈里聖訓集》作者）曾收集六十萬段聖訓，但真實可靠者僅七千段。不過，許多格言、諺語、倫理標準、希臘、印度，以及波斯哲學，都是借用「偽聖訓」的方式得以流傳、影響世人。[37]拍賣的「偽聖訓盤」的內容或爲其中之一。

款識：「قال رسول لله　صلى الله عليه وسلم」
轉寫：「qāla rasūlu lillahi ṣallā Allahu 'alayhi wa sallama」
意譯：安拉的使者穆罕默德（阿拉爲其祝禱與賜平安）說。
出處：此爲穆民常用的一句話。

款識（1）：「راحت　الجسم فى قلت الطعام」
轉寫：「rāḥatu al-jismi fī qillati al-ṭa'āmi」
意譯：身體的解脫在於少量的食物。

36　遜尼派的六大聖訓集：布哈里聖訓集（Sahih Bukhari）、穆斯林·本·哈加吉聖訓集（Sahih Muslim）、伊本·馬哲聖訓集（Sunan Ibn Majah）、艾卜·達伍德聖訓集（Sunan Abi Da'ud）、提爾米基聖訓集（Sunan al-Tirmidhi）、奈薩儀聖訓集（Sunan al-Nasa'i）。六人各編纂了六大《聖訓集》，見埃及·艾哈邁德·愛敏著、納忠審校（2001），《阿拉伯-伊斯蘭文化史》第三冊（上海：商務印書館），頁105。
37　金宜久主編（1997），《伊斯蘭教》（北京：宗教文化出版社），頁72-75。鄭勉之主編、安士偉審訂（1993），《伊斯蘭教簡明辭典》（江蘇：江蘇古籍出版社），「聖訓學」條，頁259。埃及·艾哈邁德·愛敏著、納忠譯（2001），《阿拉伯-伊斯蘭文化史》第一冊「黎明時刻」，頁225-238。

說明：此處的「qillati」是名詞。字尾開口的「te」（「ت」）的寫法應爲中世紀波斯人書寫慣例。今日阿拉伯文寫成閉口的「te」（「ة」）。

出處：不明。

款識（2）：「راحت اللسان فى قلت الكلام」

轉寫：「rāḥatu al-lisāni fī qillati al-kalāmi」

意譯：舌頭的解脫在於少量的言語。

出處：不明。

款識（3）：「راحت القلب فى قلت الاهمام」

轉寫：「rāḥatu al-qalbi fī qillati al-'ahmāmi」

意譯：心靈的解脫在於少量的煩憂。

說明：「'ahmāmi」（原文爲「الاهمام」）應爲動詞「hamma」（「همّ」）的名詞，或是動詞第四式「'ahamma」（「اهمّ」）的動名詞。兩個動詞意譯皆爲「使苦惱、使不安、使憂慮、使擔心、使煩擾」。

出處：不明。

款識（4）：「راحت الروح فى قلت الاثام」

轉寫：「rāḥatu al-rūḥi fī qillati al-'athāmi」

意譯：精神的解脫在於少量罪過。

說明：「al-'athāmi」爲「'ithm」的複數，意譯爲「罪、罪惡、罪過」。

出處：不明。

第五節　「特殊落款 A 盤-北京故宮盤」

圖 5-1：正德礬紅回回文瓷器-「特殊落款 A 盤-北
京故宮盤」。
典藏處／編號：北京故宮博物院。
器底落款：器底朱書特殊落款，外加雙紅圈。
尺寸：未明。
圖片出處：李毅華(1996)，〈兩件正德朝阿拉伯文
波斯文瓷器 —— 兼談伊斯蘭文化影響〉，《文史知
識》編輯部、國務院宗教事務局宗教研究中心合
編，《中國伊斯蘭文化》（北京：中華書局），頁
132-137。

　　北京故宮博物院典藏的唯一一件礬紅回回文瓷器（圖
5-1）鮮爲人知，筆者所見的圖片刊布是李毅華（1996），《兩
件正德朝阿拉伯文波斯文瓷器 —— 兼談伊斯蘭文化影響》載
《文史知識》編輯部、國務院宗教事務局宗教研究中心合編
的《中國伊斯蘭文化》（北京：中華書局），頁 132-137。[38]
這件礬紅回回文瓷盤與其它五款盤器具有相同的白瓷爲底、

---

38 此瓷器曾發表於下列圖書：李毅華（1984），〈兩件正德朝阿拉伯文
　　波斯文瓷器-兼談伊斯蘭文化的影響〉，《故宮博物院院刊》，3，頁
　　49-51。李毅華（1996），〈兩件正德朝阿拉伯文波斯文瓷器 —— 兼談
　　伊斯蘭文化影響〉，《文史知識》編輯部、國務院宗教事務局宗教研
　　究中心合編，《中國伊斯蘭文化》（北京：中華書局），頁 132-137。

紅色同心圓、紅彩書寫的回回文款識，毫無疑問是屬於同一種類的礬紅系列。然而此盤最特殊之處在於盤心款識的擺置方式，以及器底的落款款識。

盤器正面還是以三組各為兩圈的同心圓將盤面空間區隔為兩塊環狀外圍與中心的圓形開光。開光內文字的排列方式與其它五款的「拼字圓塊」不同，而是呈現回回文正常的「行列式」的書寫方式；而內環在正東、正南、正西與正北的方向書寫著四組不同的詞組，內容與故宮「母子雙盤」以及「上海盤」完全相同；外環為空白，未書寫任何文字。

盤心的款識完整出自《古蘭經》第 17 章第 29 節最後兩句話，意譯為「也不要把手完全伸開，以免你變成悔恨的受責備者。」若將此句經文與其前後經文對照的話，即可得知前後經文是在論述有關於「不要揮霍財富《17：26》」、「浪費金錢是魔鬼的弟兄《17：27》」，以及「真主清楚的知道並且能够掌控信仰者的生計《17：30》」，因此北京瓷盤的第 17 章第 29 節（《17：29》）經文的目的是勸戒穆民勿亂花費，以免遭惡果。然而經文的訓誡內容是否與當時朝廷回回人的生活態度有所關聯，或者這樣的勸誡是針對「大明皇帝」（見後「特殊落款 A-北京故宮盤」的落款）。瓷器背面盤壁三句經文款識完整出自《古蘭經》《99：7、8》與《55：60》，其訴求與「行善與回賜報應」有關。

北京礬紅回回文瓷盤是目前所知所有正德朝礬紅回回文瓷器中，書寫《古蘭經》經文最多者，此外，盤器背面的紀年落款也與眾不同，是一件極其罕見的中國伊斯蘭文物。整體的書法流暢、書跡清晰，類似於其它礬紅器，應為同一書

家所爲。

一、盤心款識完整出自伊斯蘭教經典《古蘭經》

款識：「وَلَا تَبْسُطْهَا كُلَّ الْبَسْطِ فَتَقْعُدَ مَلُوما مَّحْسُورا」

轉寫：「wa lā tabsuṭhā kulla al-basṭi fa-taq'uda malūmān
maḥsūrān」

意譯：（你不要把自己的手束在脖子上－此句未寫在瓷器
上），也不要把手完全伸開，以免你變成悔恨的受責備
者。[39]

出處：《古蘭經》第 17 章「夜行（伊斯拉）」（此章共
計 111 節、12 段）的第 3 段第 29 節的三句話中的後兩
句，第一句爲「你不要把自己的手束在脖子上」。第 3
段的標題是道德箴言可免罪惡（上），敘述穆斯林必須
遵從的道德箴言。

圓心開光內的詞組結構分成三層，屬「行列式」書寫方
式。單詞的順序與文句的意思是由右至左、由上層依序往第
三層。第一行回回文是「不要把手完全伸開」（「wa lā tabsuṭhā
kulla」、「وَلَا تَبْسُطْهَا كُلَّ」），中間的一行是「al-basṭi fa-taq'uda
malūmān」（「الْبَسْطِ فَتَقْعُدَ مَلُوما」），結尾的第三行僅有一個
單詞「被引起悲痛」（「maḥsūrān」、「مَّحْسُورا」），句尾
再加上一個表示結尾的心型小符號。第一行的最後一個單詞
「所有、全部」（「kulla」、「كل」）並未標記上重音符號
「shadda」（「ّ」）。第二行的第二個單詞「fa-taq'uda」的
字母「te」（「ت」）未見標記兩個「音點」，或者作者是想

---

39 「（是不要把你的手綁在你的脖子上（吝嗇）──此句略去未寫），
也不要把它伸展到它的極點（盡情花費），以免你被指責（浪費了你
的財富）和窘困。」

將字母「te」與連接的字母「qāf」（「ق」）共享「音點」。不過書家倒是清楚地標示出「malūmān」（「مَلُوما」）與「maḥsūrān」（「مَّحْسُورا」）的結尾音符（「ّ」），此舉意味著書家能夠明確地掌握文法結構（即未加上定冠詞的受格符號），或者他正確地抄錄備於旁側的《古蘭經》原文。

相較於其它五件盤心「拼字圓塊」內的書體裝飾特色而言，此款的書家並未將盤心詞組作出單詞之間特殊的結構變化，也未對「定冠詞」的兩個字母「alif」與「lām」做出強調、誇張的筆觸，因此整體視覺效果為中規中矩的書寫形式。

二、盤緣款識

盤面的盤緣文字是一句詞組，與《母子盤》、《上海盤》完全相同，原文為「至高尊崇的安拉說」（「qāla Allahu subḥānuhu tubārakun wa-ta'ālā」、「قال الله سبحانه تبارك وتعالى」），是由四組詞組組成，各自分據四方，其順序應為正北「安拉說」（「qāla Allahu」）、正南「他的讚美」（「subḥānuhu」）、正東「被祝福的」（「tubārakun」）以及結尾正西「和至高的」（「wa-ta'ālā」）。如果面視瓷器，則正北和正南方向的單詞是豎式且兩者書寫的方向相同，都朝南向；正東和正西則是橫式且方向相同，都朝西向。

綜觀內環詞組具有相同文句的四件回回文瓷器 —— 即《母子盤》、《上海盤》以及「特殊落款 A 盤 —— 北京故宮盤」，彼此之間最大的不同在於單詞順序的排列，以及「豎式」、「橫式」的組合變換，因此產生互不相同的四種組合。或許這是出自隨意的書寫，或許出自不同書家（設計者）的

設計，或許這是一種引導觀者在觀看文句時，而產生的一種
視覺移動，因此也可算是設計者除了對於圓心開光處心積慮
的變化之外，另外針對內環文字詞組所做出的可能變動。

三、盤底的盤壁款識

　　北京故宮礬紅回回文瓷器的盤底也具有與其它礬紅盤器
相同的佈局。位於緣口、圈足內外，以及落款處的四組各為
兩圈的同心圓，將盤底的空間分割為三個環狀與落款處。落
款處與外環分別書寫波斯文、小經拼音文字紀年落款和阿拉
伯文款識，後者具有約略等長的四組文句，若以正面觀之，
起首的句子處於正北的位置，之後以逆時鐘的方向依序且間
隔平均地擺置，經筆者查核其內容為完整出自《古蘭經》的
三組連續經文。

款識（1）：「كما قال الله سبحانه تبارك وتعالى」
轉寫：「kamā qāla Allahu subḥānuhu tubārakun wa taʿālā」
意譯：就像至高尊崇的安拉所說的那樣。

款識（2）：「فَمَن يَعْمَلْ مِثْقَالَ ذَرَّةٍ خَيْراً يَرَه」
轉寫：「fa-man yaʿmalu mithqāla dharratin khayrān yaraha」
意譯：行一個小螞蟻重的善事者，將見其善報。[40]

原文（3）：「وَ مَن يَعْمَلْ مِثْقَالَ ذَرَّةٍ شَرّاً يَرَه」
轉寫：「wa-man yaʿmalu mithqāla dharratin sharrān yaraha」
意譯：作一個小螞蟻重的惡事者，將見其惡報。[41]
出處：以上兩句話出自《古蘭經》第 99 章「地震（漬洛

40　「誰曾經做過最細微的善事，那時他會看見它。」
41　「誰做過最細微的壞事，他也會看見它。」

渣洛，或齊勒薩里、此章共計 8 節）」的第 7、8 節。本
章章名的意義是劇烈的搖動、震動或是地震。本章是預
言有一天，大地動搖，熔岩噴發，每個人的善惡都會被
宣布出來。旨在勸勉世人及時爲善。

款識（4）：「هَلْ جَزَاءُ الْإِحْسَانِ إِلَّا الْإِحْسَانُ」
轉寫：「hal jazā'u al-'iḥsāni 'illā al-'iḥsānu」
意譯：行善者，只受善報。[42]
出處：《古蘭經》第 55 章「仁主（埃拉哈・曼，或安賴
哈曼、此章共計 78 節、3 段）」的第 3 段第 60 節。第 3
段的標題是正直者的回賜，敘述正直者（包括人類和精
靈），由於畏懼面對安拉的審判，時時戒慎，而終於獲
得兩個樂園的回賜。

　　上述款識（2）的最後一個單詞「他看見它」（「yaraha」、
「يَرَهُ」）的第一個字母「ye」（「ي」）漏掉兩個「音點」。
款識（4）的第三個單詞「善行」（「al-'iḥsāni」、「الْإِحْسَان」）
加上了定冠詞的兩個字母「alif」（ا）「lām」，但是《古
蘭經》原文中的此字並未具有定冠詞。而單詞「善行」重複
出現兩次，其字尾「nūn」（「ن」）的寫法特殊，極似字母
「re」（「ر」），以至於難以辨識。

第六節　「拍賣大、小雙罐」

　　筆者目前搜尋到的兩件傳爲正德朝礬紅回回文瓷器系列
的罐器，都是來自拍賣目錄與網站，故未知最終典藏處。此

42　「回賜給善人的除了美好的之外，還有什麼？」

外，兩罐皆無紀年落款，年代未定，傳爲正德朝。第一件礬
紅回回文罐器是來自2003年9月佳士得拍賣公司的紐約拍賣
目錄第 290 號標的物，此爲目前唯一見到的書面刊布（圖
6-1、6-2）。[43]第二件礬紅回回文罐器爲英國 Christopher

圖 6-1/6-2：礬紅回回文瓷器「拍賣大罐」。
典藏處/編號： 不明。
器底落款：無紀年落款，年代未定，傳爲正德朝。
尺寸：高 27.6。
圖片出處：佳士得(Christie's)拍賣公司/*Catalogue of
Christie's New York-Fine Chinese Ceramics and
Works of Art*, Thursday, 18 September, 2003.

Knapton and Nader Rasti 拍賣公司刊布於網路上的「2005 年
倫敦亞洲藝術展的介紹」，亦爲目前見到的唯一出處（圖 7-1、
7-2）。[44]這兩件礬紅回回文罐器爲白底礬紅彩，但是皆未附
有「回回文」（小經、阿拉伯文或是波斯文）或是漢文的器
底紀年落款，[45]然究以色彩、器表回回文款識、開光的處理

---

43 此瓷器曾發表於下列圖書：*Catalogue of Christie's New York-Fine
　Chinese Ceramics and Works of Art*, Thursday, 18 September, 2003.
44 此瓷器曾發表於下列網站：www.knaptonandrasti.com/woa/woaintro.php.此
　外，筆者於馬來西亞伊斯蘭藝術博物館網頁中搜尋到一件礬紅回回文
　罐器，由器型外觀與器表花紋審視之，疑爲礬紅回回文小罐，於此所
　得到的另一個款識，意譯爲「憤怒、激怒、狂怒、暴怒」，轉寫爲
　「al-ghayyaẓ」。（筆者曾去電郵詢問，但未得答覆。）
45 筆者曾以電郵詢問佳士得公司此罐有無落款，答案是「無落款」。又 K
　& R 公司的網頁上並未確實表明此罐器具有正德朝的落款，僅僅說明
　是正德朝瓷器。因此筆者判斷這兩款礬紅回回文罐皆無紀年落款。

等整體風格分析，應屬正德朝礬紅回回文瓷器系列。

圖 7-1：礬紅回回文瓷器「拍賣小罐」。
典藏處／編號：不明。
器底落款：無紀年落款，年代未定，傳爲
正德朝
尺寸：高 19.3。
圖片出處／參考訊息：英國 Christopher
Knapton and Nader Rasti 拍賣公司網站
www.knaptonandrasti.com/woa/woaintro.php

圖 7-2：疑爲礬紅回回文瓷器「拍賣小
罐」。
典藏處／編號：馬來西亞伊斯蘭藝術博物
館（Islamic Arts Museum Malaysia）。
器底落款：不明。
尺寸：不明。
圖片出處／參考訊息：馬來西亞伊斯蘭藝

一、罐壁款識

罐器外觀是白底上面施以鐵紅爲彩，器身具有四個開
光，外圍形狀爲菱形，內框正方形，其內爲回回文，而方形

與菱形之間填以如意雲紋。開光之外的器身滿飾花葉纏枝卷紋，罐器底部一圈花瓣垂片，頸部為水紋，肩部是雲紋、葉紋相間。這兩件礬紅罐器外觀幾乎一致，尤其是器表的整體佈局、紋飾與開光形狀，唯一的差別在於佳士得礬紅罐器高27.6公分，而 Christopher Knapton and Nader Rasti 公司僅為19.3公分，且另在器身中間明顯地呈現出瓷器胎體粘合的一圈凸綾條。

　　這兩件精緻的礬紅罐器的器型應具有實用功能性，可盛水、花，或是置物等，而與其它六件礬紅陳設盤器不同。此外，款識的呈現非常簡單、明確，開光內僅為單詞或是一個簡單的詞組，顯然又與其它六件以經文、句子形態的表達方式也不同。目前無法獲得兩件罐器共計八個開光內的所有款識，僅得知三個開光款識，但是筆者在比較兩件器物款識的英文翻譯之後，認為此兩件罐器的款識應該是極為類似或者相同。

　　佳士得的款識是「啊！安拉，保護以防惡者，啊!安拉。獎賞……和皇室的」（英譯原文為「Oh God! Protect [against] the evildoers. O God! Reward... and the imperial!」）。[46]筆者認為開光中的「al-'ashrār」（「الاشرار」）就是文中的「惡者」，而另一個開光具有兩個單詞，第一個字只有一個字母「wāw」（「و」），意譯為「而且、和」，第二個單詞是「humāyūn」（「همايون」），意為「帝王的、國王的、幸福的、吉慶的」。

　　Christopher Knapton and Nader Rasti 公司的礬紅罐器僅

---

46 筆者疑此兩罐器的回回文款識的英文譯文可能誤譯，然須得到所有款識後，始可確認。

刊布一個單詞，即「al-'ashrār」（「الاشرار」），與佳士得刊布的款識相同。英譯原文爲「O God! Protect Hui Ma Yun（from）the anger of the wicked.」，筆者譯成漢文爲「啊!真主，保護 Hui Ma Yun 免於惡者的忿怒」。由上述英譯文推測，此處的「Hui Ma Yun」可能是某某人名或是頭銜、某個東西之類，但是筆者認爲此處的「Hui Ma Yun」的發音應該與佳士得「拍賣大罐」礬紅罐器開光之一的款識「humāyūn」的發音相同，故兩個單詞應爲同一個字，意譯應爲上述的「帝王的、國王的、幸福的、吉慶的」。由上述得知，這兩件罐器各自的兩個單詞「humāyūn」皆相同，因此判斷這兩件罐器的器表款識應該是一模一樣的。

　　佳士得罐器上的單詞「wa humāyūn」與台北故宮礬紅瓷盤「薩迪盤」的盤心圓形開光內的最後兩個單詞是一模一樣，且書跡幾乎相同。此外，目前所見到的這兩件罐器的唯一相同款識「al-'ashrār」，就其書寫墨跡而言，兩者的筆觸幾乎是一樣的，而此單詞「al-'ashrār」也同時出現在正德朝青花回回文瓷器中的一件小罐（左圖）的開光內，[47]而且書寫的筆跡也是頗類似，意即單詞「al-'ashrār」共計重複出現過三次（即礬紅罐器兩

標題：大明正德青花回回文小罐。
典藏處／編號：台北故宮博物院。
器底落款：藍彩書大明正德年製。
尺寸：高 11.3、深 10.4、口徑 6.3、足徑 6.9。
圖片出處：國立故宮博物院編（1977），《故宮明瓷圖錄-成化窯弘治窯正德窯》，頁 280-281，圖 87。

---

47 國立故宮博物院編（1977），《故宮明瓷圖錄-成化窯弘治窯正德窯》，頁 280-281，圖 87。

件、青花一件），且其書寫筆法幾近相同，推測書家可能為同一人。除此之外，就連這兩款礬紅/青花罐器的開光裝飾手法也如出一轍。總之，這三件不同尺寸的瓷器的器型都是罐器，而且開光造型、裝飾也幾乎相同（礬紅罐器的雲紋比青花罐器的雲紋多出兩撇）。此外，Christopher Knapton and Nader Rasti 的礬紅罐器器身中間明顯呈現胎體粘合的一圈凸綾條，而青花罐器也是如此，可見在瓷器胎土的原料與製作工序的過程應該是相同的，所以才會產生同樣具有凸綾條的胎體，亦即繪製青花鈷料與書寫紅彩的白瓷胎體是一樣的。

單詞「al-'ashrār」是阿拉伯文，波斯文兼用，意思是「凶惡、罪惡、惡人」，在《古蘭經》中僅出現一次，舉例如下：

> 經文：「وَقَالُوا مَا لَنَا لَا نَرَى رِجَالًا كُنَّا نَعُدُّهُم مِّنَ الْأَشْرَارِ」
> 轉寫：「al-'ashrāri」（此處僅轉寫相關者）
> 意譯：他們將說：「有許多人，從前我們認為他們是<u>惡人</u>，現在怎麼不見他們呢？」（下畫綾為本句經文、譯文）。[48]
> 出處：《古蘭經》第38章「刷德，或是薩德」（此章共計88節、5段）的第4段第62節的最後一個字。第4段的標題是艾悠伯（喬布），敘述艾悠伯（喬布）、伊斯馬義（以實馬利）、阿勒雅薩阿（伊萊沙）、祖爾祈福都是正人，正人都住在天國中，而惡人却受到地獄之火的煎熬。

回回文瓷器的開光形狀主要有三種，圓形、正方形、菱形，以及此三個種類的搭配。上述三件罐器的開光外是菱形，內為正方行，兩者之空隙填入如意雲紋，青花回回文瓷器多

---

48 他們將會說：「這是怎麼回事呀？」我們曾經把他們視為<u>邪惡的</u>那些人怎麼都不見了呀？（下畫綾為本句經文的譯文）

所類似這樣的開光組合。[49]另外，由此三件回回文罐器器表的整體佈局、設計、開光形狀、書體，以及款識的內容（祈福、警句等）呈現出一致的風格，可以說明礬紅、青花回回文瓷器具有共同的瓷器製作與書家的來源。或許正德朝回回文瓷器備有回回文詞庫、花葉、圖案裝飾庫與各種形狀的開光庫等，依照需求而搭配尺寸、器型、套件等使用。

---

49 例如 Prince Sadruddin Aga Khan 典藏的中國正德朝青花回回文盤的四個開光，出自 Welch, Anthony（1979）. *Calligraphy in the Arts of the Muslim World*. Austin:University of Texas Press, pp.200-201.

第七章　器底落款研究

　　目前筆者所得傳世礬紅回回文瓷器完整者共計八件，計有台北故宮三件盤器 ——「薩迪盤」、「母子雙盤」、上海博物館一件盤器 ——「上海盤」、國外拍賣的一件盤器 ——「僞聖訓盤」、北京故宮一件盤器 ——「特殊落款 A-北京故宮盤」與兩件罐器 ——「拍賣大罐」與「拍賣小罐」，以及一件器底殘片。經分析得知上述瓷器的器底落款共計有三種類型，第一種無款，兩件礬紅回回文罐器未見任何文字的落款；第二種是非漢文的小經落款，共計五件盤器與一件殘片；第三種非漢文的域外文字的特殊年款 —— 波斯文、小經書寫的落款，僅有北京故宮的礬紅回回文瓷器的落款與眾不同。

第一節　非漢文的「大明正德年製」小經年款

　　目前共計六件非漢文的小經落款，其中五件是完整盤器的落款，一件器底殘片（圖 8）[1]，皆書寫完全一致的款識，

1　圖片出處：莫千里編（2004），《中國歷代陶瓷款識》上冊（杭州：浙江大學出版社），頁 111。但是編者誤以爲是「明弘治外文款」。

漢語譯文為「大明正德年製」。依據陶瓷學者的研究，正德
瓷器的落款具有四字款楷體的「正德年製」與六字款楷體的
「大明正德年製」；而排列形式有直、橫兩種，如四字、六
字雙排，四字、六字一行橫寫。[2]而這六件小經拼音文字的落
款皆為「大明正德年製」六字款，佈局與書寫單詞完全一致。
漢文「大明正德年製」音譯落款的小經文字書寫成兩行，第
一行具有三個小經拼音單詞（由右至左），漢譯為「大明正」
（「day mīnk jink」、「دی مینک جنک」），第二行也具有
三個小經拼音單詞（由右至左），漢譯為「德年製」（「day
nayk jī」、「دی نیک جی」）。小經皆書以紅色綫條，未見筆
墨滯積，然僅台北故宮「薩迪盤」略見斑剝，不知是燒造時
已是如此，還是時間長久磨損導致。

圖8：明正德朝礬紅回回文瓷器殘片。
典藏處／編號：不明。
器底落款：器底朱書「大明正德年製」小經
年款，外加雙紅圈。
尺寸：不明。
圖片出處：莫千里編（2004），《中國歷代
陶瓷款識》上冊（杭州：浙江大學出版社），
頁111。

　　器底「大明正德年製」紀年落款的前面五個單詞「大明
正德年」都是名詞，是用阿拉伯文、波斯文字母拼寫出其漢

---

2 孫彥、張健、萬金麗（1999），《中國歷代陶瓷題記》（北京：北京圖
書館出版社），頁139。

語讀音──即以「小經文字」拼寫,而此種情況在元代已經出現,本不足怪。但是最後一個單詞「製」則是動詞,對於阿拉伯文或是波斯文兩種文字而言,則有眾多的單詞正確地符合此意並可選用,例如波斯文的「kardan」(「كردن」),或是阿拉伯文的「'amala」(「عمل」)等,但是此回回人却將「製」用回回字音譯為「jī」(「جى」),並未選用既有的回回文單詞(動詞)取代此漢字「製」。

運用波斯文字母/阿拉伯文字母拼音而寫成的正德礬紅瓷器的落款,這是否說明書家未加思索地直接照錄,即直接將漢文正德朝落款的款識「大明正德年製」音譯成域外文字;或者所有正德官窯瓷器的落款都必須採用相同於漢文的表述,即「大明正德年製」或是「正德年製」,因此回回文瓷器因襲官款既有的漢文書寫規則;或者落款處是回回書家不能任意書寫或是更動之處,或者這個回回書家根本無法理解漢語,所以只能依據落款的漢語發音而拼寫音譯成「製」(jī)。筆者傾向於落款處的年款書寫有其規定,再者,回回書家不諳漢語,故僅能依循既有的規定為之。

這六件小經書體的筆觸相當近似,形體與空間佈置亦無大差別,或可為同一書家所為,然而細觀書體細部的轉折仍具些微差別,可辨識出三種不同的書體風格。首先「大明正德年製」的「年」拼寫為「nayk」,具有兩種寫法,「母子盤器」、「上海盤」、「僞聖訓盤」與「器底殘片」的落款相同,即「nayk」的「ye」字母重複書寫一次底座,但此底座缺音點。第二種書體風格僅有一例,就是「薩迪盤」的「年」字,雖無多出的字母「ye」的一個底座,但是音點脫落,因

此原本應爲「نیک」，却寫成了「ذدک」。第三種書體風格爲「大明」的「明」字的拼音有兩款，「母子雙盤」、「特殊落款 A-北京故宮盤」皆是「mīnk」（「مینک」），而「上海盤」、「薩迪盤」、「僞聖訓盤」，以及殘片，則將原本的長元音「ī」更改爲短元音「i」，爲「mik」（「منک」）。

目前發現的所有正德礬紅回回文盤器通體皆是書跡流暢的回回文（無任何花卉紋飾），除去「特殊落款 A-北京故宮盤」之外，器表回回文全部做出盤結纏繞「拼字圓塊」造型，至於回回文詞句也全爲伊斯蘭教《古蘭經》經文與宗教思維，因此正德朝礬紅回回文瓷器顯示出完全的「域外風格」，幾乎沒有任何「漢化」（「中國式」）的跡象。故筆者認爲礬紅瓷器的書家可能不理解漢語，應屬第一代的回回族群，因此也才直接照錄紀年落款「大明正德年製」，而未改成波斯文/阿拉伯文的表述。

第二節 「特殊落款 A-北京故宮盤」的落款

北京礬紅回回文瓷盤的落款是所有此類器皿中最特殊者（圖 5-2）。除了使用拼音字母「小經」之外，另有共計上下三橫行的波斯文表述。第一行漢譯爲「大明汗」，「大明」如同其它礬紅盤器的落款一樣爲小經拼音，而「汗」是非漢人對於明朝漢皇帝的稱呼，傳統以來爲蒙古族對於統治者的稱號，後爲中亞族群所沿用，並以此稱呼明朝皇帝。此句波

斯原文表述爲「دى مینک خان」，轉寫爲「day mīnk khān」。

第二行波斯原文表述爲「یعنی شاه مسلیمان」，轉寫爲「ya'nī shāh-i muslīmān」，漢譯爲「意即穆斯林的國王」。第一個單詞「ya'nī」意譯爲「換句話說、也就是、（插入句）表示…的意思，以及作…解釋」，第二個單詞「shāh」，據會同館本《回回館譯語》「人物門」序號 1364，意譯爲「君、儍諕」，第三個單詞「muslīmān」，據《四夷館雜字》「地理門」第 89 詞，漢音譯爲「母蘇里馬恩」，旁譯「回回」，即穆斯林。

第三行由於波斯文書寫得並非清礎且留有空間，故疑有三種解釋。第一種原文可以是「عمارت کره」，轉寫爲「'imārat-i kure」，漢譯爲「球體之宅」。第一個單詞「'imārat」，意譯爲「建築物、大樓、樓房、宮殿、繁榮」（單數），阿拉伯文與波斯文通用。而第二單詞至少有兩種解釋。一爲「kure」，意譯爲「球、球體、地球儀、天體」（單數）。但是此單詞的最後一個字母「he」（「ه」）的字形類似字母「dāl」（「د」）的寫法，因此這個詞尾的字母若爲後者，則就爲單詞「kard」（「کرد」），意譯有二，一是做名詞的「庫爾德人、耕種的土地、行動與行爲，或是水池」，二是做動詞「幹，做」（「کردن」）的現在詞幹，若與前一個單詞合併，意譯爲「建造（樓房）、修理（樓房）、開發」，轉寫爲「'imārat kard」（「عمارت کرد」）。

至此比較符合邏輯與波斯語法者的推測有二，一是「球體之

圖 5-2：正德礬紅回回文瓷器－「特殊落款 A 盤－北京故宮盤」盤底。

宅」，二是「建造房子」，而整體落款意譯爲「大明汗即穆斯林之王，球體之宅」，另一個漢文譯文則爲「大明汗即穆斯林之王，他建了樓」，後者或者相關於「**武宗即位，踰月，即建皇莊七，其後增至三百餘處。**」[3]於此筆者認爲李毅華所書《兩件正德朝阿拉伯文波斯文瓷器-兼談伊斯蘭文化影響》（前述）所言落款爲「迪麥尼可汗即阿曼蘇來曼沙」的翻譯應予更正。

筆者檢視到北京礬紅瓷盤盤底的第三行波斯文落款在距離框邊處尙留有空間，疑書家可能並未塡滿第三行整行的空間，或許還留有單詞未能盡書，或者曾經書寫的單詞剝落掉了，然上述的想法仍需經證實。於此筆者提出一個假設，即第三行空餘的空間內，或許原本書寫的單詞就是波斯文「zamīn」（「زمين」），意譯爲「土地、田地、地球、國土、領土、國家」，或者是「’arḍ」（「ارض」），意譯爲「陸地、土地、國家」，而此兩字分別與前一個單詞「kure」（「كره」，意譯爲「球、球體、地球儀、天體」），構成一個複合字，意譯爲「地球」。故可能「特殊落款 A-北京故宮盤」落款的第三行波斯文完整句子的表述或許是「‘imārat-i kure zamīn」或是「‘imārat-i kure ’arḍ」，漢譯爲「地球之宅」。而這句表述正好與上一句漢譯爲「穆斯林之王」（轉寫爲「ya‘nī shāh-i muslīmān」）成對等、平衡的兩個句子。筆者認爲無論「特殊落款 A-北京故宮盤」盤底落款處的第三行句尾空間是否漏掉字、剝落字或是原本即是如此，第三行的波斯文「球體之

---

3 清・張廷玉，《明史・志第五十三・食貨一・鴻臚寺》，頁 511。「三百」疑爲「三十」。

宅」仍可引申爲「地球之宅」。

第三節　伊斯蘭世界的稱號傳統

　　在中國伊斯蘭教歷史與文獻中絕少出現類似於「大明汗即穆斯林之王，球體之宅」的非漢文或是漢文的文字表述。事實上，上述「稱號」的表述是伊斯蘭世界的一種傳統，僅出現在伊斯蘭教統治的國度與文化中。「稱號」是一種榮譽，須與被授予者的特質相符合，而被授予者的尊嚴與知名度將隨之提高。例如國王的稱號可以是「王中之王」（意譯）；軍事武將則多爲「帝國的軍刀」（意譯）、「帝國的保護者」（意譯）或是「帝國之劍」（意譯）；民事高官、法官、宗教家或是學者與伊斯蘭、信仰、宗教法相關，所以他們的稱號多爲「信仰的榮譽」（意譯）、「法令之劍」（意譯）等；民事總督、官員或是收稅員的稱號多爲「王國之柱」（意譯）、「王國的榮譽」（意譯）、「王國的太陽」（意譯）等。[4]

　　例如成書於 1069-1070 年的喀拉汗國的《福樂智慧》[5]的作者就是巴拉薩袞人玉素甫，他以稱號「哈斯·哈吉甫」著名，意爲「御前侍臣」、塞爾柱朝（1071-1243）著名宰相，

---

4 波斯·尼扎姆·莫爾克著、藍琪與許序雅譯（2002），《治國策》（昆明：雲南人民出版社），頁 161-170。此處僅書寫波斯文或是阿拉伯文稱號的意譯，未書寫原文與轉寫。

5 巴拉薩袞·玉素甫·哈斯·哈吉甫（1986），《福樂智慧》（北京：民族出版社）。

撰寫《治國策》（*Siyasat-nama, Siyar al-muluk*）[6]的尼扎姆‧穆爾克（Nizam al-Muluk），此稱號的意思是「王國的準繩」，他的全名爲阿布‧阿里‧哈桑‧尼扎姆‧穆爾克、艾育比（1171-1252）的大馬士革統治者伊斯馬儀‧賓‧阿布‧巴卡爾（Ismail bin Abu Bakr）的頭銜爲「世界與宗教之柱」（Imad al-Dunya wa al-Din）、波斯伊利汗國（1256-1353）蒙古後裔統治者合贊汗全盤信仰伊斯蘭教之後，取得的波斯頭銜爲「伊斯蘭國王」（pādshāh-i Islam, Great King of Islam）、印度莫臥爾王朝（1526-1858）著名的財政大臣米爾咱‧幾亞斯‧伯克（Mirza Ghiyath Beg）的頭銜爲「帝國棟樑」（I'timad ad-Dawlah, Pillar of the State）。

筆者在漢地伊斯蘭教文物中找到的唯一一件類似文物，就是清代咸同（1851-1874）年間雲南杜文秀具有漢文與阿拉伯文合璧的金質長方形「都督之篆」印章，[7]右側小篆文字是「總統兵馬大元帥」，左側阿拉伯文是「قائد جمع المسلمين」，轉寫爲「qā'idu jum'i al-muslimīna」，漢譯是「所有（眾）穆斯林的領袖」。此句阿拉伯文並非小篆漢文印章章款「總統兵馬大元帥」的意譯或是音譯，而是另一種專屬於伊斯蘭式的表達語句，於此應與杜文秀回回人的背景密切相關。另外，新疆十一世紀上半葉（1032 年之前）的玉素甫阿爾斯蘭汗錢幣，正面款識是伊斯蘭教的清真言「Lailah Illa Allah Muhammad Rasul Allah」，漢譯爲「萬物非主唯有真主，穆

---

6 本文僅針對《薦福圖》與瓷器相關的回回文做出轉寫之外，文中域外文字皆使用通用翻譯法或是錄自出處。
7 黃桂樞（2001），〈瀾滄徵集清代杜文秀大理政權壬戌「都督之篆」印史實考辨〉，《思茅師範高等專科學校學報》，1，頁 17-21。

罕默德是安拉的使者」，背面款識爲阿拉伯文「Al Malik Al Dunya Allah Yusuf Arslan Khan」，漢譯爲「伊斯蘭世界之王玉素甫阿爾斯蘭汗」[8]（或「安拉世界之王玉素甫阿爾斯蘭汗」）。此外，清真言直到 1866 年（回曆 1283）還印在新疆錢幣上。[9]上述例子都是發生在中國境內象徵統治權的印章與錢幣上面的稱號、清真言，而其時代背景皆爲伊斯蘭教統治有關。

「特殊落款 A-北京故宮盤」礬紅瓷器的非漢文落款款識確實書寫著「大明汗即穆斯林之王，球體之宅」（漢譯），如此直接、有力、明白彰顯出一個穆斯林統治者的頭銜，且直指大明汗「就是」、「換句話說」爲「穆斯林之王，球體之宅」，再加上礬紅瓷盤系列確屬正德朝瓷器，那麼落款處的文字表述是否確實地表達出，並且真實記錄著在1506-1521年之間某個時空的正德皇帝的狀態，或可引申爲正德皇帝信仰的歸屬問題，或是正德朝中的回回人對於武宗的認定，就像是「稱號」必須符合被稱呼者的特質一樣。而此處的「穆斯林」是否指向中國境內宮廷與民間的穆斯林，而中國皇帝就是這群「穆斯林」的國王。若如真如此，那麼是否十六世

---

8 新疆錢幣圖冊編輯委員會編（1991），《新疆錢幣》（新疆：新疆美術攝影出版社、香港文化教育出版社），頁 195。第 87 款說明爲：玉素甫阿爾斯蘭汗錢幣，直徑 25 毫米，重 5 克。邊沿是雙周綫圈，有銘文但磨損不能識讀。打製年代是十一世紀上半葉，即 1032 之前。阿爾斯蘭汗意爲獅子王。正面銘文「Lailah Illa Allah Muhammad Rasul Allah」，漢譯爲「除了安拉別無他神，穆罕默德是安拉的使者」。背面銘文爲「Al Malik Al Dunya Allah Yusuf Arslan Khan」，漢譯爲「伊斯蘭世界之王玉素甫阿爾斯蘭汗」。

9 新疆錢幣圖冊編輯委員會編（1991），《新疆錢幣》，頁 202。第 265 款說明爲：「和闐哈比不拉小天罡」，回曆 1283（1866），和闐製造。

紀阿里・阿克巴爾撰寫的《中國紀行》[10]關於「在汗八里城的郊區，中國皇帝建造了一座清真寺，主要作爲他自己祈禱之地。每年在對犯人處决斬首前，他都來到這座清真寺。在這裏沒有什麼神像。在朝麥加方向的牆上刻有可蘭經和真主的名字，有回文和中文的解釋」、「從皇帝的某些行爲看，他已轉變成信奉伊斯蘭教了，然而由於害怕喪失權力，他不能對此公開宣布。這是因爲他的國家風俗和法規所决定的」，以及「既然皇帝都信奉伊斯蘭教，中國的老百姓就必須轉向伊斯蘭教，因爲他們對皇帝特別崇敬，聽從他所說的一切」之類的描述多少屬實了。

　　若以伊斯蘭君王的角度觀之，明武宗朱厚照頗似印度的伊斯蘭莫臥爾帝國（Mughal Empire）的阿克巴爾帝（Akbar，1542-1605），後者曾醉心研究並崇信佛教、婆羅門教、印度教與伊斯蘭教。[11]明末王岱輿（約 1580-1660）所著《正教真詮》曾收錄武宗對於宗教的好奇與評述，曾曰「儒者之學雖可以開物成物，而不足以窮神知化。佛老之學，似類窮神知化，而不能覆命歸真。蓋諸教之道，皆各執一偏，惟清真認主之教，深原於正理，此所以垂教萬世，與天壤久也。」且御製詩云「一教玄玄諸教迷，其中奧妙少人知。佛是人修人是佛，不尊真主却尊誰？」。[12]此外，伊斯蘭學者薛文波先

---

10 波斯・阿里・阿克巴爾（1988），《中國紀行》，頁 41、頁 45、頁 120。
　文中所提「Kintai Khan」之對音可能爲「景泰汗」或是「正德汗」，
　然學者保羅卡萊（Paul Kahle）以及小田壽典等人，傾向於「Kintai Khan」
　爲「正德汗」的對音。頁 47、頁 202、頁 269、頁 287、頁 288。
11 Gibb H.A.R. & Kramers J.H.（Eds.）（1960）.*The Encyclopaedia of Islam*
　（New Edition., Vol. I）. Leiden: Brill, pp 316-317.
12 明・王岱輿著、余振貴點校，《正教真詮、清真大學、希真正答》（銀

生曾言正德「佛經梵語，無不通曉，習韃靼語，自名忽必烈，習回回語，自名妙吉敖爛（即「Mejid Allah」，意譯爲「安拉的榮耀」），習番僧語，自名領班丹」，[13]然而終究「武宗乃一好奇之皇帝耳，雖都研究，而都未必信仰。彼於回教，不過稀奇之表情而已，當無熱烈之情緒，即彼於漢人宗教信仰之佛、道二教，恐彼亦未必掉以輕心也。」[14]

第四節　正德礬紅瓷器的多種「紅彩」落款格式

　　一般而言，中國官窯瓷器是在永樂（1403-1424）朝以後才開始在瓷器器表或是器底書寫本朝帝王年號款。[15]正德朝（1506-1521）官窯瓷器以四字漢字「正德年製」楷書或是六字漢字「大明正德年製」楷書爲主，其中四字紀年款居多。[16]正德朝礬紅瓷器的紅彩紀年落款目前所得共計有四種，漢字「正德年製」四字款與漢字「大明正德年製」六字款，以及如前所述的兩種，即正德礬紅回回文瓷器的紅彩回回文拼讀

　　川：寧夏人民出版社，1996），頁 12，出自《正德十四十月十二日沔國公八世孫北京後軍都督府臣陳大策述梓》。

13 薛文波（1985），〈明代與回民的關係〉，《中國伊斯蘭教史參考資料》選編（1911-1949）上冊（銀川：寧夏人民出版社），頁 222。出自《清真先正言行略陳大策傳》。

14 薛文波（1985），〈明代與回民的關係〉，《中國伊斯蘭教史參考資料》選編（1911-1949）上冊，頁 223。

15 明朝瓷器的落款處尙有非漢文的藏文、八思巴文。

16 耿寶昌（1989），《明清瓷器鑑定》，頁 162。

漢字六字款的「大明正德年製」，以及「特殊落款 A-北京故宮盤」礬紅瓷器的非漢文紅彩落款「大明汗即穆斯林之王，球體之宅」（漢譯）。

　　除去上述漢文、非漢文器底的帝王年號的紀年落款之外，明朝官窯瓷器的紅彩落款卻有著其他特殊的表述名稱。例如紅款「上用」、「食房」、「外膳房」、「典膳所」、「大茶房」、「辛丑上用」（嘉靖二十年，1541）、「辛亥大茶房」（嘉靖三十年，1551）等字樣，然此類器物多出於弘治、正德、嘉靖時期。[17]經仔細查核，絕大多數的器底紅彩落款幾乎與「飲食」相關，那麼正德礬紅回回文瓷器的款識是否與其它正德朝漢文紅彩款識具有關聯性，尤其是明中期五彩龍紋盤的器底紅彩楷書「上用」（圖 9）與明綠地紅彩龍紋碗器底紅彩楷書「食房」（圖 10）[18]的款識？

　　由於回回文是穆斯林的母語，用於書寫於上述論及的回回文瓷器是合乎邏輯，那麼用紅彩書寫的「上用」、「食房」是否連帶地與礬紅回回文瓷器有關，進而究其「食房」、「上用」[19]款識，是否相關於穆斯林飲食的特殊要求、限制的「清真餐」，[20]因而作出與「漢食」的區隔。事實上，域外史料

17　耿寶昌（1989），《明清瓷器鑒定》，頁 89、117。頁 176 曾述「1930-1945年的仿品之一爲在弘治白釉盤碗上加繪紅彩靈芝、龍紋及四魚紋飾，並用紅彩於底部書‘上用’二字款」。

18　Wilson, Ming（1988）. *Rare Marks on Chinese Ceramics*. London:The Percival David Foundation of Chinese Art and the Victoria and Albert Museum. p.23. 中文書名爲劉明倩著（1988），《英國大維德美術館暨維多利亞博物館藏堂名款瓷器》（英國：大維德基金會），頁 22-23。

19　童依華（1984），《中國歷代陶瓷款識彙集》（台北：大業公司），頁 60、頁 129「上用」(圖檔 25D)。

20　依據《古蘭經》、聖訓與伊斯蘭教教法，規定穆斯林的飲食「禁食之

圖 9：傳明成化／弘治間五彩龍紋盤與局部。
典藏處／編號：英國大衛德基金會。
器底落款：紅彩書寫「上用」款識。
尺寸：高 3.5、口徑 15。
圖片出處：Wilson, Ming. *Rare Marks on Chinese Ceramics*, The Percival David Foundation of Chinese Art and the Victoria and Albert Museum, London, 1998. p.23。中文書名為劉明倩著 (1988)，《英國大維德美術館暨維多利亞博物館藏堂名款瓷器》（英國：大維德基金會），頁 25。

圖 10：明，十五世紀中葉，綠地紅彩龍紋碗與器底款識局部。
典藏處／編號：英國大衛德基金會。
器底落款：紅彩書寫「食房」款識。
尺寸：高 8、口徑 22.3。
圖片出處：Wilson, Ming. *Rare Marks on Chinese Ceramics*, The Percival David Foundation of Chinese Art and the Victoria and Albert Museum, London, 1998. p.23。中文書名為劉明倩著 (1988)，《英國大維德美術館暨維多利亞博物館藏堂名款瓷器》（英國：大維德基金會），頁 23。

曾述及宮中穆斯林飲食要求的相關狀況。例如阿里・阿克巴爾在《中國紀行》所描述的「當外國使節來到大殿時，他們被引進餐廳就席。餐廳裏分設穆斯林席與非穆斯林席，由不

物含白死物、血、豬肉及頌非安拉之名而宰的牲畜。」出自鄭勉之主編、安士偉審訂（1993），《伊斯蘭教簡明辭典》，頁 23，「艾圖阿姆哈拉木目」（「禁食之物」）條。

同厨房供應」，[21]以及火者‧蓋耶速丁‧納哈息（Ghiyath al-Din Naqqāsh）在《沙哈魯遣使中國記》中描述，因爲「豬肉和羊肉混在一起」，所以穆斯林沒有食用。[22]那麼紅彩書寫「上用」、「食房」的宮中皇室器具是否用來分辨不同食客的餐飲與器具要求，甚至包括明朝皇室或是帝王的飲膳要求。

　　另外，由上述礬紅工藝相關技術與工序而言，筆者疑慮這六件礬紅回回文盤器 —— 器身全無漢文、回回文字書寫熟練且內容完全相關於宗教信仰與勸誡之類、傳世少的官窯作品，且幾乎全爲清宮舊藏的背景 —— 或許是運用宮中既有的已燒製好的白瓷來加添書寫紅彩，之後立即可在宮內備置的小爐火燒製，可用於臨時所需，並可於短時間內得到成品，不需往返景德鎮高溫燒窯（例如回回文青花瓷器），又書寫者（回回人）不必遠至景德鎮。再者，或許可以隨時因故刮掉器表釉上紅彩文字，[23]或可避免彰顯或是可以隱瞞等顧慮，當然，這一假設值得商榷，然而無論如何，未得到帝王的允許與贊助則是絕對無法燒製的。

21　波斯‧阿里‧阿克巴爾著、張至善編（1988），《中國紀行》，頁 95。
22　波斯‧火者‧蓋耶速丁‧納哈息、何濟高譯（2002），《海屯行紀、鄂多立克東遊錄、沙哈魯遣使中國記》，頁 139。
23　兩件礬紅罐器的器底未具落款。由於此器爲釉上紅彩，故落款有可能是被抹去的，然此爲推測，需更多資料證明。

第五節　礬紅回回文瓷器小結

一、外觀特色

　　正德朝礬紅回回文瓷器是瓷器界具有獨特性的孤品。至今中外陶瓷界、伊斯蘭學界尚未對於明朝正德年款之礬紅回回文瓷器的器型、款識、釉彩等做出系統性的研究與出版專論。這些礬紅瓷器僅見於藏品、展覽與拍賣的目錄（含網絡），其中對於瓷盤、罐器的尺寸與外觀描述居多，偶見錯誤的回回文款識譯文。然而，這些少量且散置各處的記錄是筆者研究與論述，並從中受益頗多的基礎材料。

　　目前筆者所得傳世正德礬紅回回文瓷器共計八件完整瓷器 —— 六件瓷盤、兩件罐器與一件殘片，量少而製作精良且僅具兩款器型 —— 盤器與罐器，它們是台北故宮的「薩迪盤」、「母子雙盤」、上海博物館的「上海盤」、國外拍賣的「偽聖訓盤」、北京故宮的「特殊落款 A-北京故宮盤」與兩件罐器「拍賣大罐」與「拍賣小罐」，以及一件器底殘片。盤器屬於同一種風格，直徑介於 16-21 公分之間，通體白瓷，僅見紅彩款識與紅彩同心圓，無任何裝飾圖案。盤器正面以三組各為兩圈的同心圓，將盤面空間區隔為兩塊環狀與盤器中心的圓形開光，除去「特殊落款 A-北京故宮盤」的行列式書寫之外，其他五款的盤心開光「拼字圓塊」內是滿佈糾結纏繞的回回文，此為目前中國首次出現的回回字美術造型結

構。所有紅彩回回文的書體綫條流暢、筆法精純、提頓轉折與收筆之間穩快不亂，應該是完全能够掌握並熟悉回回文字者所爲。其中以「薩迪盤」最具複雜性與裝飾性，而「母子雙盤」最是強調字母「alif」（「ﺍ」）與「lām」（「ﻝ」）的「竪筆劃」書法特色。內圈環狀的文字坐落在「拼字圓塊」正東、正西、正南與正北的四個方位。外圈環狀爲空白，未書任何文字。

　　盤器背面的盤底也是以四組（位於盤緣口、圈足內外、中心落款處）[24]各爲兩圈的同心圓，將盤底空間區隔爲三塊環狀與器底落款處。落款處皆有非漢文的款識，而外圍環狀也書寫款識。兩件罐器器底傳爲無款，器表爲白底紅彩款識、開光與通體的花卉裝飾圖案。

　　此外，「薩迪盤」盤面的五個單詞組成的詞組出現兩次，分別是在圓形開光與內圈環狀，此種款識的重複書寫的方式是首次見於明正德礬紅回回文瓷器，而此盤心的「拼字圓塊」則是最複雜的設計。「母子雙盤」是目前礬紅器中的「一式兩款」的製作，於此可以推測出礬紅回回文瓷器極有可能設計成具有「一式多款」，甚至是眾多瓷器搭配而組成的「套器」。[25]「特殊落款 A-北京故宮盤」的盤心款識則是以「行列式」的書寫方式取代「拼字圓塊」。

---

24 「薩迪盤」無圈足外的雙圈同心圓。
25 江西省輕工業廳陶瓷研究編（1959），《景德鎮陶瓷史稿》（北京：三聯書局），頁 98、165。筆者認爲回回文瓷器的套件燒造或是一式兩款的背景應該是當時明朝御窯廠燒造時，常以「桌器」燒造，例如一桌「共二十七件，包括酒碟五件、果碟五件、菜碟五件、碗五件、蓋碟三件、茶盅、酒盤、渣鬥、醋注各一件」。

二、款識內容

正德朝礬紅回回文瓷器的盤面與盤底款識的風格也是一致的，白底紅彩款識，全無漢文且完全以回回文字（廣義指波斯文、阿拉伯文、小經文字）爲主，此爲器表唯一裝飾。此外，礬紅回回文瓷器至今尙未發現漢字紀年落款，而回回文紀年落款的「大明正德年製」（漢譯）是與明朝帝王正德款具有關聯之外，整體礬紅瓷器直觀上完全看不出中國瓷器的風格，倒是「域外」風格異常明顯。

對於款識內容而言，每件瓷盤各具特色。「薩迪盤」款識是波斯的兩句短語（重複書寫在盤心與盤緣）、薩迪詩句，完全展現出波斯式的思維。「母子雙盤」的款識出自《古蘭經》「47 章 38 節」、「23 章 118 節」的各一句話，以及「感恩詞」。「上海盤」的款識出自《古蘭經》「2 章 212 節」的最後一句話，以及阿拉伯文和波斯文互相對應的「感恩詞」。「僞聖訓盤」的款識是「感恩詞」與「僞聖訓」四句短語，類似警句或是座右銘。「特殊落款 A-北京故宮盤」的款識全部出自《古蘭經》，爲「17 章 29 節」三句話中的最後兩句話，以及「99 章 7 節」、「99 章 8 節」與「55 章 60 節」。

綜觀上述礬紅瓷盤的款識雖多出自《古蘭經》經文，具有強烈的宗教本質，但是並非針對伊斯蘭教基礎且重要的神學思想，例如「認主學」（即「認一論」、凱倆目學）的「信主獨一」的一神思想，或是信仰總綱（即「六信」）命題的

辯證，如人的起源與命定或是安拉與世界等，[26]以及信仰基礎的闡釋，如安拉的本體、德行、行爲等。[27]此外，礬紅瓷盤的款識更非針對伊斯蘭教「宗教實踐」的義務要求，例如五功（唸、禮、齋、課、朝），[28]或是相關的功修與習俗，例如飲食、婚姻、買賣等世俗問題，更不是「教法學」（「Fiqh」）的法理觀點。[29]

　　礬紅瓷器器表的回回文亦見不到今日普遍於中國穆斯林的「清真言」、「作證詞」等，或是類似青花回回文瓷器「淨禮器」執壺鼓勵做淨禮的款識「你（你們）來！你來作淨禮！」。[30]筆者認爲礬紅瓷盤上的款識大致與伊斯蘭教宗教體系中的「道德教化論」與「恩典」兩大議題密切相關。

　　當時這位明正德朝具有官方背景的礬紅瓷器持有人或是使用者，是如何體認這些與道德相關的「經文」、「箴言」，或是「感恩詞」，而又是在什麼樣的背景之下，摘引並選擇這些《古蘭經》經文詞句而記錄在瓷器上面。事實上，我們無法以明末至今已漸漢化（或是以儒詮經）的經學家（例如

26 安士偉審訂、鄭勉之主編（1993），《伊斯蘭教簡明辭典》，「認主學」條，頁 236。
27 阿拉伯・安薩里、張維真譯（2001），《聖學復蘇精義》（上海：商務印書館），頁 42-55。
28 安士偉審訂、鄭勉之主編（1993），《伊斯蘭教簡明辭典》，「五功」條，頁 299。
29 亞欽・阿布杜阿齊茲、哈吉・伊布拉欣譯（2005）：《伊斯蘭教法原理》（出版訊息未明），頁 7。金宜久主編（1997），《伊斯蘭教》（北京：宗教文化出版社），頁 123-126。
30 正德朝青花回回文「淨禮器」執壺，見 Howard, David and Ayers, John（1978）.*China For the West：Chinese Porcelain and Other Decorative Arts for Export Illustrated From the Mottabedeh Collection.* Sotheby Parke by Bernet Publications. London and New York. Vol.1, p.48.

劉智、王岱輿等人）的論述來詮釋（或是回溯）十六世紀初
這位回回書家的伊斯蘭教思想與體認。此外，由回回文字的
落款得知，此題款書寫人可能漢化色彩較淡，他或許是第一
代（或第二代）入華者或是入仕明廷者，而他所擁有的伊斯
蘭教思維極有可能是十六世紀初亞洲腹地的伊斯蘭教思維，
[31]即非已經漢化的伊斯蘭思想，也非用漢文、用儒家思想詮
經的中國本土伊斯蘭思想。

　　伊斯蘭教理論集大成者且具有「伊斯蘭教權威」稱號的
安薩里（1058-1111）在代表作《聖學復甦精義》中所詮釋的
「恩典」，就是安拉在《古蘭經》中將感恩與記主相提並論，
因此安拉說：「你們當紀念我，我就紀念你們；你們當感謝
我，不要辜負我」《2：152》、「如果你們感恩而且歸信，
安拉何必懲罰你們呢?」《4：147》、「我將報酬感謝的人」
《3：145》，以及「一個真正能領悟安拉在萬物中隱藏的哲
理的人，才真正知道如何感恩」等。[32]筆者認為應該就是這
樣深刻的宗教信念導引數世紀以來的穆斯林信眾隨時感恩，
包括正德朝礬紅回回文瓷盤的書家將「感恩詞」、「讚頌詞」
的表述記錄在所觸及的器物上。

　　礬紅瓷盤的「母子雙盤」、「上海盤」、「偽聖訓盤」
以及「特殊落款 A-北京故宮盤」的款識完全符合《古蘭經》
經文中對於行善、濟貧等[33]「道德論與教化論」的勸說與誘
導，以及安薩里在《聖學復甦精義》中對於「待人處事的禮

---

31 正德礬紅回回文瓷器器表回回文款識與十五-十六世紀的中亞伊斯蘭思
　　想與教義的可能關聯性待考。
32 阿拉伯·安薩里著、張維真譯（2001），《聖學復甦精義》，頁 662-676。
33 金宜久主編（1997），《伊斯蘭教》，頁 57-58。

節」、「勸善戒惡」的循循善誘的論述。[34]而這些款識正好呼應「薩迪盤」的詩句，而薩迪本身即為「道德倫理家」，其言必與勸諭相關。故攀紅盤的回回文款識不是家常諺語、格言，而是相關於伊斯蘭教宗教的道德教誨。

正德朝攀紅回回文瓷器的款識中完全沒有漢字，而其回回文所傳遞的宗教信念的思維全為伊斯蘭式的，並非漢人哲理或是孔孟教化，這樣的「非漢化」的表述在中國瓷器回回文字中，甚至是中國伊斯蘭教宗教、文化中也是相當罕見。是帝王的允諾還是贊助，或是在特殊的背景場合之下，一個明廷回回人竟然可以用美好的書法寫下對於伊斯蘭教教義深刻體悟的《古蘭經》經文，展現其虔誠的信仰。

三、功能性

攀紅回回文瓷器具備實用功能或僅為陳設展現，難以斷定。由於缺乏史料，陶瓷學者從未確認元、明大量進入伊斯蘭國家的中國瓷器的確實用途與功能。然而可以在祖籍伊朗的阿里·瑪札海里的《絲綢之路，中國 —— 波斯文化交流史》書中，窺見中國瓷器在中亞穆斯林地區的實際功能，以及所被喜愛的瓷器顏色。「綠色是呼羅珊的國色，……，於 816 年左右（阿拔斯王朝 750-1258）成了伊斯蘭教的顏色。藍色長期以來僅由蘇菲派獨占，自十三世紀中葉以來，最後仍作為出自蒙古人的貴族之顏色」，[35]以及「波斯和波斯血統民

---

34 阿拉伯·安薩里著、張維真譯（2001），《聖學復甦精義》，頁 298-302、370-372。
35 法國·阿里·瑪札海里、耿升譯（1996），《絲綢之路，中國-波斯文化交流史》，頁 329-330。

族的王家顏色（藍色）」。[36]於此揭開中國青花藍彩瓷器在中亞備受喜愛之因，原來是與當地波斯、王族，以及蘇菲相關聯。[37]

又據阿里・瑪札海里[38]所言「在十五世紀時，明代的……，首先是韃靼人的天藍色（穆斯林的藍色）瓷器；緊接著是鈷藍色瓷器，再裝飾點綴以波斯文字或帖木兒朝風格的《古蘭經》文字，我們現在還可以在什葉派聖地的「聖器」搜集品中，或者是在伊朗、伊斯坦堡、莫斯科和倫敦的那些藏有大量遺骸的博物館中發現這一切。今天在波斯和屬於伊朗文化的地區，殯葬儀軌還要求向全部富有市民中的死者奉獻盛在來自清代中國的蘋果綠色餐具中的祭食模擬物。這就是古老的明代餐具的代用品，它們從前（十五世紀）用於盛蘇菲派信徒們聚餐的食物」。由此得知中國瓷器在中亞穆斯林地區的兩個傳統實用功能，一是與葬禮相關，一是與蘇菲聚餐儀式相關。此外，阿里・瑪札海里還在書中做出結論，即「在他們的瓷器中使用波斯和波斯血統民族的王家顏色（藍色）與宗教顏色（綠色），以及具有波斯文款識和幾節《古蘭經》文字的事實，足可以說明中國經絲綢之路與波斯進行

36 法國・阿里・瑪札海里、耿昇譯（1996），《絲綢之路，中國-波斯文化交流史》，頁 262。

37 關於綠色，筆者疑正德朝的綠色瓷器與來自中亞且入仕於明廷的回回人的品味和習俗有關，故於此朝燒造。「孔雀綠釉的燒製，突破了宋代三彩中孔雀綠色彩深暗的原始狀態。其色調如孔雀羽毛般鮮艷青翠，此品種已被奉為正德時期彩釉的典型。……。如（北京）故宮博物院所藏正德孔雀綠釉青花四魚盤，即為稀世之作。」引自耿寶昌（1989），《明清瓷器鑒定》，頁 104。

38 法國・阿里・瑪札海里、耿昇譯（1996），《絲綢之路，中國-波斯文化交流史》，頁 7。

明瓷交易的重要性。」

　　於此可以確認上述所描述的瓷器幾乎就是明官窯中器表具有回回文的瓷器，尤其是青花藍彩瓷器。那麼這些故土爲中亞的明廷回回人，是否繼續在中國境內的明廷中實踐他們對於瓷器的喜好與傳統，即使用回回文瓷器於伊斯蘭教蘇菲、祭祀儀式？如果正德青花回回文瓷器的鈷藍原本就是受到中亞與中國宮廷穆斯林的喜愛，那麼足以和青花回回文瓷器區隔的「礬紅」瓷器 —— 紅彩回回文款識與紀年落款的選擇又是爲何？此外，正德瓷器除去礬紅瓷器之外，還有眾多瓷器品種可以選擇，又爲何從未見著此些瓷器具有回回文的款識與落款？再者，礬紅回回文瓷器選用釉上彩，是因爲釉下紅彩（氧化銅）難以燒製成功，所以以釉上紅彩（氧化鐵）替代，這會是在經濟考慮之下而選取釉上紅彩，而非其它釉上彩，例如金彩；還是紅色對於明廷穆斯林而言是一種重要的祭祀顏色等諸問題，尚需更多的漢、伊材料證明。

四、在伊斯蘭藝術體系中的定位

　　毫無疑問，正德礬紅回回文瓷器是明朝回回文瓷器，甚至整個中國回回文瓷器、中國伊斯蘭藝術體系中的翹楚，除去瓷器本身的價值，其款識內容飽富深度伊斯蘭本質特性、書法精純與形美、藝術性佈局手法，以及展現出精緻但却質樸的美感，超越任何回回文瓷器。

圖 11：十世紀白底黑彩庫法體阿拉伯文盤。
典藏處／編號：The St. Louis Art Museum.
器底落款：無。
尺寸：高 6.7、直徑 37.2。
圖片出處：Welch, Anthony（1979）*Calligraphy in the Arts of the Muslim World.* Austin: University of Texas Press, pp.58-59.

　　事實上，明正德朝礬紅回回文瓷器在整個伊斯蘭藝術陶器體系中亦是頂尖拔萃。筆者認爲唯一能與中國回回文礬紅瓷器相比擬者，唯有伊斯蘭世界「薩曼王朝」（Samanids，九世紀末至十一世紀）極爲特殊的伊斯蘭阿拉伯文陶盤（圖11）。[39]來自呼羅珊地區西部的尼沙普爾（Nishapur），以及中亞撒馬爾干（Samarqand）與布哈拉（Bukhara）的陶盤，器表僅以黑彩阿拉伯文庫法（Kufi）字體書寫於白底陶器之上，多爲尋常警句，少見《古蘭經》經文，亦少見其它圖案裝飾；盤器頗大，直徑 27-45 公分左右，[40]應爲陳設器。學者認爲此陶盤強調書法是因爲薩曼王朝尊重知識與學者，而書法爲此時學者最佳成就所在處，故此盤器書法在伊斯蘭陶

39 Welch, Anthony（1979）. *Calligraphy in the Arts of the Muslim World.* Austin:University of Texas Press, pp.58-59.
40 Schimmel, Annemaries（1992）. *Islamic Calligraphy*, New York:The Metropolitan Museum of Art. photo 14. Shen fu, Lowry, Glenn D. and Yunemura, Ann（1986）. *From Concept to Context-Approaches Asian and Islamic Calligraphy.* Washington, D.C.: Freer Gallery of Art, p.106, photo 10.

器史上無出其右。[41]

　　屬於中國伊斯蘭教藝術的正德礬紅回回文瓷器，似乎承接呼應上述五百年前伊斯蘭本土的黑彩款識陶器，說明回回人的品味一脈相承，然而礬紅回回文瓷盤更見伊斯蘭教信仰與教義的優越與深化。

第六節　結　語

　　十五世紀的《薦福圖》宗教畫卷是明成祖邀約西藏佛僧哈立麻於永樂五年（1407）在京城所舉行的一場宗教齋事法會的文圖紀實。文中所使用的波斯文共計二十二篇、一千八百多字，這是用穆斯林的母語波斯文譯寫出有關於皇家佛事儀禮的題記，應可視爲十五世紀寫於中國境內詞藻豐富、字數最多、書寫清晰、較易辨識，以及最完整的波斯文文獻。

　　如前所述回回文於元朝是指波斯文，之後回回人穆斯林所使用的波斯文、阿拉伯文，以及用波斯文與阿拉伯文的字母拼讀漢語的拼音文字承此稱呼，而它們全部都出現在《薦福圖》回回文所翻譯的題記與礬紅瓷器的回回文款識中。《薦福圖》回回文應是取穆斯林回回人作爲通譯角色的長才，運用所熟知母語波斯文作爲國際交際語的功能性爲主，他應爲第一代入華爲仕的回回人，不諳漢語，而所書寫的回回文作

41 Pope, Arthur Upham （1981）. *The Ceramic Arts and Calligraphy and Epigraphy -A Survey of Persian Art-From Prehistoric Times to Present Time*. New York: Maxwell Aley Literary Associates, vol. IV,. pp.1751-1752.

品並不是從伊斯蘭故土帶入中國境內的伊斯蘭教相關經書等，而是中國境內的回回人用母語波斯語翻譯與伊斯蘭教毫無關係的藏傳佛教宗教法會文書，就其使用語言詞彙的豐富性與表述而言，可謂完全屬於創作層次，目前尚無任何官方或是民間的波斯文文獻可與之比擬。

十六世紀的礬紅回回文瓷器不僅是中國瓷器界罕見的瓷器類別，亦是漢地伊斯蘭文物體系中甚少為人知曉的稀世珍品，兼具藝術與宗教的價值。這批與中國伊斯蘭教相關且具有官方性質的礬紅回回文瓷器為明廷正德朝（1506-1521）官窯瓷器，量少質精之外，最特殊之處在於它通體的款識，包括器表與器底的紀年落款全是回回文（雖然青花回回文瓷器的器表亦若是，但是紀年落款卻全是漢文）。

這些非漢文的回回文款識書寫著相關於《古蘭經》、穆罕默德的《聖訓》語錄、波斯-伊斯蘭文學巨匠薩迪的詩句、讚美真主的頌詞，以及對於真主的感恩語之外，還有位於器底紀年落款對於大明朝正德皇帝的「稱譽」頭銜，全部屬於伊斯蘭宗教的信仰思維或是文化體現。這些回回文款識的內容與流暢的書體令人驚訝，因為它們透露出明廷回回人的宗教思維與觀點，或為第一代（第二代）入仕明廷且完全不熟稔漢語的回回人所為。這些絕少受到任何漢化思維的影響，或可視為伊斯蘭教進入中國漢化前的可能原貌之一。

毫無疑問地，正德朝礬紅回回文瓷器完全歸屬於穆斯林的文化。然而這些非漢文的款識既少見於中國伊斯蘭教宗教文獻與記載，更不是明末漸忘祖輩語言、「以儒詮經」且已用漢文譯著的伊斯蘭教宗教學者，或是自清以來的中國穆斯

林群眾所能夠體認的 回回文款識可以說是十六世紀穆斯林，使用母語波斯文、阿拉伯文，或在主觀選擇之下，表露出所認知的伊斯蘭教與生活感言。這樣直接、個人的宗教體悟與情懷，在中國伊斯蘭教相關文獻中極其罕見，亦相當珍貴。這些礬紅回回文款識至少已勾勒出十六世紀或是早期中國穆斯林宗教信仰的模糊影像。

　　如前所述永樂朝《薦福圖》手抄本與正德朝礬紅回回文瓷器共通之處就是回回文，但是書寫者的背景與運用的性質有異。這兩項文物是明朝初年回回人入朝為仕的證據，足以代表十五-十六世紀中國境內所展現的回回文的最高成就，以及回回人在伊斯蘭教宗教與文化上的活動軌跡。此外，就以明朝伊斯蘭歷史的發展與研究概況而言，甚少見到與筆者所撰《薦福圖》回回文題記與礬紅瓷器回回文款識相關者，於此，這兩項回回文的初步研究，正可填補十五-十六世紀明朝初期回回歷史發展模糊不清的缺憾：《薦福圖》宗教畫卷中的回回文題記代表明朝回回人母語波斯文的最高成就，而瓷器回回文款識闡釋伊斯蘭教教義與穆斯林文化，兩者可以算是進入中國漢地的穆斯林未受漢化影響之下，最具伊斯蘭本質「原始風貌」的創作與抒發，1521 年正德朝結束之後，未見任何遺緒。

附錄一

術 語 表[1]

1. 《古蘭經》-伊斯蘭教根本經典，阿拉伯文音譯爲
「al-Qur'ān」，意爲「誦讀」、「讀物」。漢文舊
譯爲「可蘭經」、「古爾阿尼」、「寶命真經」等，
爲穆罕默德 610-632 年接受安拉陸續頒降啓示之彙
集，被穆斯林視爲安拉的語言，尊爲「天經」。穆
罕默德逝世，「啓示」中止，因此被認爲是安拉降
示給人類的最後一部經典。共計 30 卷、114 章、6236
節。

2. 耶札非-波斯語的特殊語法。即修飾語在被修飾語之
後，「耶札非」（轉寫符號「-i」）加在被修飾語字
尾。

3. 恩典（「ni'mat」、「نعمت」）-「恩典」與「感謝
他（即安拉）的恩典」爲穆斯林常言之語，亦多次
出現於明正德朝回回文瓷器盤心開光內或是器表。
穆斯林對於「恩典」的宗教信念來自《古蘭經》與
宗教學者的詮釋。例如安拉說，「你們當紀念我，

---

1 伊斯蘭相關術語多出自鄭勉之主編、安士偉審定（1993），《伊斯蘭教
簡明辭典》(江蘇：江蘇古籍出版社)。此處不做個別術語出處說明。術
語表與參考書目順序按首字筆劃遞增排列。

我就紀念你們；你們當感謝我，不要辜負我」《2，152》、「如果你們感恩而且歸信，安拉何必懲罰你們呢？」《4，147》、「我將報酬感謝的人」《3，145》。

4. 清真言-為穆斯林常念誦之語「萬物非主，唯有真主（清真言上半句）；穆罕默德，真主的使者（清真言下半句）」。亦為回回文陶瓷常見之款識。今多書寫於香爐器表。

5. 款識-陶瓷器器表文字。而官窯瓷器之帝王紀年（年號）題記通常位於器底足內居中。

6. 開光-在陶瓷器表施以各種形狀的框邊，內繪花卉、圖案或是書寫款識。

7. 楚普寺（藏文音譯 mtshur-phu-dgon-pa，眾多譯寫法：楚布寺、楚浦寺、礎卜寺、楚爾普寺、粗樸寺、粗浦寺）位於西藏拉薩市西北約六十公里的堆龍德慶縣古榮區的楚布溝，原是唐代建江浦神殿。為藏傳佛教噶瑪噶舉派開派祖師噶瑪巴一世杜松欽巴於南宋淳熙十六年（1189）倡建，成為噶瑪噶舉派黑帽系祖寺。寺內存有許多珍貴文物，尤以明代為最。

8. 穆罕默德-即穆聖（570-632），四十歲受到安拉的天啟，受命為「使者」。亦為伊斯蘭教的先知，中國穆斯林稱為「封印先知」，即是安拉派遣的最後一位使者與先知，他之後再也無人。

9. 穆斯林-為阿拉伯語（Muslim）的音譯，原意為「順服者」，為阿拉伯語「伊斯蘭」（Islam）的派生名

詞，引申爲「信仰伊斯蘭教者」，現已成爲公眾對
於伊斯蘭教徒的稱謂與教徒之間的自稱。

10. 薩迪-十二世紀（1184-）末波斯詩人，其思想影響
中國的伊斯蘭教。最著名作品爲《果園》（*Bustān*、
1257）、《真境花園》（*Gulisān*、《薔薇園》、1258）。
前者詩句被寫至天順年間兩款香爐器器表，後者爲
中國伊斯蘭經堂教育十三本經書之一，其詩句亦被
寫至正德朝礬紅瓷器「薩迪盤」器表。

11. 礬紅瓷器-以氧化鐵爲發色劑的彩料塗飾圖案或是
書寫文字於已燒製的瓷器器表，爲釉上彩飾，後經
簡單烘烤，即可呈現紅色。

12. 大寶法王-明成祖邀約噶瑪噶舉派第五世活佛哈立
麻爲太祖、太后薦福，命建普度大齋法會於靈谷寺
七日。事竣，封其爲「萬行具足十方最勝圓覺妙智
慧善普應佑國演教如來大寶法王西天大善自在佛，
領天下釋教」。此封號爲歷代黑帽系活佛所繼承。
《噶瑪巴爲明太祖薦福圖》宗教畫卷就是記錄大寶
法王於法會期間展現的各種祥瑞之景，並書以五體
合璧，爲漢文、波斯文、畏兀兒文（回鶻文）、藏
文、畏兀兒體蒙古文。

13. 爐瓶三設（事）-即香爐、筯瓶（內置銅鏟、銅筷）、
香盒（內置香條、盤香），爲中國伊斯蘭教徒的焚
香三物。

14. 小經-又稱爲「小兒錦」，以阿拉伯文、波斯文字母
拼寫漢語的一種拼音文字。在所有回回文瓷器中，

目前僅見正德朝礬紅回回文帝王紀年落款爲小經文字。

15. 六大《聖訓》-《聖訓》（al-Sunna）即伊斯蘭教先知穆罕默德（570-632）的言行錄。六大《聖訓》爲其中最真實與重要者，計有布哈里聖訓集（Sahih al-Bukhari）、穆斯林‧本‧哈加吉聖訓集（Sahih Muslim）、艾卜‧達伍德聖訓集（Sunan Abi Daud）、提爾米基聖訓集（Sunan al-Tirmidhi）、奈薩儀聖訓集（Sunan al-Nasa'i）、伊本‧馬哲聖訓集（Sunan ibn Maja）。《聖訓》爲穆斯林生活準則之依歸。

16. 字母「alif」（「ﺍ」）和「lām」（「ﻝ」）-阿拉伯文與波斯文通用。兩個單獨的字母合併，加在名詞與形容詞之前，作爲定冠詞「al-」（「ﺍﻝ」）之用。書家常特別強調此兩字母的「豎式」筆劃與第一筆的斜切面角度，瓷器器表之回回文亦如是。

17. 安拉-伊斯蘭教信仰的獨一無二的主宰。波斯語音譯爲「胡達」（胡大），阿拉伯語音譯爲「安拉」或「阿拉」。中國漢地亦稱「真主、主宰、爲主的」。

18. 青花瓷器-即青白瓷器。在經過燒製的素胎器表塗繪以氧化鈷爲發色劑的彩料，之後再覆上透明釉，入窯以1250℃以上的高溫燒製，之後得透明釉之下的藍彩圖案，爲釉下藍彩，屬釉下彩。

19. 哈里發-阿拉伯語khalifah的音譯，意譯是「繼承人、後繼者」，最初爲穆罕默德四位繼承人，即四大哈里發的阿布巴卡爾（Abu Bakar）、烏馬爾（Umar）、

奧斯曼（Osman）以及阿里（Ali），之後此稱號成爲伊斯蘭帝國統治者的稱號。

20. 拼字圓塊-爲正德朝礬紅回回文瓷盤之盤心文字結構。此處將回回文字母與單詞之間，做出互相嵌合的設計，似回回文字圖案化的裝飾手法。

附錄二

波斯文/阿拉伯文字母表與
轉寫符號

　　本文阿拉伯文與波斯文的轉寫規格以《伊斯蘭百科全書》的轉寫規格爲基礎，略微調整，如下：

獨立型波斯文[1]（阿拉伯文字母）/
讀音 ── 轉寫符號

1.　「ا」（「alif」） ── 「'」
2.　「ب」（「be」） ── 「b」
3.　「پ」（「pe」） ── 「p」 ＊
4.　「ت」（「te」） ── 「t」
5.　「ث」（「the」） ── 「th」
6.　「ج」（「jīm」） ── 「j」
7.　「چ」（「che」） ── 「ch」 ＊
8.　「ح」（「ḥe」） ── 「ḥ」
9.　「خ」（「khe」） ── 「kh」
10.　「د」（「dāl」） ── 「d」
11.　「ذ」（「dhāl」） ── 「dh」
12.　「ر」（「re」） ── 「r」
13.　「ز」（「ze」） ── 「z」

---

1 打星號「＊」者爲波斯文多出阿拉伯文的四個新增的字母。本文波/阿字母皆以波斯文讀音、轉寫符號標記。

14. 「ژ」（「zhe」）—— 「zh」＊
15. 「س」（「sīn」）—— 「s」
16. 「ش」（「shīn」）—— 「sh」
17. 「ص」（「ṣād」）—— 「ṣ」
18. 「ض」（「dād」）—— 「d」
19. 「ط」（「ṭā」）—— 「ṭ」
20. 「ظ」（「ẓā」）—— 「ẓ」
21. 「ع」（「'yn」）—— 「'」
22. 「غ」（「ghyn」）—— 「gh」
23. 「ف」（「fe」）—— 「f」
24. 「ق」（「qāf」）—— 「q」
25. 「ك」（「kāf」）—— 「k」
26. 「گ」（「gāf」）—— 「g」＊
27. 「ل」（「lām」）—— 「l」
28. 「م」（「mīm」）—— 「m」
29. 「ن」（「nūn」）—— 「n」
30. 「و」（「wāw」）—— 「w」
31. 「ه」（「he」）—— 「h」
32. 「ى」（「ye」）—— 「y」

參考書目

一、古籍、工具書、網址

1. 元‧王士點、商企翁編次、高榮盛點校，《秘書監志》，杭州：浙江古籍出版社，1992。

2. 北宋‧沈括，《夢溪筆談》叢書集成新編第 11 冊，台北：新文豐出版，1992。

3. 明‧王岱輿著、余振貴點校，《正教真詮、清真大學、希真正答》，銀川：寧夏人民出版社，1996。

4. 明‧何良俊，《四友齋叢說》，北京：中華書局，1997。

5. 明‧沈德符，《萬曆野獲編》（下）卷二七，北京：中華書局，1997。

6. 明‧黃瑜，《雙槐歲鈔》，台北：藝文印書館影印，清道光伍崇曜校刊，1968。

7. 明‧葛寅亮，《金陵梵剎志》（五十三卷），據明天啓七年（1627）刻本影印，江蘇：金山江天寺，1936 年。。

8. 明‧董倫等修，《明實錄》，中央研究院歷史語言研究所影印本，南港：中央研究院歷史語言研究所，1967。

9. 明‧鞏珍著、向達校注，《西洋番國志》，北京：中華書局，2000。

10. 明‧嚴從簡、余思黎點校，《殊域周咨錄》，北京：中華書局，2004。

11. 明‧釋幻輪彙編，《釋氏稽古略續集三卷》，清光緒十二年（1886）重刊本。

12. 明‧釋鎮澄纂，《清涼山志》，揚州：江蘇廣陵古籍刻印社，1993。

13. 明‧顧起元，《客座贅語》，北京：中華書局，1991。

14. 清‧松筠，《西藏志‧衛藏通志》，拉薩：西藏人民出版社，1982。

15. 清‧金天柱、海正忠點校與譯注，《清真釋疑》，銀川：寧夏人民出版社，2002。

16. 清‧姚瑩，《康輶紀行‧東槎紀略》，合肥：黃山書社，1990。

17. 清‧張廷玉，《明史》，北京：中華書局，第一版，1997。

18. 清‧劉智著、馬寶光、馬子強譯，《白話天方典禮》，河南：中州古籍出版社，1993。

19. 清‧龍文彬撰，《明會要》，據清光緒 13 年（1887）永懷堂刻本。

20. 清‧釋德鎧著、清‧謝元福修，《靈谷禪林志》，據清光緒十二年（丙戌年、1886）刊本影印，揚州：江蘇廣陵古籍刻印社，1996。

21. 《西藏研究》編輯部編，《明實錄藏族史料》（第一、二集），拉薩：西藏人民民族出版社，1982。

22. 中國藏學研究中心等編，《元以來西藏地方與中央政府關係檔案史料彙編第一冊》，北京：中國藏學出版社，

1993。

23. 王堯、陳慶英主編（1998），《西藏歷史文化辭典》，杭州：浙江人民出版社。

24. 北京大學東方語言系波斯語教研室編（1981），《波斯語漢語詞典》，北京：商務印書館。

25. 北京大學東方語言系阿拉伯語教研室編（1981），《阿拉伯語字典》，北京：商務印書館。

26. 任繼愈主編（2002），《中國佛教大辭典－儀軌卷》，南京：江蘇古籍出版社。

27. 李智勤主編（1992），《美術辭林-書法藝術卷》，西安：陝西人民美術出版社。

28. 李湘主編（1991），《波斯語基礎教程》，北京：北京大學出版社。

29. 徐榮編（1988），《中國陶瓷文獻指南-清朝-1985 年，300 年間》，北京：輕工業出版社，。

30. 閃目氏‧全道章（1999），《古蘭經-中阿文對照詳注譯本》，江蘇：江蘇省伊斯蘭教協會。

31. 馬堅譯（1986），《古蘭經》，北京：中國社會科學出版社。

32. 高大倫、蔡中民、李映（1991），《中國文物鑒賞辭典》，廣西：灕江出版社。

33. 鄭勉之主編、安士偉審訂（1993），《伊斯蘭教簡明辭典》，江蘇：江蘇古籍出版社。

34. 鮑家聲（2001），《中國佛教百科全書‧建築卷‧名山名寺卷》，上海：上海古籍出版社。

35. Steingass, F.（1988）. *A Comprehensive Persian-English Dictionary*. London and New York: Iran University Press.

36. Bearman, P.J. & Bosworth, C. E.（Eds.）（2004）.*The Encyclopaedia of Islam* （ New Edition., Vol.XII Supplement）. Leiden: Brill.

37. 《古蘭經》網址，www.quran.net.

38. 《聖訓》網址，http://www.ihsanetwork.org.

39. 波斯語字典網址，http://www.farsidic.com.

40. 英國拍賣公司網址，

    http://www.knaptonandrasti.com/woa/woa01.php.

41. 臺灣中央研究院漢籍電子文獻網址，

    http://www.sinica.edu.tw/~tdbproj/handy1/

42. 梵蒂岡檔案網址，http://asv.vatican.va/en/doc/1246.htm.

二、期　刊

1. 巴臥‧祖拉陳哇著、黃顥譯注（1986），〈賢者喜宴〉（一），《西藏民族學報》，2，頁 28、31、41（注 12）、47。

2. 西藏自治區文物管理委員會（1981），〈明朝皇帝賜給西藏楚布寺噶瑪活佛的兩件詔書〉，《文物》，11，頁 42-44。

3. 李勤璞（2002），〈寶藏 —— 中國西藏歷史文物評介〉，《中國藏學》，1，頁 133-136。

4. 李毅華（1984），〈兩件正德朝阿拉伯文波斯文瓷器 —— 兼談伊斯蘭文化的影響〉，《故宮博物院院刊》，3，頁 49-51。

5. 卓嘉（1992），〈哈立麻得銀協巴與明廷關係綜述〉，《西藏研究》，3，頁 26-37。

6. 卓嘉（1992），〈噶瑪派大師 —— 哈立麻德新協巴〉，《雪域文化》，春季號。

7. 周潤年（1997），〈歷代噶瑪巴活佛與中央政府的關係〉，《中國藏學》，1，頁 59-68。

8. 周潤年（2004），〈噶瑪巴德行協巴的晉京活動及其影響〉，《西藏研究》，4，頁 80-85。

9. 郭成美、郭群美（1997），〈杭州伊斯蘭教阿拉伯文波斯文古墓碑考〉，《回族研究》，1，頁 65-72。

10. 馬旭（1992），〈論述藏族領袖人物侯顯〉，《西藏研究》，4，頁 54-55。

11. 黃桂樞（2001），〈瀾滄徵集清代杜文秀大理政權壬戌「都督之篆」印史實考辨〉，《思茅師範高等專科學校學報》，1，頁 17-21。

12. 馮漢鏞（1991），〈哈立麻來京的影響〉，《中國藏學》，1，頁 128-131。

13. 馮漢鏞（1995），〈從察隅沿革再論侯顯迎接哈立麻的路線〉，《中國藏學》，1，頁 98-103。

14. 楊士宏（2001），〈明代少數民族外交使者侯顯及侯家寺〉，《西北民族學院學報》哲學社會科學版，3，頁 62-65。

15. 劉孔伏（1988），〈有關明成祖迎待哈立麻的一條新史料〉，《西藏研究》，4，頁 119-120。

16. 劉迎勝（2002），〈白阿兒忻台及其出使 —— 陳誠初使

西域背景研究〉，《中亞學刊》，6，頁 25-43。

17. 劉迎勝（2002），〈回回館雜字與回回館譯語研究序〉，《元史及民族史研究集刊》，15，頁 208-225。

18. 劉迎勝（2003），〈回族語言 800 年發展史簡要回顧-從波斯語到「回族漢語」〉，《中國文化研究》，4，頁143-153。

19. 劉迎勝、駱愛麗（2006），〈噶瑪巴為明太祖薦福圖回回文初探〉，《西北民族研究》，1，頁 52-63。

20. 噶瑪聽列仁波切（Karma Thinley Rinpoche）著、孫一（噶瑪金薩）譯（1983），〈西藏十六位噶瑪巴的歷史〉（*The History of the Sixteen Karmapas of Tibet.*），《菩提樹》，第 32 卷第 1 期（第 373 期），頁 30-34、第 32 卷第 2-3期（第 374、375 期），頁 27-31、第 32 卷第 4 期（第376 期），頁 19-26、第 32 卷第 5 期（第 377 期），頁37-41。

21. 羅文華（1995），〈明大寶法王建普度大齋長卷〉，《中國藏學》，1，頁 89-97。

三、中文書籍

1. 上海博物館編（2001），《雪域藏珍－西藏文物精華》，上海：上海書畫出版社。

2. 中亞・米爾咱・馬黑麻・海答兒著、新疆社會科學院民族研究所譯、王治來校注（1985），《中亞蒙兀爾史── 拉失德史》第二篇，新疆：新疆人民出版社。

3. 中國上海人民美術出版社編（1992），《中國陶瓷 ── 景

德鎮彩繪瓷器》，上海：上海人民美術出版社。

4. 中國歷史博物館、西藏博物館編撰（2001），《金色寶藏——西藏歷史文物選萃》，北京：中國藏學出版社。

5. 天津市藝術博物館編（1993），《天津市藝術博物館藏瓷》，北京：文物出版社、兩木出版社。

6. 巴拉薩袞‧玉素甫‧哈斯‧哈吉甫著（1986），《福樂智慧》，北京：民族出版社。

7. 水建馥（1958），《薔薇園》，北京：人民文學出版社。

8. 王宗維（1993），《元代安西王及其伊斯蘭教的關係》，蘭州：蘭州大學出版。

9. 王森（1997），《西藏佛教發展史略》，北京：中國社會科學出版社。

10. 王靜齋（1943），《真境花園》，北京：北平牛街清真書報社印行單行本。

11. 丘樹森主編（1996），《中國回族史》，銀川：寧夏人民出版社。

12. 北京故宮博物院主編（1992），《清宮藏傳佛教文物》，北京：紫禁城出版社、兩木出版社。

13. 北京圖書館古籍出版編輯組編（1987），《北京圖書館古籍珍本叢刊》，6，經部，北京：書目文獻出版社。

14. 史伯嶺（Elliot Sperling）著、才讓太譯、王青山校（1987），〈五世噶瑪巴以及西藏和明初的關係要略〉（*The 5th Karmapa some Aspects of the Relationship between Tibet and the early Ming*），《國外藏學研究譯文集第二輯》，拉薩：西藏人民出版社。

15. 四川大學歷史系編（1990），〈明史烏思藏大寶法王傳書後〉，《徐中舒先生九十壽辰紀念文集》，成都：巴蜀書社。

16. 白壽彝主編（1996），《回族人物志-明代》，銀川：寧夏人民出版社。

17. 伊朗·阿寶斯·艾克巴爾·奧希梯揚尼著、葉奕良譯（1997），《伊朗通史》上冊，北京：經濟日報出版社。

18. 江西省輕工業廳陶瓷研究編（1959），《景德鎮陶瓷史稿》，北京：三聯書局。

19. 西班牙·羅·哥澤來滋·克拉維約著、楊兆鈞譯（1997），《克拉維約東使記》，北京：商務印書館。

20. 西藏自治區社會科學院和中央民族學院藏族研究所編著（1986），《中國西藏地方歷史資料選輯》（藏文），拉薩：西藏人民出版社。

21. 西藏博物館編（2001），《西藏博物館》，北京：中國大百科全書出版社。

22. 余振貴（1996），《中國歷代政權與伊斯蘭教》，銀川：寧夏人民出版社。

23. 余振貴、雷曉靜主編（2001），《中國回族金石錄》，銀川：寧夏人民出版社。

24. 余繼明、楊寅宗主編（1992），《中國古代瓷器鑒賞辭典》，北京：新華出版社。

25. 吳建偉主編（1995），《中國清真寺綜覽》上冊，銀川：寧夏人民出版社。

26. 吳唅輯（1980），〈恭愍王三年甲午（元至正十四年，

1354）起—世宗二十年戊午（明正統三年，1438）止〉，
《朝鮮李朝實錄中的中國史料》第一冊，北京：中華書
局。

27. 宋伯胤（1985），〈明朝中央政權致西藏地方誥敕〉，
中央民族學院蒙古族研究所《藏學研究文集》編輯組編，
《藏學研究文集》，北京：民族出版社。

28. 宋峴考釋（2000），《回回藥方考釋》上、下冊，北京：
中華書局。

29. 李金明（1990），《明朝海外貿易史》，北京：中國社
會科學出版社。

30. 李國楨、郭演儀（1988），〈中國名瓷工藝基礎〉，《陶
瓷釉上彩》第十章，上海：上海科學技術出版社。

31. 李雪梅主編（1993），《中國古玩辨偽全書》，北京：
北京燕山出版社。

32. 李毅華（1996），〈兩件正德朝阿拉伯文波斯文瓷器
—— 兼談伊斯蘭文化影響〉，《文史知識》編輯部、國
務院宗教事務局宗教研究中心合編，《中國伊斯蘭文
化》，北京：中華書局。

33. 李興華等（1998），《中國伊斯蘭教史》，北京：中國
社會科學出版社。

34. 亞欽·阿布杜阿齊茲著、哈吉·伊布拉欣譯（2005），
《伊斯蘭教法原理》，出版訊息未明。

35. 周潤年（1996），〈簡述五世噶瑪巴第新謝巴的生平事
蹟〉，中央民族大學藏學研究所輯，《藏學研究》第八
集，北京：中央民族大學出版社。

36. 周鑾書主編（1998），《中國歷代景德鎮瓷器明代卷》，北京：中國攝影出版社。

37. 林松、和龔（1992），《回回歷史與伊斯蘭文化》，北京：今日中國出版社。

38. 波斯·火者·蓋耶速丁·納哈息著、何濟高譯（2002），《海屯行紀、鄂多立克東遊錄、沙哈魯遣使中國記》，北京：中華書局。

39. 波斯·尼扎姆·莫爾克著、藍琪、許序雅譯（2002），《治國策》，昆明：雲南人民出版社。

40. 波斯·阿里·阿克巴爾著、張至善編（1988），《中國紀行》，北京：三聯書店。

41. 波斯·賈米著、阮斌譯（2001），《光輝的射綫—艾施阿特·拉姆阿特》，北京：商務印書館。

42. 波斯·薩迪著、于志海譯（1993），《真境花園譯解 —— 經堂語中阿波對照》，甘肅平涼：民族教育出版社。

43. 波斯·薩迪著、張鴻翔譯（1989），《果園》（布斯坦），北京：北京大學出版社。

44. 法國·伯希和著、馮承鈞譯（1994），《蒙古與教廷》，北京：中華書局。

45. 法國·阿里·瑪札海里著、耿升譯（1996），《絲綢之路·中國 —— 波斯文化交流史》，北京：中華書局。

46. 邵循正（1985），〈有明初葉與帖木兒帝國之關係〉，《邵循正歷史論文集》，北京：北京大學出版社。

47. 金宜久主編（1997），《伊斯蘭教》，北京：宗教文化出版社。

48. 阿拉伯·安薩里著、張維真譯（2001），《聖學復蘇精義》，上海：商務印書館。

49. 俄國·巴托爾德著、張錫彤、張廣達譯（2007），《蒙古人入侵時期的突厥斯坦》上冊，上海：上海古籍出版社。

50. 哈斯額爾敦（2004），〈普度明太祖長卷圖及其回鶻蒙古文〉，內蒙古社會科學院編，《蒙古學研究年鑑2004年》，呼和浩特市：內蒙古社會科學院。

51. 故宮博物院主編（1992），《清宮藏傳佛教文物》，北京：紫禁城出版社、兩木出版社。

52. 英國·H. 裕爾撰、法·H.考迪埃修訂、張緒山譯（2002），《東域紀程錄叢》，雲南：雲南人民出版社。

53. 英國·博克舍編、何高濟譯（1990），《十六世紀中國南部行紀》，北京：中華書局。

54. 英國·道森編、呂浦譯、周良宵注（1983），《出使蒙古記》，北京：中國社會科學出版社。

55. 貞兼綾子編、鍾美珠譯（1986），《西藏研究文獻目錄 — 日文、中文篇1877-1977》，鄭州：中州古籍出版社。

56. 埃及·艾哈邁德·愛敏著、納忠審校（2001），《阿拉伯-伊斯蘭文化史》第一、二、三冊，上海：商務印書館。

57. 孫彥、張健、萬金麗（1999），《中國歷代陶瓷題記》，北京：北京圖書館出版社。

58. 格桑木、劉勵中編（1992），《唐卡藝術》，成都：四川美術出版社。

59. 耿寶昌（1989），《明清瓷器鑒定》，北京：中華書局。

60. 國立故宮、中央博物院聯合管理處編印（1963、1966），《故宮瓷器錄》，第二輯明（乙）上編、明（丁）上篇，台中市：國立故宮、中央博物院聯合管理處。

61. 國立故宮、中央博物館共同理事會編纂（1966），《明彩瓷二》，香港：開發股份有限公司。

62. 國立故宮博物院編（1977），《故宮明瓷圖錄-成化窯弘治窯正德窯》，日本東京市：株式會社學習研究社。

63. 宿白（1996），《藏傳佛教寺院考古》，北京：文物出版社。

64. 張星烺編注、朱杰勤校訂（2003），《中西交通史料匯編》第二冊，北京：中華書局。

65. 張福康、張志剛（1982），〈中國歷代低溫色釉和釉上彩的研究〉，中國矽酸鹽學會編，《中國古陶瓷論文集》，北京：文物出版社。

66. 張鴻翔（1999），《明代各民族人士入仕中原考》，北京：中央民族大學出版社。

67. 莫千里編（2004），《中國歷代陶瓷款識》上冊，杭州：浙江大學出版社。

68. 陳達生主撰（1984），《泉州伊斯蘭教石刻》，銀川：寧夏人民出版社、福建人民出版社。

69. 傅振倫著、孫彥整理（1993），《景德鎮陶錄詳注》，北京：書目文獻出版社。

70. 揚州博物館、揚州文物商店編（1996），《揚州古陶瓷》，北京：文物出版社。

71. 景戎華、帥茨平編（2000），《中國明代瓷器圖錄》，

北京：中國商業出版社。

72. 智觀巴・貢卻乎丹巴繞吉著、吳均等譯（1989），《安多政教史》，甘肅：甘肅民族出版社。

73. 童依華（1984），《中國歷代陶瓷款識彙集》，台北：大業公司。

74. 馮先銘（1995），《中國陶瓷》，上海：上海古籍出版社。

75. 黃永年（2000），〈西洋記裡金碧峰的本來面目〉，《文史探微》，北京：中華書局。

76. 黃宣佩等著（1995）《文物考古論叢 —— 敏求精舍三十周年紀念論文集》，香港：敏求精舍、兩木出版社。

77. 黃奮生編著、吳均校訂（1985），《藏族史略》，北京：民族出版社。

78. 新疆錢幣圖冊編輯委員會編（1991），《新疆錢幣》，新疆：新疆美術攝影出版社、香港文化教育出版社。

79. 楊志玖（2003），〈回回人的東來和分布上、下〉，《元代回族史稿》，天津：南開大學出版社。

80. 楊萬寶（2003），《真境花園》，銀川：寧夏人民出版社。

81. 楊曉春（2004），《元、明時期漢文伊斯蘭教文獻研究，以中國穆斯林與漢文化的關係為旨歸》，南京：南京大學歷史研究所博士論文。

82. 楊懷中、余振貴主編（1996），《伊斯蘭與中國文化》，銀川：寧夏人民出版社。

83. 察倉・尕藏才旦（2003），《中國藏傳佛教》，北京：

宗教文化出版社。

84. 劉良佑（1991），《中國歷代陶瓷鑒賞 4-明官窯》，台北：尚亞美術出版社。

85. 劉迎勝（2005），〈明初中國與亞洲中西部地區交往的外交語言問題〉，《傳承文明 —— 走向世界和平發展-紀念鄭和下西洋 600 周年國際學術論壇論文集》，北京：社會科學文獻出版社。

86. 劉洪記、孫雨志合編（1999），《中國藏學論文資料索引 1872-1995》，北京：中國藏學出版社。

87. 劉新園（1998），《景德鎮出土明宣德官窯瓷器》，高雄：高雄美術館。

88. 噶瑪聽列仁波切（Karma Thinley Rinpoche）著、孫一（噶瑪金薩）譯（1987），〈西藏十六位噶瑪巴的歷史〉（*The History of the Sixteen Karmapas of Tibet*. Prajña Press. 1980），藍吉富編輯，《世界佛學名著譯叢》第 96 輯，北縣中和市：華宇。

89. 噶瑪聽列仁波切（Karma Thinley Rinpoche）著、孫一居士譯（1986），《西藏十六位噶瑪巴的歷史》（*The History of the Sixteen Karmapas of Tibet*. Prajña Press. 1980），臺北市：大乘精舍叢書大乘精舍印經會。

90. 噶舉圖殿確林出版委員會（The Kagyu Thubten Choling Publications Committee）編著（2002），〈第五世噶瑪巴德新謝巴-Deshin Shekpa，西元 1384-1415〉，《噶瑪巴-神聖的預言》，臺北縣新店市：慧眼雜誌社。

91. 薛文波（1985），〈明代與回民的關係〉，《中國伊斯

蘭教史參考資料》選編（1911-1949）上冊，銀川：寧夏人民出版社。

92. 韓儒林（2002），〈明史烏斯藏大寶法王考〉，《穹廬集》，石家庄：河北教育出版社。

93. 顧祖成編著（2000），《明清治藏史要》，拉薩：西藏人民出版社。

四、西文書籍

1. Wilson, Ming（1988）. *Rare Marks on Chinese Ceramics.* London:The Percival David Foundation of Chinese Art and the Victoria and Albert Museum. pp.23. 中文書名爲劉明倩著（1988），《英國大維德美術館暨維多利亞博物館藏堂名款瓷器》，英國：大維德基金會，頁 22-23。

2. Schimmel, Annemaries（1992）. *Islamic Calligraphy*, New York:The Metropolitan Museum of Art. photo 14.

3. Shen fu, Lowry, Glenn D. and Yunemura, Ann（1986）. *From Concept to Context-Approaches Asian and Islamic Calligraphy.* Washington D.C.: Freer Gallery of Art. p.106, photo 10.

4. *Catalogue of Christie's New York-Fine Chinese Ceramics and Works of Art*, Thursday, 18 September, 2003.

5. *Christie's New York-Fine Chinese Ceramics and Works of Art*, Thursday, 21 March, 2002.

6. Harrison-Hall, Jessica （2002）. *Ming Ceramics in the British Museum—Catalogue of Late Yuan and Ming*

Ceramics in the British Museum. London: The British Museum Press.

7. Thompson, Julia （1990）. *Inscribed Chinese Porcelain From The British Rail Pension Fund Collection*. Oriental Art, Spring. pp.4-6.

8. Pope , Arthur Upham（1981）. *The Ceramic Arts and Calligraphy and Epigraphy*. A Survey of Persian Art-From Prehistoric Times to Present Time. New York: Maxwell Aley Literary Associates, vol. IV, pp.1751-1752.

9. Richardson, H. E. （1958）. *The Karma-Pa Sect. A Historical Note*, Journal of the Royal Asiatic Society of Great Britain & Ireland, October. pp.147-148.

10. Richardson, H. E. （1959）. *The Karma-Pa Sect. A Historical Note*, Part II AppendixA、B, Journal of the Royal Asiatic Society of Great Britain & Ireland, April. pp.1-17.

11. 三杉隆敏（1982）《世界的染付 3 明後期‧清》（京都：同朋舍），頁 175。

12. Howard, David and Ayers, John （1978）. *China For the West：Chinese Porcelain and Other Decorative Arts for Export Illustrated From the Mottabedeh Collection*. Sotheby Parke by Bernet Publications. London and New York. Vol.1, p.48.

13. Welch, Anthony（1979）. *Calligraphy in the Arts of the Muslim World*. Austin:University of Texas Press.

pp.200-201, pp.58-59.

14. Carswell, John（2000）. *Blue and white-Chinese porcelain around the world*. London: British Museum Press. p.125, fig.139 a,b.